Ihr könnt ja nichts dafür!

Peter Ensikat

Ihr könnt ja nichts dafür!

Ein Ostdeutscher verzeiht den Wessis

Mit einem Einwurf von
Dieter Hildebrandt

be.bra verlag

Bibliografische Information der Deutschen Nationalbibliothek
Die Deutsche Nationalbibliothek verzeichnet diese Publikation in der Deutschen Nationalbibliografie; detaillierte bibliografische Daten sind im Internet über http://dnb.d-nb.de abrufbar.

KulturBrauerei Haus 2
Schönhauser Allee 37, 10435 Berlin
post@bebraverlag.de
Lektorat: Ingrid Kirschey-Feix, Berlin
Umschlag: Ansichtssache, Berlin
Satz: typegerecht, Berlin
Schrift: DTL Documenta 9,8/14,5°
Druck und Bindung: GGP Media GmbH, Pößneck
ISBN 978-3-86124-648-0

www.bebraverlag.de

Inhalt

Vorab

Nachdem uns Ostdeutschen nun schon jahrzehntelang mit mehr oder weniger Nachsicht unser Leben in der Diktatur von so vielen klugen Westdeutschen ausführlich und mit großer Sachkenntnis erklärt worden ist, meine ich, ist es an der Zeit, auch unseren westdeutschen Landsleuten endlich Gerechtigkeit widerfahren zu lassen und ihnen mit gleicher Sachkenntnis und Gründlichkeit ihr Leben in der Demokratie zu veranschaulichen. Allerdings muss ich gleich zu Beginn einräumen, dass ich diese Bundesrepublik, als sie noch die gute alte war, nicht nur über die Medien, sondern auch aus eigener Anschauung kennen lernen durfte. Das unterscheidet mich nicht unwesentlich von den meisten westlichen Ostexperten.

Ich kann also bezeugen, dass nicht alles schlecht war in dieser Bundesrepublik. Ja, manches war sogar besser, als es heute ist. Von Ferne jedenfalls sah diese Bundesrepublik gerade für uns Ostdeutsche viel schöner aus als jetzt, da wir sie aus der Nähe nicht nur betrachten, sondern auch erleben dürfen.

Wie wir sie früher sahen, das beschreibt sehr einleuchtend die Analyse eines Kollegen, mit dem ich Anfang der siebziger Jahre zu einem Theater-Gastspiel in Düsseldorf war. Am Tag unserer Abreise kam er glücklich aus einem der wunderbaren Warenhäuser, zeigte strahlend auf das, was er für sich und seine Lieben daheim gekauft hatte, und meinte: »Im Westen ist einfach alles besser, nur das System ist Scheiße.« Dass das System im Osten das bessere war, hatten wir alle in der Schule gelernt. Dass alles Andere im Westen besser war, erfuhren wir erst durch eigene Anschauung. Ein schlagender Beweis dafür, wie schädlich eigene Anschauung sein kann, wenn es um Systemfragen geht. Der Gefahr, sich durch eigene Anschauung vom anderen System ein abweichendes Bild zu machen, entgingen die meisten Westdeutschen im Gegensatz zu fast allen Ostdeutschen ganz und gar freiwillig. Sie hätten gar keine innerdeutsche Grenze gebraucht, um sich nicht in den Osten zu verirren. Wozu sollten sie sich das Elend hinter dem Stacheldraht auch noch ansehen. Schließlich wusste »man« doch sowieso, wie es da aussah. Ein alter christdemokratischer Grundsatz lautet schließlich: »Du sollst dir kein eigenes Bild machen.« Sie konnten ja dem vertrauen, was BILD, BUNTE und GLOTZE ihnen über Deutschland Fernost mitteilte. Im Gegensatz zu allen kommunistischen Propagandaanstalten wurde in den westlichen Medien nie Propaganda gemacht, sondern immer nur die reine Wahrheit verkündet.

Dass der über diese Wahrheit informierte Westdeutsche über den Osten besser Bescheid wusste als wir über uns selbst – die in Unwissenheit gehaltenen Ostdeutschen –, das teilte er uns ja nicht erst nach der Wiedervereinigung mit. Er war von jeher daran gewöhnt, den ganzen Osten von einer höheren Warte aus zu betrachten, also immer etwas von oben herab. Dass er auf der richtigen Seite stand, konnte für ihn gar keine Frage sein, da er ja nur die eine, also die richtige Seite kannte. Auch wenn er besuchsweise zu uns kam, was in seinen Augen schon ein unglaublicher Mutbeweis war, mussten wir ihm gar nichts mehr sagen. Er hatte dem bewaffneten Grenzer ins Auge gesehen und wusste sofort, was er schon immer gewusst hatte: Er war in ein Gefängnis gekommen. »Mir braucht ihr nichts zu erzählen, ich weiß doch Bescheid.« So lautete sein durch nichts zu widerlegendes Glaubensbekenntnis. Dass wir Ostdeutschen zum Beispiel über »polnische Verhältnisse« genauso gut Bescheid wussten, wie der Westdeutsche über unsere, das gehört zu den wenigen gesamtdeutschen Gewissheiten, die wir unbeschadet über die vierzigjährige Spaltung gerettet hatten. Deutsches Wissen bestand schon immer zum größten Teil aus Besserwissen.

Im Gegensatz zur ostdeutschen Sichtweise auf den polnischen Nachbarn, kam bei vielen Westdeutschen uns gegenüber aber etwas hinzu, das es so ausgeprägt wohl nur unter Landsleuten zu geben scheint: Mitgefühl. Ja, sie brachten uns, wenn sie den mutigen Schritt in den wilden Osten denn wirklich wagten, nicht nur Kaffee, Schokolade und Südfrüchte mit, sie brachten uns auch immer eine ganze Portion Mitleid entgegen. »Ihr könnt ja nichts dafür.« Das sagten sie, auch wenn sie davon nicht immer so ganz überzeugt gewesen sein mochten. Seit uns die Mauer nicht mehr trennt und wir uns Kaffee, Schokolade und Bananen selber kaufen können, haben wir allerdings mit dieser überholten Art westlichen Mitgefühls viel weniger zu rechnen. Beim sofort nach dem Mauerfall einsetzenden Häuserkampf jedenfalls kannten unsere Brüder und Schwestern keine Verwandten mehr, allenfalls die verstorbenen, wenn sie ein Grundstück hinterlassen hatten.

Aber ich greife vor. Der Bundesdeutsche ... Nein, der Deutsche muss es heißen, denn einen anderen gab es für die Bundesrepublik ja nie. Und dieser Deutsche sprach nicht nur für sich. Er sprach selbstlos auch immer für uns mit. Das nannte er das »Selbstbestimmungsrecht des deutschen Volkes«. Wer sich im Laufe der Jahre, ob er wollte oder nicht, fahrlässig daran gewöhnt hatte, DDR-Bürger zu sein und diese DDR bei ihrem unrechtmäßigen Namen nannte, konnte in westdeutschen Augen schnell zum vaterlandslosen Gesellen werden. Ich weiß das, denn ich war selbst einmal so einer. Im Juli 1961, also kurz vor dem Mauerbau, hatte ich mich auf einem Theaterfestival in Avignon bei einem Treffen mit anderen jungen Theaterleuten aus allen möglichen Ländern der Erde mit den Worten vorgestellt: »Ich komme aus der DDR.« Das hatte zur Folge, dass ich dort von meinen Landsleuten zuerst beschimpft und dann gemieden wurde. Allein mit dem Gebrauch der Bezeichnung »DDR« hatte ich mich für die meisten von ihnen als Kommunist, und das war ja nur ein anderes Wort für Vaterlandsverräter, zu erkennen gegeben. Im Gegensatz zur kommunistischen Propaganda hat die antikommunistische in Deutschland selten ihre Wirkung verfehlt. Hätte ich nicht die genauso dämliche kommunistische Propaganda und die triste Wirklichkeit zu Hause gekannt, ich hätte angesichts solcher Argumentation damals leicht zum Kommunisten werden können.

Was seinen frühzeitig verinnerlichten Antikommunismus betraf, musste kein deutscher Nazi auf seinem kurzen Weg in die Demokratie erst umlernen. So, wie man im Osten als kleiner Nazi ohne große Umstände zum überzeugten Kommunisten mutieren durfte, konnte man in Westdeutschland auch als mittlerer oder sogar höherer Nazi schnell zum ganz und gar mustergültigen Demokraten werden. Die Westdeutschen (ich meine das jetzt und im Folgenden nur geographisch) waren, daran ließen sie bald keinen Zweifel mehr, die schon als solche geborenen Demokraten, was immer sie zwischen ihrem Geburtsdatum und dem 8. Mai 1945 getan oder nicht getan hatten.

Demokratie und Antikommunismus gehörten, anders als in anderen westeuropäischen Staaten, in der Bundesrepublik immer zusammen. Ja, eine Demokratie mit bekennenden Kommunisten konnte man sich in Bonn spätestens seit Ausbruch des Kalten Krieges einfach nicht mehr vorstellen. Dass in Ländern wie Frankreich oder Italien kommunistische Parteien nicht nur zugelassen waren, sondern im politischen Leben eine gleichberechtigte Rolle spielen durften, nur weil die Wähler sie gewählt hatten, das musste jeden deutschen Musterdemokraten misstrauisch werden lassen. Dass man als Kommunist durchaus als guter Franzose oder Italiener gelten konnte, das ließ wohl so manchen aufrechten Deutschen an der Reinheit nichtdeutscher Demokratie zweifeln. Mochten die Franzosen auch schon viel länger unter demokratischen Verhältnissen gelebt haben, ihr Umgang mit den Kommunisten erschien in deutschen Augen zumindest exotisch. Von den Italienern gar nicht zu reden. Die Vorzüge der italienischen Küche waren in jenen frühen Jahren noch nicht bekannt, die Bezeichnung »Makkaroni« oder »Spaghetti« für die südländischen Gastarbeiter war auch nicht direkt als Kompliment gemeint. Als Reiseland mochte Italien ja angehen. Als Demokratie blieb es mit seinen ewigen Regierungswechseln eher fragwürdig. Wenn man allerdings heute an Berlusconi denkt, dann kann man auf Angela Merkel auch mal stolz sein. Einen gewissen Vorsprung im Wettlauf um die beste Demokratie der Welt billigten die Deutschen, nachdem sie allen anfänglichen Selbstzweifel abgelegt hatten, allein den US-Amerikanern noch zu. Es versteht sich von selbst, dass auch dieser Vorsprung im Laufe der Jahre immer geringer wurde. Mochten die Vereinigten Staaten auch als Mutterland der Demokratie gelten, Deutschland wurde ihr Vaterland, ohne dass der einzelne deutsche Demokrat etwas dafür konnte.

Wann schlug die Stunde der deutschen Wiedergeburt?

Über das Datum kann man streiten. Über den 8. Mai 1945 als »Tag der Befreiung« konnte man jahrzehntelang nur den Kopf schütteln. Es gab ja von diesem Tag an in Deutschland so gut wie keine Nazis mehr, von denen man hätte befreit werden müssen. Die ganze Nazizeit, das waren die dunklen Jahre, die man jetzt auch lieber im Dunkeln lassen wollte. Mochte sein, dass da im deutschen Namen Unrecht geschehen war, aber doch nicht von Deutschen, jedenfalls nicht von denen, die da draußen im Feld ihre Knochen hingehalten, beziehungsweise zu Hause das Schlimmste verhindert hatten. Die wenigen Verantwortlichen waren – aber wen interessierte das damals im zerstörten Deutschland überhaupt? – von den Alliierten in einem völkerrechtlich zumindest fragwürdigen Prozess in Nürnberg verurteilt und hingerichtet worden. Hitler – von dem man eigentlich erst jetzt dankbar zur Kenntnis nahm, dass er gar kein Deutscher, sondern Österreicher war – hatte sich selbst gerichtet. Der unschuldige Rest war mit Überleben beschäftigt.

Eine reale Hoffnung auf deutsche Wiedergeburt gab es im Grunde erst, als nach den Jahren der Nachkriegszeit der Kalte Krieg ausgebrochen war. Dass das Kriegshandwerk, auch ohne Feuerwaffen, ein zutiefst deutsches Handwerk ist, bewiesen die Westdeutschen wie die Ostdeutschen nun im Kalten Krieg, in dem sie ihren neuen Verbündeten Dienste erwiesen, die sie schon sehr schnell unentbehrlich machen sollten in ihrem jeweiligen Bündnis. Dass beide in der Wahl ihrer Verbündeten gar kein Mitspracherecht hatten, scheint damals wie heute kaum einen zu interessieren. Gegen den Russen zu sein, ihn zu fürchten oder zu verachten, jedenfalls zu hassen, daran war man ja in ganz Deutschland noch gewöhnt. Der Russe war das ideale Feindbild überhaupt. Er war als solcher geradezu ein Geschenk für die Westdeutschen. Was die Nazis noch vergeblich gehofft hatten, das fiel den in aller Eile entnazifizierten Westdeutschen in den Schoß – sie durften mit den Westmächten nun gemeinsam wieder gegen die Russen ins Feld ziehen, während die Ostdeutschen einen Bruderbund mit eben diesem Feind eingehen mussten. Es gab damals im Osten einen Witz zum Thema. Frage: »Wieso sind die Russen unsere Brüder und nicht unsere Freunde?« Antwort: »Freunde kann man sich aussuchen.«

Der Kampf um Berlin, den die Sowjets im Juni 1948 mit der Blockade des Westteils der Stadt ausgelöst hatten, wurde zum moralischen Sieg des Westens. Mit einem Schlag wurden nun aus den amerikanischen Besatzern Freunde. Dank ihrer Luftbrücke, mit der sie die hungernden und frierenden Westberliner mit dem Lebensnotwendigsten versorgten, hatten sie nicht nur die Herzen der Berliner, sondern die fast aller Deutschen erobert. Während die bösen Russen im Osten die wenigen nicht zerstörten Industrie- und Bahnanlagen demontierten, um sie in ihrem Land der verbrannten Erde wieder zu errichten, schickten die guten Amerikaner ihren neuen Verbündeten Carepakete und halfen auch bald beim Aufbau der westdeutschen Industrie. Mit der Schlacht um Berlin hatte der Kalte Krieg seinen ersten Höhepunkt erreicht und war im Grunde mit der Aufgabe der sowjetischen Blockade schon entschieden. Dass er von beiden Seiten mit solcher Unerbittlichkeit noch so lange weitergeführt wurde, ist nicht nur mit der Bösartigkeit der einen, also der kommunistischen Seite zu erklären. Das Misstrauen und die Uneinsichtigkeit beider Seiten trugen dazu bei, dass er mehr als vierzig Jahre dauerte. Beigelegt wurde er schließlich durch die überraschend ausgebrochene Vernunft des Unterlegenen. Der Klügere gibt nach, heißt ein deutsches Sprichwort. Der Klügere war in diesem Fall der Russe, was ihn in deutschen Augen allerdings kaum besser machte. Ihm gilt seit Jahrhunderten des Deutschen ungetrübtes Misstrauen, egal, ob da ein Zar, ein Stalin, Breschnew, Putin oder Medwedew herrscht.

Ein weiteres Datum, auf das man die deutsche, Verzeihung, westdeutsche Wiedergeburt festlegen könnte, ist der 23. Mai 1949, er Tag, an dem das Grundgesetz der Bundesrepublik Deutschland verkündet wurde. Aber was ein neues Grundgesetz für Auswirkung haben könnte, das haben damals wohl nur wenige Deutsche sofort erkannt. Das bayerische Parlament hat es bis heute noch nicht einmal ratifiziert. Aber die bayerische Geschichte verlief ohnehin immer etwas anders als die von Restdeutschland. Hätten die Russen damals Bayern als Besatzungszone zugesprochen bekommen – ich bin mir nicht sicher, ob es 1990 zu einer deutschen Wiedervereinigung gekommen wäre.

Ein anderes Datum, ein Jahr zuvor, dürfte wesentlich bedeutsamer für die hungernden und frierenden Deutschen gewesen sein – der 20. Juni 1948. An diesem Tag wurde die D-Mark eingeführt, und damit begann das, was man später das deutsche Wirtschaftswunder nannte, von dem Ostdeutschland allerdings ausgeschlossen blieb. Die Einführung dieser Deutschen Mark in den Westsektoren Berlins war auch der Auslöser für die sowjetische Berlin-Blockade gewesen, in deren Folge die deutsch-amerikanische Freundschaft zu einem ungeschriebenen Grundgesetzartikel der Bundesrepublik wurde. Auf die D-Mark begründete sich bald ein wirklich neues Selbstwertgefühl, das die Deutschen in der Welt zwar nicht unbedingt beliebter machte, wohl aber ihre Währung. Mehr dazu in einem anderen Kapitel, denn die D-Mark hat ein eigenes Kapitel in jedem deutschen Geschichtsbuch verdient.

Ausgerechnet die Arbeiteraufstände des 17. Juni 1953 im Osten mussten dann herhalten, um der Bundesrepublik den Anlass für einen Nationalfeiertag zu bescheren. Ohne es zu wollen, gab der Westen damit zu, was der Osten immer behauptet hatte, nämlich, dass der 17. Juni ein von Westberlin gesteuertes Unternehmen gewesen sei. Dass er das nicht war, wussten beide Seiten nur zu gut. Aber Krieg ist Krieg, und Wahrheit ist kein Argument, wenn sie nicht ins Geschichtsbild passt. Der Anlass des »Tages der deutschen Einheit« war ja auch schnell wieder vergessen. Schon Ende der sechziger Jahre wusste kaum noch ein Westdeutscher, was er da feierte, wenn er an diesem Tag bei schönem Wetter ins Grüne fuhr. Kurz nachdem man im Oktober 1990 die Einheit selbst gefeiert hatte, war dieser »Tag der deutschen Einheit« kein Feiertag mehr. Dass es in Berlin noch eine »Straße des 17. Juni« gibt, ist zwar allgemein bekannt, aber was es mit diesem Datum auf sich hat, wissen heute höchstens noch die älteren Berliner oder die beruflich mit der »Aufarbeitung der SED-Diktatur« befassten.

Ganz anders verhält es sich mit einem anderen deutschen Datum – mit dem 4. Juli 1954, also dem »Wunder von Bern«. Dieser Tag wird zwar offiziell nicht gefeiert, aber das hat er auch nicht nötig. Man muss kein Patriot sein, um zu wissen, was an diesem Tag geschehen ist. Deutschland wurde Fußballweltmeister. Helmut Rahn hat in der 86. Minute des Endspiels das 3:2 für Deutschland erzielt und damit allen Deutschen den Glauben an sich selbst zurückgegeben.

Dieses Ereignis wurde in der Tat damals in ganz Deutschland bejubelt, auch wenn kein Ostdeutscher in Bern mit aufgelaufen war. Der 4. Juli 1954 war in gewissem Sinne ähnlich gesamtdeutsch wie der 17. Juni im Jahr zuvor, an dem die Westdeutschen auch nur als Beobachter teilgenommen hatten.

Nicht einmal an uns Kindern in Finsterwalde ging dieses Ereignis spurlos vorbei. Von diesem Tag an ließ ich mich, wenn ich beim Kicken auf dem Kirchplatz in Finsterwalde das Tor hütete, nur noch Toni Turek nennen, auch später, als ich vom Fußball zum Handball übergewechselt war, behielt ich diesen Ehrennamen bei. Meine im Sturm oder in der Verteidigung spielenden Fußballfreunde nannten sich abwechselnd Fritz Walter, Morlock, Rahn, aber auch Puskás, Hidekuti oder Kocsis. Einen, den wir

Sepp Herberger hätten nennen können, gab es in Finsterwalde leider nicht.

Wir waren zu jung, um die nationale Bedeutung dieses deutschen Fußballsieges zu erfassen. Zwar fühlten wir uns auch als Sieger, aber die ungarischen Verlierer bewunderten wir nicht weniger als die deutschen Weltmeister. Dass wir Dank dieses Fußballspiels wieder etwas galten in der Welt, kam uns in der Kleinstadt kaum zum Bewusstsein. Wir hatten bei der Übertragung natürlich auch am Radio gehangen und gejubelt, als das 3:2 gefallen war, aber daraus zu schließen, dass wir nun wieder »wer sind« in der Welt, um so einen weltpolitischen Zusammenhang zu erkennen, dafür fehlte uns die patriotische Vorbildung. Als ich den Satz »Wir sind wieder wer« zum ersten Mal von meinem Onkel aus Mannheim hörte, war er mir peinlich. Vielleicht war ich auch nur neidisch, weil ich weder seine D-Mark besaß, noch einen VW-Käfer fuhr und auch nicht nach Italien reisen durfte. Für Fußball habe ich mich später auch nicht mehr besonders interessiert. Als allerdings bei einem Vorrundenspiel zur Fußballweltmeisterschaft 1974 die DDR-Auswahl gegen die der Bundesrepublik 1:0 gewann, habe ich mit vielen Ostdeutschen gejubelt. Aber darüber mehr in einem anderen Kapitel.

Dass dieser 4. Juli 1954 so etwas wie eine nationale Wiedergeburt der Deutschen war, hörte ich immer wieder und das nicht nur von Fußballfans. Als Atheist mag ich persönlich an das »Wunder von Bern« nicht so recht glauben. Als ostdeutscher Materialist glaube ich viel mehr an das Wunder, das die D-Mark ausgelöst hat. Gerade wer sie nicht besaß, bewunderte sie umso mehr.

Die D-Mark

Dass es sich dabei mehr als vierzig Jahre lang um eine rein westdeutsche Mark handelte, habe ich immer von Herzen bedauert. Sie war das, was uns jeder Westdeutsche, mochte er ansonsten noch so beschränkt sein, voraushatte. Um sein hartes Geld beneideten wir ihn, und er genoss unseren Neid, wenn er zu uns kam und nur mit einem Scheinchen zu winken brauchte, um auch den härtesten Oberkellner im sozialistischen Gaststättenwesen weich werden zu lassen. Für D-Mark-Gäste galten die vielen kleinen Schildchen mit der Aufschrift »reserviert« ja nicht, vor denen unsereins stundenlang wehrlos in der Schlange ausharrte. Der Westdeutsche ganz allgemein war im Osten, lange bevor wir den Namen Helmut Kohl kannten, die Verkörperung der D-Mark. Und er wusste sie so wunderbar einzusetzen, um sich in der Welt Geltung zu verschaffen. Dass er überall bevorzugt behandelt wurde, war für ihn eine Selbstverständlichkeit. Auch da, nein besonders da, wo er als Klassenfeind auftrat, also im Osten. Schon sein souveräner Blick ließ etwas von jenem Selbstbewusstsein erkennen, zu dem wir es mit unserer Währung nie gebracht haben.

Die Legende erzählt, dass alle Westdeutschen mit dem gleichen Betrag, ganzen vierzig D-Mark, ausgezahlt am 20. Juni 1948, angefangen hätten. Das klingt kommunistischer als das ganze »Kommunistische Manifest«, das man in jenen Tagen im Osten noch für die alte Reichsmark zu kaufen bekam. Demnach hatte also in Westdeutschland jeder die gleiche Chance, seine vierzig D-Mark Startkapital klug anzulegen und sein Glück zu machen oder es leichtfertig aus dem Fenster zu werfen, um sich was zu essen zu kaufen. Erstaunlich war nur, dass die, die vor der Währungsreform reich waren, es auch danach gleich wieder waren. Wie man es mit so einem kleinen Betrag ohne Diebstahl oder Betrug zu Milliarden bringen konnte, ist mir bis heute ein Rätsel geblieben. Ich wüsste allzu gern, wie sich die Familien Krupp oder Flick mit nichts als den vierzig Mark Kopfgeld, denn mehr durften sie ja nach dieser schönen Legende auch nicht bekommen haben, so schnell wieder nach oben gearbeitet haben. Was war das für eine Art Arbeit, mit der man über Nacht wieder genauso reich werden konnte, wie man vorher war? Man mag lächeln über so viel östliche Naivität, die einen an so ein Märchen glauben lässt. Aber dass sie alle mal mit nichts als vierzig D-Mark angefangen hätten, haben mir einfach zu viele Westdeutsche erzählt, um daran ernsthaft zweifeln zu dürfen.

Als mir mein Mannheimer Onkel Günther, den ich im Jahr 1956 besuchen durfte, die ersten fünf Westmark schenkte, fühlte ich mich für einen Moment auch unglaublich reich. Aber dieses Glück dauerte nicht mehr als eine halbe Stunde. Da hatte ich sie auch schon ausgegeben. Ich hab mich nicht getraut, meinen Onkel zu fragen, wie es ihm mit seinen ersten vierzig Mark gegangen war. Ob er sie, wie ich meine fünf Mark, einfach ausgegeben oder klug vermehrt hatte. Dabei hätte mein Onkel, wie ich ihn kannte, nicht gezögert, mir alles genau zu erklären. Er kam zwar ursprünglich aus dem Osten, war aber schon im Frühjahr 1948 in den Westen gegangen und erschien mir jetzt westdeutscher als alle anderen Westverwandten in unserer Familie. So geduldig hat er mir, seinem kleinen Ostneffen, der ja nichts für sein Unwissen konnte, immer wieder die Welt, auch die Finanzwelt, erklärt.

Ganz schlicht klingende Weisheiten erfuhr ich von ihm schon damals in den fünfziger Jahren. Zum Beispiel, dass die Sozis nicht mit Geld umgehen könnten. Das wusste er schon lange bevor es einen sozialdemokratischen Finanzminister in der Bundesrepublik gegeben hatte. Ich glaube, er gönnte den Sozialdemokraten in seinem Bekanntenkreis nicht, dass sie wie er mit der harten Westmark bezahlt wurden. Er war gegen jede Art von Gleichmacherei. Das konnte er gar nicht oft genug betonen. Auch später, als er arbeitslos geworden war, wovon er uns natürlich nichts gesagt hat, kam er in schickem Samtkostüm und einem geliehenen Mercedes zu uns nach Ostberlin, damit wir kein falsches Bild vom Westen bekommen sollten. Denn von ihm hatte ich ja als erstes auch den schönen deutschen Satz gehört: »Wer arbeiten will, der findet auch Arbeit.« Ich würde ihm heut noch gern erzählen, wie wir damals heimlich über ihn den Kopf geschüttelt haben. Wir im Osten kannten dieses Mitgefühl für Westler nicht, das Leute wie mein Onkel so gern für uns aufbrachten. Und so einen Satz wie – »du kannst ja nichts dafür« – trauten wir uns damals nicht zu sagen. Leider ist er vor kurzem gestorben, wird also nie erfahren, wie ich ihm sein Leben in der Bundesrepublik jetzt erklären könnte.

Aber zurück zur D-Mark, der ich ja auch einige Lebensjahre ganz neuen Selbstwertgefühls zu verdanken habe! In den langen Jahren zuvor (In der DDR waren mir die Jahre wirklich länger vorgekommen als dann später in der Bundesrepublik.) hatte ich mir vieles im Verhalten mancher Westdeutschen nicht so recht erklären können. Als ich aber ihre Währung selbst in der Hand hatte, hab ich viel von meiner dummen, alten Beschränktheit abgelegt. Das begann mit einem Racheurlaub in Ungarn. Da ließ ich die Eingeborenen dort endlich mal spüren, was sie mir bei früheren Ferienaufenthalten in Budapest oder am Plattensee angetan hatten. Mit dem Westgeld in der Tasche war ich in Ungarn von einem geborenen Westdeutschen kaum noch zu unterscheiden. Da gab ich dem Personal im Hotel erstmal zu verstehen, was ich als deutscher Pauschalurlauber nun mal verlangen darf. Dass das Preis-Leistungsverhältnis stimmen muss, habe ich ihnen zum Beispiel beigebracht. Davon hatte ich früher die Westler immer reden hören, ohne genau zu verstehen, was sie damit meinten. Jetzt setzte ich es selbst durch. Die Ungarn konnten nur staunen, was ich so alles für mein gutes Geld verlangt habe.

Früher hatte ich mich manchmal dafür geschämt, wie überheblich sich westdeutsche Touristen in Ungarn oder Bulgarien benahmen. Mit der D-Mark im Portemonnaie habe ich diese falsche Scham endlich abgelegt. Ich weiß jetzt, dass ich nicht weniger wert bin, als mein Onkel Günther aus Mannheim es gewesen ist. Früher hatte ich nur einen Westonkel. Jetzt war ich selber einer. Das verändert die Persönlichkeit.

Dass Helmut Kohl dann diese, den Selbstwert steigernde Deutsche Mark den Franzosen zuliebe für den Euro aufgegeben hat, nur um von ihnen das Einverständnis für die deutsche Wiedervereinigung zu bekommen, trage ich ihm persönlich nicht nach. Er musste 1990 den Mantel der Geschichte, der ihn da streifte, ergreifen, um in sie, die Geschichte, einzugehen. Und schließlich ist der Euro, so man denn genug davon besitzt, als gültiges Zahlungsmittel in so vielen Ländern ja auch ganz praktisch. Aber was ihm fehlt, das ist die Transzendenz, die die Deutsche Mark so einzig gemacht hatte.

Der deutsche Adel

Die D-Mark allein, das wissen wir inzwischen selbst im Osten, sollte nicht das Einzige bleiben, was einen Deutschen zur unverwechselbaren Persönlichkeit macht. Deshalb haben vorausschauende deutsche Männer und Frauen, nur ein Jahr nach der Deutschen Mark, auch das deutsche Grundgesetz erfunden. Dass zu den so genannten »Vätern« dieses Grundgesetzes auch ein paar Frauen gehört hatten, hat sich erst herumgesprochen, als die meisten Väter bereits gestorben waren und die Gleichberechtigung der Frau nicht nur vom Grundgesetz, sondern auch von einigen ungeduldigen Frauen selbst gefordert wurde. Dieses Grundgesetz bot dann den gebildeten Westdeutschen – also einer kleineren Minderheit – die Möglichkeit, sich auf unverfängliche Art und Weise zu ihrem Deutschsein zu bekennen. Sie nannten sich, lange nach der im Fußball bereits praktizierten populären Form von Patriotismus, Verfassungspatrioten. Ihre Zahl ist inzwischen gestiegen, obwohl die Zahl der Gebildeten in Deutschland eher abgenommen hat. Das ist nach dem Wunder von Bern nur mit dem Wunder von Pisa zu erklären.

Mochten die Westdeutschen es auch zur stabilsten Demokratie in Europa gebracht haben, etwas fehlte und fehlt hier trotz Fußballweltmeistertitel, D-Mark und Grundgesetz noch immer zum Demokratenglück – ein deutsches Königshaus, zu dem wir aufsehen können wie die Engländer, Dänen, Holländer oder Spanier zu den ihren. Diesen Mangel verdanken wir alle jener, mit Recht unvollkommen genannten, ersten deutschen Demokratie, der von Weimar. Die alten Beamten, die Justiz und das Militär, alles hatten die Weimarer Demokraten vom Kaiserreich übernehmen müssen, nur den Kaiser hatten sie im ersten Eifer des Revolutionsgefechtes davongejagt. Aber damit nicht genug, sie hatten etwas, das vor Urzeiten einmal direkt von Gottes Gnaden auf uns Menschen gekommen war, wohl eher versehentlich mit abgeschafft – den deutschen Adel, beziehungsweise das, woran man ihn erkennen kann: die ganzen, schönen Adelstitel.

Unterschätzt hatte man damals allerdings, dass auch Adlige, wenn sie nur richtig gefordert werden, durchaus intellektuelle Fähigkeiten entwickeln können. So schafften und schaffen sie es bis heute nicht nur, dass sie immer wieder für irgendwas entschädigt werden, zu dem sie nie und nimmer vermöge eigener Fähigkeit oder Leistung gekommen sein können. Nein, sie haben sich auch alle ihre Titel und Titelchen durch einfache Umstellung im Namen erhalten. Jetzt steht der Baron oder Graf nicht mehr vor dem Namen, sondern mitten drin, wo man ihn – ich weiß nicht wer sich das ausgedacht hat – vermutlich nicht so leicht finden sollte.

Aber da hat man den deutschen Bildungsnotstand denn doch überschätzt. Noch der letzte Analphabet bei uns ist in der Lage, das kleinste Von auch im längsten Doppelnamen zu entdecken. Und dieses kleinste Von und Zu besitzt für den deutschen Normaldemokraten mehr Glanz als jeder Doktor- oder Professorentitel. Da hilft auch das Gesicht von Ernst August von Hannover nichts, so eine natürliche Wohlgeborenheit bleibt etwas Besseres als jeder deutsche Bundespräsident. Der Einzige unter den bisherigen Präsidenten, der ein kleines Von im Namen trug, wurde, wenn mich die Erinnerung nicht täuscht, vom deutschen Volk mehr geliebt als jeder vor und nach ihm. Ich gebe zu, mich von ihm, auch trotz der unnötigen Namensverlängerung, besser vertreten gefühlt zu haben als von … Nein, ich sage jetzt nicht Heinrich Lübke, denn erstens konnte er mein Bundespräsident noch gar nicht sein, und zweitens hätte er mit seiner intellektuellen Ausstattung durchaus zum deutschen Hochadel aufschließen können.

Ich bin nicht sicher, wie viele Deutsche den Namen des im Moment amtierenden deutschen Bundespräsidenten kennen, finde ihn auch nicht so wichtig, dass man ihn kennen müsste. Aber sicher bin ich mir, dass es kaum eine deutsche Hausfrau gibt, die nicht nur den Namen, sondern auch das Gesicht der, na sagen wir, englischen Königin kennt. Dabei ist an ihrem Gesicht nichts, was sie von anderen Hausfrauen in Deutschland oder England unterscheidet. Sie kleidet sich zwar für ihr Alter und meinen Geschmack manchmal ein wenig zu auffällig. Aber das ist schließlich ihre Sache. Auch dass sich die Engländer und andere europäische Völker so teure Königshäuser leisten, geht mich nichts an. Aber meine Steuern zahle ich denn doch lieber für irgendeinen der zahllosen Arbeitslosen, auch wenn er hier und da das Sozialamt um ein paar Euro betrügen sollte. Ihm gönne ich sein bisschen unverdientes Geld jedenfalls mehr als allen Königshäusern, die heute anderswo noch ganz legal und guten Gewissens der Allgemeinheit auf der Tasche liegen.

Ich weiß, dass so eine Meinung weder in England noch in Deutschland mehrheitsfähig ist, aber – das beweisen fast alle Wahlen in fast allen Demokratien – Intelligenz ist schließlich auch nicht mehrheitsfähig. Von Gott kommt weder ein Bundespräsident noch ein Kaiser oder König dieser Erde. Die gewählten Präsidenten müssen nicht unbedingt klüger sein als solche Herren und Damen von Gottes Gnaden. Auch unter Adligen gibt es ja intellektuelle Ausnahmen. Aber da sie mich als Steuerzahler weniger kostet, bin ich für diese eher schmucklose Art von Demokratie, wie wir sie von den Westdeutschen übernehmen durften.

Weniger dankbar bin ich für eine andere, heute viel mächtigere Art von Adel, dem des Geldes nämlich. Dieser Adel wirkt, wenn man ihn aus der Nähe betrachtet, nicht weniger lächerlich und hohl als irgendwelche Fürstenhäuser. Aber er ist so viel mächtiger und gefährlicher als aller feudale Zauber der alten Adelswelt. Täuscht mich mein Gefühl, oder werden wir nicht eigentlich von den Vertretern des Geldadels regiert? Und spielen unsere Volksvertreter, also Bundespräsident, Bundeskanzler/in und alle unsere

Minister und Staatssekretäre inzwischen nicht eine ähnliche Rolle wie die Damen und Herren aus den Königshäusern von England, Spanien oder sonst wo? Könnte es sein, dass sie nur etwas zu repräsentieren haben, was sie gar nicht mehr besitzen, die Macht nämlich? Ist der Verdacht so abwegig, dass King Christian und Queen Angela oder Prinz Guido, wie sie inzwischen auch heißen mögen, nur die Thronreden halten, die ihnen längst von anderen aufgeschrieben werden? Heißt unsere Demokratie repräsentativ, weil die gewählten Politiker nur noch repräsentieren dürfen, was andere für sie ausüben? Verkünden sie nur noch, was ihnen die nicht gewählten Herren und Damen des Geldadels, der Hochfinanz und so weiter, nein, nicht befehlen, aber nahelegen? Weit sind wir davon jedenfalls nicht mehr entfernt, fürchte ich. Wer hat doch gleich gesagt: Mir ist es egal, wer unter mir Kanzler ist? Das kann nur einer vom Geldadel gewesen sein.

Der deutsche Steuerzahler

Von seiner Existenz erfuhr ich, wie von so vielem, zuerst durch meinen Onkel Günther aus Mannheim, und ich hielt diesen Steuerzahler lange Zeit für eine rein westdeutsche Spezies Mensch. Im Osten definierte man sich normalerweise über seinen Beruf, sprach von sich als Arbeiter, Arzt oder Apotheker, der eine oder andere auch als Parteisekretär. Mein Westonkel hatte zwar auch einen Beruf gelernt. Aber ich habe ihn nie von sich als Schwachstromingenieur reden hören. Nein, wann immer er von sich sprach – und wovon sollte er denn sonst sprechen –, dann sagte er: »Ich als Steuerzahler …« Egal, ob er damit betonen wollte, wie wichtig er für das Wohl des Staates im Allgemeinen war oder wie machtlos er vor dem Finanzamt im Besonderen dastand. Als Steuerzahler hat er mit seinen Millionen westdeutschen Leidensgenossen nicht nur für die Bundesrepublik alles bezahlt, nein, auch den Osten hat er, zum Beispiel mit der Transitpauschale, viel zu lange vor dem Zusammenbruch bewahrt. Mit seinen Steuergroschen, wie er das nannte, hat er vierzig Jahre lang für die deutsche Spaltung und danach erst recht für die Wiedervereinigung bluten müssen. Wie teuer wir ihn allein schon durch den Zwangsumtausch zu stehen kamen, hat er uns früher bei jedem Besuch zu verstehen gegeben. Das meinte er zwar nie persönlich, aber ein bisschen schlechtes Gewissen hat er uns doch immer vermittelt, obwohl er meist tröstend hinzufügte: »Ihr könnt ja nichts dafür.«

Als ich ihm einmal meinen Lohnstreifen zeigte, um ihm zu beweisen, dass wir im Osten auch Steuern zahlten, konnte er nur müde lächeln. Erstens über die geringe Höhe meiner Lohnsteuer und zweitens über dieses Spielgeld, das man doch nicht ernst nehmen könnte. Nein, zum richtigen Steuerzahler fehlte uns in seinen Augen das richtige Geld. Ohne westliche Hilfe könne man ja nicht mal die schlimmsten Schlaglöcher auf unseren Autobahnen stopfen. Dass es bei uns überhaupt noch befahrbare Straßen gab, verdankten wir ihm allein, dem westdeutschen Steuerzahler.

Ganz im Vertrauen teilte mir mein Onkel sogar mit, dass auch die Mauer ohne westliche Finanzhilfe vermutlich nicht, jedenfalls nicht in dieser Qualität, hätte gebaut werden können. Wie ich später erfuhr, stammte der Stacheldraht an der Mauer wirklich aus westlicher Produktion, musste allerdings mit Devisen bezahlt werden. »Mit unseren Devisen«, hätte mein Onkel hinzugefügt. In einem Punkt war ihm die eigene Regierung immer ein bisschen suspekt. Es war zwar die einzig rechtmäßige in Deutschland, aber ihm als Steuerzahler war sie viel zu großzügig den Kommunisten gegenüber. Adenauer vielleicht noch nicht, aber alle, die danach kamen.

Ob mein Onkel aus moralischen Gründen hier und da auch mal Steuern hinterzogen hat, weiß ich nicht. Er gehörte ja nie zu den Großverdienern, bei denen es sich lohnte. Aber dass der Staat ganz allgemein und die Sozis im Besonderen nicht mit Geld umgehen können, das sagte er immer wieder. Und weil in Deutschland nicht nur Leute wie mein Onkel, sondern auch wirklich Reiche so dachten und denken, kann man ihnen auch keinen Vorwurf machen, wenn sie ihr gutes Geld vor dem verschwenderischen deutschen Staat in Sicherheit bringen. Es ist wohl kein sprachlicher Zufall, dass man den Hartz IV-Empfänger, der sich zusätzliche Leistungen des Staates erschwindelt, Sozialbetrüger nennt, während der Reiche, der demselben Staat ja nur sein schwer verdientes Geld nicht in den Rachen werfen mag, lediglich Steuersünder genannt wird. Sünder sind wir schließlich alle.

Der deutsche Wähler

Dass hiermit nur der Westdeutsche gemeint sein kann, versteht sich von selbst. Denn der Ostdeutsche kannte ja, bevor er in die Bundesrepublik eingemeindet wurde, gar keine Wahlen, die diesen Namen verdient hätten. Für ihn bestand die einzige Möglichkeit, seine Unzufriedenheit mit den Regierenden zum Ausdruck zu bringen, darin, dass er nicht wählen ging. Solche Weigerung aber grenzte schon an Widerstand gegen die Staatsgewalt. Die Westdeutschen hingegen hatten seit jeher die freie Wahl zwischen verschiedenen Kandidaten unterschiedlicher Parteien. Mochten sie auch in den Zeiten zwischen den Wahltagen auf die jeweilige Regierung laut schimpfen, wenn es darauf ankam, wählten sie sie doch immer wieder ins Amt. Auf das Recht, seine selbst gewählten Politiker in aller Öffentlichkeit straflos Idioten und Lügner nennen zu dürfen, war der deutsche Wähler sogar besonders stolz. Das war schließlich der Beweis dafür, dass in der Bundesrepublik Meinungsfreiheit herrschte. Auf den Gedanken, nicht nur auf seine Regierung zu schimpfen, sondern auch mal eine andere, weniger idiotische zu wählen, wie das in den anderen westeuropäischen Ländern immer mal wieder versucht wurde, schienen die Deutschen, nachdem sie 1949 zum ersten Mal gewählt hatten, gar nicht mehr zu kommen.

Hatte sich Adenauer 1949 noch denkbar knapp mit einer Einstimmenmehrheit, seiner eigenen nämlich, zum Bundeskanzler wählen müssen, so besorgten das in den folgenden Jahren die Abermillionen deutscher Wähler mit einer Zuverlässigkeit, die man in anderen demokratischen Ländern nicht kannte. Die Begriffe Bundeskanzler und Adenauer waren in Deutschland ganze vierzehn Jahre untrennbar miteinander verschmolzen. Hätten ihn nicht seine eigenen Parteifreunde, noch bevor er neunzig wurde, aus dem Amt gedrängt, der deutsche Wähler hätte ihn wohl auch über den Tod hinaus immer wieder zu seinem Kanzler gewählt. Auch sechsunddreißig Jahre nach seinem Tod, im Jahre 2003, nutzte der deutsche Wähler die Gelegenheit, denselben Konrad Adenauer in einer ZDF-Fernsehshow posthum zum beliebtesten Deutschen zu wählen. Mag sein, dass Helmut Schmidt ihn mittlerweile in der Beliebtheitsskala überholt hat. Aber das liegt wohl nur daran, dass heute kaum noch jemand weiß, welcher Partei dieser Schmidt eigentlich angehört.

Ähnlich wie Adenauer in der ganzen Bundesrepublik wurde Franz Josef Strauß in der immer etwas besonderen politischen Einheit Bayern verehrt. Ja, man könnte vermuten, dass der einfache bayerische Wähler den Tod seines geliebten Ministerpräsidenten lange Zeit gar nicht zur Kenntnis genommen hat, sondern ihn unter anderem Namen einfach weiter gewählt hat. Erst als Stoiber sich allzu weit aus dem Schatten seines großen Vorgängers zu lösen versuchte, um selbst zu einem Strauß ähnlichen Überbayern zu werden, haben seine eigenen Parteifreunde – wer sonst? – zuerst ihn und dann sich gegenseitig aus den bayerischen Hochämtern gemobbt. Das verwirrte die Wähler so sehr, dass sie das Urvertrauen in ihre bayerische Einheitspartei verloren und so plötzlich wie unerwartet etwas entdeckten, was sie bis dahin nicht vermutet hatten: Auch außerhalb der CSU gab es Parteien, die in Bayern zugelassen waren. Diese Entdeckung hatte furchtbare Folgen. Die CSU war nun plötzlich gezwungen, sich mit etwas auseinanderzusetzen, was sie bisher nicht gekannt hatte – mit einem Koalitionspartner und einer Opposition, zwischen denen sie noch heute nicht immer unterscheiden kann.

Deutscher Machtwechsel jedenfalls erfolgt gewöhnlich nicht durch Wahlen, sondern durch Intrigen, fast immer angezettelt von den eigenen Parteifreunden. In dem Punkt unterscheidet sich deutsche Demokratie nicht wesentlich von deutscher Diktatur. Auch Ulbricht und Honecker wurden wie Konrad Adenauer, Ludwig Erhard oder Helmut Schmidt durch Intrigen aus ihren Ämtern vertrieben. Bei Schmidt war es nicht die eigene Partei, aber doch wenigstens der Koalitionspartner. Nach so einem von Politikern eingefädelten Machtwechsel darf der Wähler gewöhnlich an die Urne treten, um das Ergebnis durch Abgabe seiner Stimme nur noch abzusegnen. Die deutschen Politiker wissen, dass sie sich auf ihr Wahlvolk verlassen können, während der deutsche Wähler inzwischen weiß, dass alle Politiker lügen. So blieb ihm jahrzehntelang nur die Wahl zwischen dem besseren und dem schlechteren Lügner, bis dann endlich eine Frau aus dem Osten Kanzlerin wurde. Bei ihr handelt es sich um eine grundehrliche Frau, die den gordischen Lügenknoten immer aufs Neue zerschlägt, indem sie geduldig abwartet, welche Lüge sich als mehrheitsfähig erweist und auf diesem demokratischen Weg zur allgemein akzeptierten Wahrheit wird.

Die Ostdeutschen Wähler hatten ja gleich bei der ersten freien Wahl im März 1990 ohne alle Vorbildung ihre Demokratiefähigkeit bewiesen, indem sie den regierenden Kanzler Helmut Kohl schon wählten, als dieser im Osten noch gar nicht kandidieren durfte. Darüber mokierten sich die Westdeutschen zwar und gaben den Ostdeutschen dann die Schuld, dass sie alle zusammen den Kohl weitere acht Jahre ins Kanzleramt gewählt hatten. Es dauerte eine ganze Weile, bis der Osten endlich auch die westdeutsche Binsenweisheit verinnerlicht hatte, dass Politik und Wahrheit einander ausschließen. Aber als sie es erkannt hatten, änderten sie ihr Wahlverhalten auf erschreckende Weise. In ihrer Enttäuschung über die Lügen der neuen, demokratischen Parteien begannen sie nun, sich vermehrt wieder der Partei zuzuwenden, an deren Lügen sie sich in vierzig Jahren Diktatur gewöhnt hatten. Das wiederum verstörte die Westdeutschen, die ihren eigenen Parteien zwar schon viel länger nicht mehr vertraut hatten, ihnen aber höchstens mal einen Denkzettel verpassten, indem sie ihre

Stimme der NPD oder anderen rechten Sammlungsbewegungen gaben. Die hatten den Vorzug, dass sie meist nach einer Wahlperiode wegen erwiesener Unfähigkeit wieder aus den Parlamenten verschwanden.

Den Tabubruch, Kommunisten ins Parlament zu wählen, auch wenn sie sich nach mehrfacher Umbenennung verharmlosend selbst nur noch als Linke bezeichnen, hat die große Mehrheit der Westdeutschen den Ostdeutschen bis heute nicht verziehen. Dass es die östlichen Kommunisten fertig brachten, sich noch einmal eines Saarländers zu bedienen, um in ganz Deutschland wieder Fuß zu fassen, ist ganz besonders perfide. Denn den hielt jetzt sogar eine nicht unbedeutende westdeutsche Minderheit für wählbar, schon weil er als ehemaliger SPD-Vorsitzender doch mal ein ehrbarer Antikommunist gewesen sein musste.

Die einzige Hoffnung, die kommunistische Unterwanderung zu stoppen, besteht im Augenblick darin, dass im Osten die Nichtwähler endgültig zur absoluten Mehrheit werden und die restliche Minderheit ausstirbt. Die nicht aufzuhaltende Entvölkerung Ostdeutschlands lässt diese Hoffnung inzwischen ganz realistisch werden. Wo aus Überzeugung oder wegen natürlichen Ablebens keiner mehr wählen geht, können auch keine Kommunisten legal an die Macht kommen. Und wenn der westdeutsche Wähler wieder allein entscheidet, was demokratisch ist, wird die Bundesrepublik wieder das, was sie einmal war, eine stabile Demokratie, in der die Kommunisten als Gefahr aus dem Osten eine weit entfernte Rolle spielen, das deutsche Volk sich aber in einer anderswo nicht gekannten Geschlossenheit vor ihnen fürchtet.

Der Russe als Gefahr an sich

Wie real die russische Gefahr wirklich war, ist heute schwer zu sagen. Aber die Angst vor den Russen beherrschte über Jahrzehnte das Denken und Fühlen der Westdeutschen. Wie in anderen Zusammenhängen auch wurde aus dem allgemeinen Gefühl eine ebenso allgemeine Überzeugung. Ob die Angst vor dieser Gefahr noch aus dem Hass rührte, den die Nazis geschürt hatten, oder ob der Hass nun aus der Angst vor der Rache des Siegers kam, ist genauso schwer zu sagen. Waren da, so kurz nach dem Krieg und den deutschen Verbrechen in Russland, hier und da nicht auch Schuldgefühle mit im Spiel, die sich leichter verdrängen ließen, wenn man im alten sofort wieder den neuen Feind ausmachen konnte? Die deutsche Gefühlslage den Russen gegenüber war in den ersten Jahren nach dem Krieg in Ost und West gleich. Wir kamen ja alle aus dem einen Nazideutschland, und da war »der Russe« an sich nun mal gleich nach »dem Juden« der Feind überhaupt. Beim Juden mussten wir uns alle korrigieren. Der »ewige Russe« ist geblieben, was er war.

Mit den Feinden verhält es sich ähnlich, wie mit den Fremden: Wenn man sie näher kennen lernt, verlieren beide leicht ihren Schrecken. In Ostdeutschland gehörten die russischen Soldaten bald zum Straßenbild, auch wenn private Kontakte, so weit sie nicht direkt verboten waren, auf jeden Fall nicht gern gesehen wurden. Trotzdem wurde im Laufe der Jahre aus Angst und Hass, je mehr man über sie und ihre elenden Lebensverhältnisse in den Kasernen erfuhr, schließlich bald so etwas wie Mitleid, jedenfalls was die einfachen Soldaten betraf. Kontakte mit Deutschen waren ihnen verboten, sie durften keinen deutschen Freund und erst recht keine deutsche Freundin haben. Ihre Kasernen durften sie allenfalls in Gruppen, etwa zum gelegentlichen Museumsbesuch oder zu offiziellen »Freundschaftstreffen«, nur für Stunden mal verlassen.

Wenn wir Ostdeutschen gelegentlich als Touristen in die Sowjetunion kamen, konnten wir kaum übersehen, dass es den Bürgern der Siegermacht viel schlechter ging als uns selbst. Wenn man sie privat besuchte, entpuppten sie sich normalerweise als überdurchschnittlich gute Gastgeber, die oft genug besser deutsch sprachen als wir Deutschen russisch. Da spürte man nichts mehr vom Hass auf den Kriegsgegner von einst. Aus der staatlich proklamierten deutsch-sowjetischen Freundschaft wurde zwar, Dank staatlich verordneter Zurückhaltung, irgendwie nichts, aber als Feind hatte »der Russe« lange vor dem Ende des Kalten Krieges bei den meisten Ostdeutschen ausgespielt. Unter ihren Stalins und Breschnews hatten sie so viel mehr und länger zu leiden als wir.

Ganz anders sah dieser Russe in den Augen der meisten Westdeutschen aus. Da blieb er der ferne, unzivilisierte Barbar, der Asiat eben, mit dem man weder etwas zu tun haben wollte noch etwas zu tun hatte. Als Stalins Nachfolger Chruschtschow 1956 in seiner – im Westen bald bekannt werdenden – Geheimrede die unter seinem Vorgänger verübten Verbrechen öffentlich machte, war das ja nur eine Bestätigung des Bildes, das man vom Reich des Bösen hatte. Der Versuch, mit der danach einsetzenden Tauwetter-Periode die Verhältnisse zum Besseren zu verändern, wurde im Westen kaum zur Kenntnis genommen. Die blutige Niederschlagung des Ungarn-Aufstandes in Budapest, der Versuch russische Atomraketen auf Kuba zu stationieren oder der Einmarsch der Russen und ihrer Verbündeten in Prag 1968, all das war Beweis genug, dass ernsthafte Verhandlungen mit so einem Gegner gar keinen Sinn hatten. Alles, was sich im Kalten Krieg zwischen Ost und West abspielte, wurde als Kampf zwischen Gut und Böse wahrgenommen.

Wer sich benahm wie der Bauer Chruschtschow vor der UNO, wo er mit seinem Schuh aufs Rednerpult einschlug, der blieb einfach ein unzivilisierter Vertreter eines barbarischen Systems. Ihm gegenüber stand der sympathische amerikanische Präsident Kennedy, von dem man heute gar nicht mehr zu wissen scheint, dass er es war, der die Verstärkung des »militärischen Engagements« der USA in Vietnam befohlen hatte. Dazu gehörte ab 1961 auch der Einsatz von Napalm und Entlaubungsmitteln. Der Westen verfügte nicht nur über die wirkungsvolleren Waffen, er beherrschte auch die Sprache des Kalten Krieges effektiver. Das tut er noch heute, indem er, statt einen Krieg gleich Krieg zu nennen, von Operationen wie Enduring Freedom (heißt »andauernde Freiheit«) spricht oder, wenn man es auf Deutsch sagt, von kriegsähnlichen Zuständen in Afghanistan. Auch im Kampf für die Menschenrechte sind inzwischen viele Menschen zu Tode gekommen, aber – zumindest sprachlich gesehen – starben sie für eine gute Sache.

Doch zurück zum Russen! Dass Willy Brandt als deutscher Kanzler einst mit einem russischen Diktator namens Breschnew verhandelte, das grenzte noch in den siebziger Jahren geradezu an Vaterlandsverrat. Aber er selbst, dieser Brandt, war ja auch schon als uneheliches Kind auf die Welt gekommen, was ihn zusätzlich fragwürdig erscheinen ließ. Mit dem Hinweis darauf, dass es sich bei ihm um einen »gewissen Herrn Frahm« handelte, hatte Adenauer 1961 noch eine Bundestagswahl gewonnen. Dass er als Offizier einer feindlichen Armee ins Nachkriegsdeutschland gekommen war, statt wie Adenauer in innerer Emigration im Vaterland auszuharren, hätte Brandt ja ohnehin schon unmöglich für ein deutsches Kanzleramt machen müssen. So einer ließ sich, kaum dass er trotzdem Kanzler geworden war, dann mit den Russen ein, trank mit ihnen Wodka und hatte – eben uneheliches Kind! – natürlich auch ständig Weibergeschichten. Auf diesem Niveau bewegten sich damals nicht nur die Stammtischgespräche.

Was Willy Brandt und Egon Bahr »neue Ostpolitik« nannten, hieß für die Mehrheit der Westdeutschen lange Zeit »Verzichtspolitik«, weil die beiden auf etwas verzichten wollten, das Deutschland schon längst nicht mehr besaß, zum Beispiel auf die verlorenen Ostgebiete. Diese Politik führte zwar in Europa zu einer Ost-West-Entspannung, von der die Bundesrepublik auch unter Helmut Kohl schließlich profitierte, aber so ganz verziehen ist ihnen bis heute nicht, dass sie sich auf die Kommunisten ganz allgemein und die Russen im Besonderen eingelassen haben. Ein schöner, nachträglicher Beweis für Brandts kommunistische Verstrickungen ist ja, dass die ostdeutsche Staatssicherheit beim Misstrauensvotum gegen ihn mindestens eine Stimme zu seinen Gunsten gekauft hatte. Es könnte allerdings auch ein Beweis dafür sein, dass sich selbst zuverlässige Antikommunisten, wenn man sie nur gut genug bezahlt, von den Kommunisten kaufen lassen.

Dass Brandt und Bahr mal als stramme Antikommunisten angefangen haben, ist weitgehend in Vergessenheit geraten. Aber das war in den Jahren direkt vor und nach dem Mauerbau in Berlin. Damals war es in Westberlin fast unmöglich, kein Antikommunist zu sein, wie es in Ostberlin für den »Mann auf der Straße« nicht leicht war, Kommunist zu werden oder zu bleiben. Dass damals so viele Ostberliner in der SED waren, hieß ja nicht, dass es sich dabei unbedingt um Kommunisten handeln musste. Es waren schließlich auch im Westen nicht alle Demokraten, die sich so nannten.

Das westdeutsche Misstrauen gegenüber »dem Russen« blieb auch in Zeiten der Entspannungspolitik westdeutsches Allgemeingut. Die Kreml-Astrologie wurde zu einer anerkannten Wissenschaft. Auch als dieser Russe in Gestalt von Gorbatschow Friedensangebote machte, ein Ende des Wettrüstens anbot, sogar einseitige Schritte dazu einleitete, war man allenfalls irritiert. So ein gebildeter und noch dazu sympathischer Russe passte nicht ins Bild, das man sich so lange von ihm gemacht hatte, ohne ihm ins Gesicht zu sehen. Der schließlich einsetzende deutsche Jubel für Gorbatschow galt der Überraschung, dass sich ein Russe so zivilisiert und intelligent zu geben verstand. Ein Ausnahmerusse eben. Was er für eine Ausnahme war, sah man ja schon daran, dass er bei den normalen Russen trotz allem so schnell wieder unbeliebt wurde, weil sie jetzt zwar freier waren, aber materiell noch schlechter lebten als unter Breschnew.

Ein zweites deutsch-russisches Liebesverhältnis gab es dann in den neunziger Jahren, als der Alkoholiker Boris Jelzin sich in die Herzen der Deutschen soff und Helmut Kohl sich mit ihm in der Sauna traf. Das war der ulkige Russe, der, wenn er genug getrunken hatte, bei Gelegenheit auch mal laut mitsang oder dirigierte, wenn ihm auf offener Straße eine Kapelle begegnete. Bei sich zu Hause sorgte er dafür, dass quasi über Nacht kapitalistische, also demokratische Verhältnisse einzogen. Da konnte sich in diesem bisher so barbarischen Land endlich jeder nach Herzenslust am herrenlos gewordenen Staatseigentum bereichern, wie sich das in einem freien Land gehörte. Die später so genannten Oligarchen stammten zwar alle aus der kommunistischen Nomenklatura, aber wie hätten sie sonst auch wissen sollen, wo Macht und Geld in Russland zu finden waren?

So gut und richtig der lustige Russe Jelzin daheim auch alles machte, ein Russe blieb er eben doch, und seine in Deutschland stationierte Rote Armee bekam das bei ihrem Abzug zu spüren. Zur großen Abschiedsparade mit den französischen, englischen und amerikanischen Soldaten im Stadtzentrum ließ man sie nicht mit aufmarschieren. Sie durften da, wo sie gewohnt hatten, im etwas abgelegenen Ostberliner Stadtteil Karlshorst ihre eigene kleine Parade veranstalten, während die dankbaren Berliner den zivilisierten Truppen der Westalliierten im Stadtzentrum auf einem rauschenden Abschiedsfest noch mal zujubelten. Das hat zwar viele Ostberliner beschämt. Aber, mein Gott, die waren ja inzwischen sowieso daran gewöhnt, sich für alles Mögliche zu schämen. Nachdem sie, natürlich vergeblich, gegen den Abriss des Lenin-Denkmals in Ostberlin protestiert hatten, fragten einige von ihnen auch, warum das so viel hässlichere Thälmann-Denkmal an anderer Stelle stehen bleiben durfte. Auf diese Frage gab ihnen Berlins Regierender Bürgermeister Eberhard Diepgen die einzig richtige deutsche Antwort: »Thälmann war zwar Kommunist, aber doch wenigstens kein Russe.«

Als der in deutschen Augen einzig wirklich demokratische russische Präsident Jelzin aus Alkohol- und Gesundheitsgründen zurücktrat, ernannte er noch selbst seinen Nachfolger. Das war von der Bundesrepublik nicht zu beanstanden, schließlich hatte ja auch Helmut Kohl einmal Wolfgang Schäuble zu seinem Kronprinzen ernannt. Dass daraus nichts wurde, lag nicht nur an Kohl, sondern vor allem an Parteispendenaffären, deren Bekanntwerden nicht vorgesehen war. Der von Jelzin ernannte und dann vom obrigkeitshörigen russischen Volk auch gewählte und wieder gewählte Präsident Wladimir Putin erfüllte leider die in ihn gesetzten deutschen Hoffnungen nicht ausreichend. Das konnte er schon deshalb nicht, weil er nicht wie Jelzin nur harmloses Mitglied des Politbüros der KPdSU (der Kommunistischen Partei der Sowjetunion) gewesen war, sondern Offizier des russischen Geheimdienstes KGB. Also Stasi. Und bei einem kommunistischen Geheimdienst gewesen zu sein, ist allemal verdächtiger als jedes noch so hohe Parteiamt.

Aber auch seine Dresdner KGB-Zeit hätte man Putin noch verziehen, wäre er dann in Moskau nicht einfach seine eigenen Wege gegangen. Dass er Russland wieder zu dem machen wollte, wovor man sich hier viel zu lange gefürchtet hatte, zu einer Weltmacht nämlich, das ging zu weit. Immer wieder musste man feststellen, dass er sein Riesenreich nicht wie ein ordentlicher deutscher Bundeskanzler lupenrein demokratisch regierte. Sein durch und durch russisches Verständnis von Demokratie hat uns Deutsche aufs Höchste beunruhigt. Wir sind immer beunruhigt, wenn anderswo etwas nicht nach unseren Vorstellungen läuft. Auch dass Putin gegen Jelzins alte Freunde, die Oligarchen, mit eindeutig undemokratischen Mitteln vorging, dass er sie wegen angeblicher oder wirklicher Steuerhinterziehung einsperren ließ, spricht gegen ihn. Natürlich können diese Leute nicht auf legalem Weg zu ihrem Reichtum gekommen sein. Aber in welchem Land dieser Welt war das je der Fall? Dass sich diese neureichen Russen im europäischen Umland jetzt aufführen, wie sie sich aufführen, kann man ihnen nicht vorwerfen. Sie sind nun mal Russen, aber als Milliardäre muss man sie eben akzeptieren.

Unser Rechtsstaat

Dass in vorwiegend ostdeutschen Kreisen über die Frage Rechts- oder Unrechtsstaat so lange nach dem Sieg des Rechts- über den Unrechtsstaat überhaupt noch diskutiert wird, kann wohl kaum einer verstehen, der das Glück hatte, in diesem, schon immer demokratischen Rechtsstaat Bundesrepublik Deutschland aufgewachsen zu sein. Berufsverbote oder Notstandsgesetze waren seinerzeit einfach nötig, um diesen Rechtsstaat vor seinen Feinden zu schützen. Zu den »Feinden« von damals gehörte, neben vielen anderen Amtsträgern von heute oder gestern, auch der spätere Außenminister und Vizekanzler Joschka Fischer. Wie sehr er sich damit ins Unrecht gesetzt hatte, das hat ihm die ehemalige DDR-Bürgerin Angela Merkel, noch bevor sie Bundeskanzlerin wurde, im Plenum des deutschen Bundestages erklärt, und die anwesenden ost- und westdeutschen Abgeordneten der CDU/CSU-Fraktion haben einhellig applaudiert. Namentlich die westdeutschen Redner und Kommentatoren haben der ostdeutschen Vorrednerin gedankt für ihren erhellenden Exkurs in die bundesdeutsche Vergangenheit.

Neu war nicht der Sachverhalt, von dem Frau Merkel sprach. Fischers linke Vergangenheit war längst in allen Einzelheiten durch die Medienmühle gedreht worden. Neu war, dass hier eine Ostdeutsche einem Westdeutschen erklärte, in was für einem tadellosen Rechtsstaat er gelebt und wie grundfalsch er sich darin verhalten hatte. Mir Ostdeutschem stockte förmlich der Atem. Das kannten wir schließlich bis zu dieser denkwürdigen Bundestagsdebatte nur umgekehrt. Als amtierender Außenminister durfte Fischer Frau Merkel nicht mal den Vogel zeigen, wie wir Ostdeutschen das mit manchen westdeutschen Besserwissern inzwischen tun, wenn sie uns immer noch unser fehlerhaftes Leben erklären wollen. Ich habe Fischer nie zuvor und nie danach so kleinlaut erlebt wie in dieser Debatte. Und ich habe mich – das gebe ich unumwunden zu – von Herzen darüber amüsiert, obwohl ich ganz anderer Meinung war und bin als Angela Merkel.

Mir war – tut mir leid – der frühe Steinewerfer Fischer zeitweise sogar sympathischer als der spätere Außenminister. Ja, ich gehörte in jenen Jahren zu den ostdeutschen Sympathisanten der westdeutschen Unruhestifter, der Achtundsechziger und ihrer Nachfolger. Auch wenn mir viele ihrer Parolen, ihre Sektiererei und diese linke Humorlosigkeit auf die Nerven gingen. Steine werfen wie überhaupt jede Art von Gewalt, auch die gegen Sachen, ist mir ohnehin zuwider. Aber standen den Steinewerfern von damals nicht oft genug prügelnde Polizisten gegenüber? Es war durchaus nicht immer sicher, wer da zuerst auf wen eingeschlagen hat. Nebenbei bemerkt: Die Prügelstrafe in Schulen wurde nach mehreren Anläufen in der Bundesrepublik erst 1973 endgültig abgeschafft, in Bayern – wie könnte es anders sein? – noch ein paar Jahre später. In der DDR geschah das bereits 1949. Allerdings erinnere ich mich persönlich noch an die eine oder andere Kopfnuss in der Schule und die damals gern zitierte Pädagogenweisheit: »Eine Ohrfeige hat noch keinem geschadet.«

Ob ein Rechtsstaat ein Rechtsstaat ist oder nicht, das hängt nicht nur von den verkündeten Gesetzen ab, sondern auch von denen, die sie anwenden, den Juristen. Und die sprachen in diesem westdeutschen Rechtsstaat, nicht nur der ganz frühen Jahre, oft genug noch alles andere als das, was man heute allgemein unter Recht versteht. Wie viele jener alten Richter hätten wegen weitaus schlimmerer Verbrechen als ihre jetzigen Angeklagten selbst vor Gericht gehört! Da war der Jurist Filbinger mit seiner Rechtfertigung, dass heute nicht Unrecht sein könne, was früher Recht war, noch ein vergleichsweise harmloser Fall. Nein, damit dieser Rechtsstaat zu dem wurde, was er heute – bei aller Unvollkommenheit – ist, bedurfte es dieser Unruhestifter weit mehr als manch braver Juristen.

Die Qualität geltenden Rechts zeigt sich unter anderem darin, wie mit den wirklichen oder scheinbaren Rechtsbrechern umgegangen wird. Und dass unterschieden wird zwischen Feind und Kritiker. Dass man zwischen beiden im Unrechtsstaat DDR bis zum Ende noch so viel weniger unterscheiden wollte als im Rechtsstaat Bundsrepublik, ist einer unter vielen Gründen für den Untergang der DDR. Aber wie lange hat es gedauert, bis sich diese Erkenntnis im Westen durchgesetzt hat? Auch da wurde mancher Kritiker so lange zum Feind erklärt, bis er es gelegentlich auch wurde. Nein, es war im Westen nicht alles gut, nur weil es im Osten noch schlimmer war.

Eines jedenfalls scheint mir den westdeutschen Rechts- mit dem ostdeutschen Unrechtsstaat zu verbinden: Gerechtigkeit herrscht, beziehungsweise herrschte in beiden nicht. Ein beliebtes Argument, das für die Bezeichnung »Unrechtsstaat DDR« spricht, lautet: Eine funktionierende Straßenverkehrsordnung mache aus einem Unrechtsstaat noch lange keinen Rechtsstaat. Das ist richtig. Nun gab es aber in der DDR auch ein vergleichsweise vorbildliches Familien- und Arbeitsrecht. Der Homosexuellen-Paragraph 175, und der Paragraph 218, also das Verbot der Schwangerschaftsunterbrechung, waren im Osten längst nicht mehr in Kraft, als im Westen noch um deren Abschaffung gekämpft wurde. Die Gleichstellung der Frau, vom Grundgesetz zwar von Anfang an gefordert, ist bis heute in der Bundesrepublik weit weniger verwirklicht, als sie das in der DDR einst war. Ja, es gab Dinge, die für mein Gefühl im Unrechtsstaat gerechter gehandhabt wurden als im Rechtsstaat.

Was allerdings das politische Strafrecht betrifft, so war die DDR vom ersten bis zum letzten Tage ein Unrechtsstaat. Die von »führenden Genossen« geübte Praxis, über die Gesetzgebung hinaus in einzelne Verfahren nach Gutdünken einzugreifen, andererseits die Unmöglichkeit gegen staatliche Willkür zu klagen, widerspricht allen rechtstaatlichen Grundsätzen. Ganz zu schweigen von der »führenden Rolle der Partei«, die sich die SED selbst in die Verfassung geschrieben hatte. Nein, ein Rechtsstaat im bürgerlichen Sinne war die DDR nicht. Das hat sie allerdings auch nie von sich behauptet. Sie nannte sich eine »sozialistische Demokratie«, war aber weder eine Demokratie noch sozialistisch. Doch der Versuch, sie gleichzusetzen mit der Herrschaft der Nationalsozialisten, ist mehr als fahrlässig.

Geht es bei der ganzen Diskussion um den Begriff Unrechtsstaat nicht eigentlich um etwas ganz anderes, etwas, das wenig mit der Vergangenheit, umso mehr mit der Gegenwart zu tun hat? In einer Zeit wachsender Unzufriedenheit mit den herrschenden sozialen Verhältnissen im Rechtsstaat Bundesrepublik kann das DDR-Bild gar nicht schwarz genug gezeichnet werden. Je finsterer der Unrechtsstaat ausgeleuchtet wird, desto heller strahlt das Licht des Rechtsstaates.

Die heute vorherrschende Rechtsprechung definiert sich – wie bei den alten Römern – vor allem über den Schutz der Besitzverhältnisse. Die zu schützen scheint das edelste Prinzip unseres Rechtsstaates zu sein. Zwar steht im Grundgesetz sehr schön und missverständlich: »Eigentum verpflichtet.« In den gesetzlichen Durchführungsbestimmungen steht dann aber wohl, dass es Diebstahl ist, eine Maultasche zu essen, die der Besitzer für den Müll bestimmt hatte. Oder steht das gar nicht so im Gesetz?

Wieso wird so ein »Vergehen« von den meisten Richtern als »Vertrauensbruch« ausgelegt? Ich weiß es nicht, bin ja kein Jurist. Aber ich dürfte nicht der Einzige sein, der solche Rechtsprechung für asozial hält. Das rechtfertigt natürlich in keiner Weise das politische Unrecht in der DDR. Aber im Ergebnis führt die Dämonisierung des »Unrechtsstaates« DDR auf der einen Seite immer wieder zur Verklärung des »Sozialstaates« auf der anderen Seite.

Als Nichtjurist kenne ich den alten Juristenspruch: Auf dem Meer und vor Gericht bist du in Gottes Hand. Eine für Atheisten auch nicht gerade Vertrauen erweckende Beschreibung von Rechtssicherheit im Rechtsstaat.

Die Westberliner

Dass sie, die Erfinder des Begriffes »Wessi«, selbst einmal so genannt werden würden, hatten die Westberliner bis zum Mauerfall vermutlich nicht geahnt. Aber für uns Ostdeutsche sind sie es heute genauso wie die Bayern, Rheinländer oder Niedersachsen. Dabei waren sie doch seit der Blockade 1948 bis zum Mauerfall 1989 immer etwas Besonderes gewesen. Eine besonders bedrohte und deshalb besonders geschützte Art. Deutlicher als alle anderen »Wessis« bekamen sie auf ihrer Insel im Roten Meer die sowjetische Bedrohung zu spüren. Von ihren Fenstern an der Sektorengrenze konnten sie direkt ins Feindesland blicken, sahen von dort aus die sowjetischen Panzer, die 1953 durch Ostberlin rollten, später hatten sie den Anblick ostdeutscher Grenzer zu ertragen, sahen Mauer und Todesstreifen ganz aus der Nähe, hörten nachts die Schüsse, die da auf Flüchtende abgegeben wurden. Hier hatte man nicht nur täglich sein konkretes Feindbild vor Augen, man hatte auch ständig Feindberührung, sei es mit den Volkspolizisten an der Sektorengrenze oder bei manchem Treffen mit Ostverwandten. Da wurde oft genug das kalte Kriegsbeil auch in der Wohnstube ausgegraben. Etwa wenn diese Ostverwandtschaft ihr System schon damals verharmloste durch eine Bemerkung wie: »Hier kann man auch leben.« So ein Satz konnte dem Familienfrieden erheblichen Schaden zufügen.

Die Westberliner waren zwar freie Bürger der freien Welt, aber irgendwie fühlten sie sich auch immer bedroht und eingesperrt. Zumindest mussten sie sich von ostdeutschen Grenzsoldaten und Zöllnern schikanieren lassen, wenn sie ihren Fuß in den Ostteil der Stadt setzten oder auf den streng bewachten Transitwegen von ihrer Insel auf das westdeutsche Festland übersetzen wollten.

Der Grad der Bedrohung, beziehungsweise Schikanierung hing ab von der jeweiligen politischen Großwetterlage, auf die sie selbst keinen Einfluss hatten. Nein, sie konnten nichts dafür! Aber das Gefühl ständiger Bedrohung war für Westberliner trotzdem Bestandteil ihres Selbstwertgefühls. Man war doch wer! Auf jeden Fall war man etwas Besonderes.

Andererseits hatten sie aber in den Jahren der Ost-West-Entspannung bald ihre Ruhe hinter der sicheren Mauer, und sie hatten ihre ebenso sichere Berlin-Zulage. Westberlin wurde im Laufe der Jahre zum hoch subventionierten Schaufenster des wohlhabenden Westens und blieb doch gleichzeitig der ewig bedrohte Vorposten der freien Welt. Das schuf eine besondere Westberliner Mentalität. Bei Verwandtenbesuchen im Ostteil der Stadt konnten sie öfter als jeder Kölner oder Stuttgarter erleben, wie viel besser es ihnen als den armen Ostverwandten ging. Beim jeweiligen Grenzübertritt aber bekamen sie auch immer wieder zu spüren, wie gefährdet das Territorium war, auf dem sie sich bewegten. Sie konnten sozusagen doppelt stolz sein – auf ihren Mut, auf der Insel auszuharren, und auf den Wohlstand, in dem sie ihren Mut ausleben durften.

Ich hatte neben meinem Onkel Günther in Mannheim auch zwei Tanten in Westberlin, Tante Anneliese in Wilmersdorf und Tante Rose im benachbarten Friedenau. Beide waren überzeugte Antikommunistinnen, unterschieden sich aber in einem wesentlichen Punkt: Die ältere, Tante Rose, weigerte sich, überhaupt einen Fuß in den »Russenteil« der Stadt zu setzen. Das lag nicht nur daran, dass sie schlecht zu Fuß war. Das lag an ihrer Überzeugung, dass Kommunisten, zumal russische, zu allem fähig seien. Die andere, Tante Anneliese, hatte zwar keine bessere Meinung vom Osten, besuchte aber regelmäßig ihren Vater, der mein Großvater und überzeugter Kommunist war. Ihre Besuche galten allerdings weniger dem Erhalt verwandtschaftlicher Beziehungen. Sie kam vor allem ins östliche Biesdorf, um dort einzukaufen oder zum

Friseur zu gehen. Auch ihre Schuhe ließ sie sich im Osten besohlen, weil das für sie preisgünstig war. »Den Russen muss man schädigen, wo man kann!« Das sagte sie, obwohl sie ausschließlich in deutschen Läden einkaufte und sich die Dauerwellen von deutschen Friseusen legen ließ.

»Über Politik rede ich mit deinem Großvater gar nicht erst. Das hat ja keinen Sinn«, sagte sie zu mir. Ähnliches sagte mein Großvater über sie. Böse Bemerkungen darüber, dass sie nur in den Osten kam, um hier mit ihrem »Scheißwestgeld« alles aufzukaufen, machte er nur, wenn sie es nicht hören konnte. Manchmal tauschte er nämlich sein gutes Ostgeld bei ihr zu einem Vorzugskurs von eins zu drei. Das Westgeld brauchte er, um im Westen Zigarren kaufen zu können. Die waren so ziemlich das Einzige, was er im Westen besser fand. Tante Anneliese fand im Osten nichts besser, aber es war eben alles viel billiger für sie. Und – wie gesagt – den Russen zu schädigen, das empfand sie als Ehrensache.

Von ihrer Empörung über die Berlin-Blockade 1948 zehrte sie noch weit über den Mauerfall 1989 hinaus. »Du kannst dir gar nicht vorstellen, wie wir damals in Westberlin gehungert und gefroren haben, während es sich dein Großvater in Biesdorf gut gehen ließ.« Ich weiß nicht, wie gut es ihm wirklich ging, aber ich weiß noch, wie er erzählte, dass seine Tochter Anneliese damals Rucksäcke voll Briketts und Kartoffeln von Biesdorf nach Wilmersdorf geschmuggelt hätte. Dabei habe man im Osten kaum weniger gehungert und gefroren. Tante Anneliese und mein Großvater redeten ungern miteinander, desto lieber übereinander.

Sie hat immer heftig bestritten, zu Blockadezeiten etwas von den Kommunisten, und mein Großvater war ja einer, angenommen zu haben. »Das war eine Ehrensache für uns Westberliner. Lieber wären wir verhungert, als uns von den Kommunisten bestechen zu lassen. Außerdem hatte dein Großvater damals ja selber kaum was zu essen.« Als ich sie fragte, wieso sie jetzt nichts mehr gegen Ostmilch und Fleisch oder Ostberliner Friseure hatte, erwiderte sie überlegen: »Das lasse ich mir ja nicht schenken. Das bezahle ich alles mit meinem guten Geld.« Dass sie ihr gutes Geld vorher in Westberliner Wechselstuben gegen das billige Ostgeld eingetauscht hatte, war für sie wie für viele Westberliner eine kleine Entschädigung dafür, dass sie in der Frontstadt ausharrte und nicht in die sichere Bundesrepublik umzog.

Ihr Selbstverständnis beruhte auf zwei Säulen: Auf ihrem guten Geld und dem Erlebnis der Berlin-Blockade. Der Fluglärm der amerikanischen Rosinenbomber sei in Westberliner Ohren wie Musik gewesen, sagte sie immer wieder. Nur zu vergleichen mit dem Klang der Freiheitsglocke. Der Amerikaner habe Berlin im Krieg zwar bombardiert, aber mit der Luftbrücke habe er alles wieder gutgemacht. Ihre Logik hatte manchmal etwas Mitreißendes.

Ich habe damals weder Tante Anneliese noch Tante Rose oder meinem Großvater widersprochen. Erstens wusste ich nicht, wer von ihnen mehr Recht hatte, und zweitens wollte ich es mit keinem verderben. Meinen Großvater liebte ich, weil er mein Großvater war, und von meinen Tanten Rose und Anneliese bekam ich hin und wieder die eine oder andere Westmark geschenkt. Aus keinem anderen Grund habe ich sie immer mal wieder in Westberlin besucht, denn die Gespräche mit ihnen waren manchmal kompliziert.

Als ich 1959 zum letzten Mal zu Tante Rose kam, fragte sie mich wie gewöhnlich, ob ich nicht lieber im Westen bleiben wollte. Als ich erwiderte, dass ich gerade meine Aufnahmeprüfung für die Schauspielschule in Leipzig bestanden hätte, erschrak sie doppelt. Leipzig, das war Sachsen und Sachsen war für sie der Spitzbart Ulbricht, der übelste von allen deutschen Kommunisten. Aber Schauspielschule war noch schlimmer. »Und das erlaubt deine Mutter? Na ja, die ist ja auch mit euch bei den Russen geblieben.« Plötzlich sprang sie, so weit es ihre körperlichen Möglichkeiten noch zuließen, auf und holte einen Pappkarton mit alten Fotos aus dem Schrank. Dann hielt sie mir eines davon unter die Nase, auf dem eine altmodisch gekleidete Frau auf einem Zirkuspferd zu sehen war. »Siehst du, da kommt das her mit deiner Schauspielerei – eine Großtante von mir war mal Zirkusreiterin. Aber die war für die Familie damals gestorben.«

Tante Rose starb noch vor dem Mauerbau. Ihre Nichte, meine Tante Anneliese, kam danach – im Gegensatz zu meinem Onkel Günther aus Mannheim – nicht wieder in den Osten. »Von euren Grenzwächtern lasse ich mich doch nicht schikanieren.« Das und Ähnliches schrieb sie als Begründung. Und wie sehr wir ihr leid täten in unserem schäbigen Osten, schrieb sie auch. Aber es sei ja unsere Schuld, dass wir nicht rechtzeitig in die Freiheit gekommen wären. Sie werde, anders als viele andere, die aus Angst vor den Kommunisten nach Westdeutschland gingen, in Berlin ausharren, bis der Spuk vorbei sei.

Als es dann so weit war, rief sie uns an, um uns zu sagen, dass sie nach allem, was geschehen sei, jetzt erst recht nicht bereit wäre, noch mal einen Fuß in den Osten zu setzen. Wenn wir wollten, könnten wir ja in Wilmersdorf mal vorbeikommen. Aber wir sollten nicht denken, dass bei ihr viel zu holen wäre. Wir Ostdeutschen hätten viel zu lange auf ihre Kosten gelebt. Dass wir dem Westen immer auf der Tasche gelegen hätten, hatte mir ja Onkel Günther aus Mannheim auch schon gesagt. Als nicht Betroffener sah er den Mauerfall von Mannheim aus anfangs aber noch etwas positiver als Tante Anneliese.

Sie klagte am Telefon und in vielen Briefen darüber, dass sie ihr schönes Westberlin kaum noch wiedererkenne, seit die vielen Ostberliner rüberkämen. Damit seien wir natürlich nicht gemeint. Wenn wir mal bei ihr vorbeikommen wollten, sollten wir es ruhig tun. Aber mehr als eine Tasse Kaffee könne sie uns mit ihrer kleinen Rente auch nicht bieten. Sie schrieb noch mehrere lange Briefe in diesem Stil, vermutlich war sie ziemlich einsam in ihrem Wilmersdorf. Als ich ihr anbot, sie mit dem Auto abzuholen, damit sie uns in Hohenschönhausen besuchen könne, lehnte sie das empört ab. In diese Stasihochburg komme sie schon gar nicht. Irgendwie haben wir uns schließlich ganz aus den Augen verloren.

Natürlich dachten nicht alle Westberliner wie meine Tante Anneliese. Aber je länger die mehrheitliche Freude über den Mauerfall zurücklag, desto mehr sehnten sich viele von ihnen nach den guten alten Mauerzeiten zurück. Sie hatten ja auch die größten Opfer zu bringen. Nicht nur die Berlin-Zulage war weggefallen. Auch ideell hatte man viel verloren. Als Westberliner plötzlich in Ostdeutschland zu leben, das musste man erstmal verkraften. Und die drohende Verostung von Kudamm und Tauentzien war ja nicht zu übersehen!

Um Schlimmeres zu verhüten, wählten sich die Westberliner mit ihrer Mehrheit gleich 1990 erstmal wieder einen Regierenden CDU-Bürgermeister, und der bildete sofort einen Senat mit erfahrenen Politikern aus den Westsektoren. Die gab es zwar offiziell nicht mehr, aber wenn man den Ostberlinern schon nicht verbieten konnte, im Westen einzukaufen, sollten sie wenigstens nicht gleich mitregieren dürfen. So ging dann die Wiedervereinigung doch noch ganz glimpflich aus. Langsam, aber sicher erweiterte man das Westberliner Hoheitsgebiet um das brandenburgische Kleinmachnow und nahm das alte Zentrum und den erneuerten Prenzlauer Berg weitgehend in Besitz. Dass man in diesen feinen Gegenden den wachsenden Zuzug von Schwaben, Rheinländern und nicht-türkischen Ausländern nicht verhindern konnte, erwies sich nachträglich sogar als Vorteil. Das Östlich-Ärmliche an Berlin konnte man so mit Hilfe des Mietspiegels in die Randbezirke Hellersdorf und Marzahn, beziehungsweise nach Neukölln und Wedding abdrängen.

So ist aus beiden Teilen der Provinzstadt Berlin doch noch so etwas wie eine Weltstadt geworden, mit mehreren Zentren in der Innenstadt und vielen Dörfern drum herum. Was meine Tante Anneliese davon noch erlebt hat, weiß ich nicht. Wir haben uns nicht mehr gesehen. Dass es anderswo nicht so lange gedauert hat mit dem Zusammenwachsen, liegt wohl einfach daran, dass es in den anderen deutschen Städten nie einen Ost- oder Westsektor gegeben hatte. Was hätte in München, Stuttgart oder Köln denn zusammenwachsen müssen? Vielleicht waren wir uns in Berlin immer zu nahe gewesen, um uns gleich wieder gernzuhaben. Dass es im Großen und Ganzen friedlich blieb, verdanken wir sicher auch der Tatsache, dass die vielen Schwaben, Bayern, Rheinländer, aber auch Russen, Amerikaner, Franzosen, Afrikaner und Sachsen uns Berliner nicht mit uns allein gelassen haben.

Das Lied der Deutschen

Als der österreichische Komponist Joseph Haydn 1797 in Wien das Kaiserlied »Gott erhalte Franz den Kaiser« komponierte, dessen an sich schöne Melodie er dann im »Kaiserquartett« noch mal benutzt hat, konnte er nicht ahnen, dass ein deutscher Dichter und Patriot namens Hoffmann von Fallersleben vierundvierzig Jahre später auf der Insel Helgoland ausgerechnet auf die Melodie seines Kaiserliedes einen neuen Text schreiben sollte mit der Anfangszeile »Deutschland, Deutschland über alles«. Hoffmann von Fallersleben wiederum, aus dessen Feder auch das viel schönere Kinderlied »Alle Vögel sind schon da« stammt, konnte nicht ahnen, dass der sozialdemokratische Präsident Friedrich Ebert seinen Text zu Haydns »Kaiserlied« 1922 ausgerechnet zur Nationalhymne der ersten deutschen Republik erklären würde.

Bis 1933 wurden bei entsprechenden Anlässen gewöhnlich alle drei Strophen des Liedes gesungen. Die Nazis übernahmen von Fallersleben nur die erste Strophe und haben ihr Horst-Wessel-Lied drangehängt. Nach dem Zusammenbruch des Dritten Reiches war nicht nur das Horst-Wessel-Lied sondern auch Haydns Musik und Fallerslebens erste Strophe in aller Welt zum Symbol des Naziterrors und damit unsingbar geworden. Dass es noch eine zweite und dritte Strophe gegeben hatte, war in den zwölf Jahren des Tausendjährigen Reiches vermutlich in Vergessenheit geraten. Als 1949 die Bundesrepublik gegründet wurde, stand sie jedenfalls ohne Nationalhymne da. Die Abgeordneten des Deutschen Bundestages, die zu ihrer ersten konstituierenden Sitzung zusammenkamen, sangen dann – ich nehme an vom Blatt – ein weitgehend unbekanntes Lied, das irgendwer im Allgemeinen Deutschen Kommersbuch auf Seite 58 unten gefunden hatte: »Ich hab mich ergeben / mit Herz und Hand / dir Land voll Lieb und Leben / mein deutsches Vaterland.«

Ob dieses anspruchslose Liedchen danach noch einmal gesungen wurde, habe ich nicht mal im Internet herausgefunden. Dass ein Staat aber zu allen möglichen Repräsentationszwecken eine Nationalhymne braucht, stellte sich in den folgenden Jahren auf manchmal peinliche Weise heraus. Auch ganz banale Sportwettkämpfe kommen ja ohne hymnischen Abschlussgesang nicht aus. Als man nach einem Fußballspiel zwischen Deutschland und Belgien in Köln nach der belgischen Nationalhymne statt einer nicht vorhandenen deutschen Hymne den beliebten Karnevalsschlager »Wir sind die Eingeborenen von Trizonesien« spielte, soll sich der an Sport eigentlich wenig interessierte Bundeskanzler Adenauer sehr geärgert haben. Aber es sollte noch schlimmer kommen. Bei seinem ersten USA-Besuch in Chicago wurde der Kanzler mit dem ebenfalls bekannten Schlager »Heidewitzka, Herr Kapitän«, begrüßt. Da ist ihm wohl endgültig klar geworden, dass es so nicht weitergehen konnte. Heute würde man sagen: »Es bestand dringender Handlungsbedarf.«

Da er selbst zu Zeiten der Weimarer Republik einmal Oberbürgermeister von Köln gewesen war und in dieser Funktion zu tausend Anlässen den ganzen Fallersleben hatte auswendig singen müssen, erinnerte er sich wohl an den vergleichsweise harmlosen Text der dritten Strophe. Gegen Worte wie »Einigkeit und Recht und Freiheit für das deutsche Vaterland« konnte man wenig einwenden, auch wenn einem, sobald die Musik einsetzte, unwillkürlich die viel eingängigere Zeile »Deutschland, Deutschland über alles« einfallen musste. Als Adenauer 1950 zum ersten Berlin-Besuch als Kanzler in den Titania-Palast kam, ließ er den Text der dritten Strophe auf die Sitze legen. Die Melodie war noch allgemein bekannt, und den vergessenen Text konnte man ja ablesen. Das trug dem Kanzler zwar noch allerlei Proteste ein, unter anderem von den empörten alliierten Stadtkommandanten. Aber er war ja mit allen politischen Wassern gewaschen und behauptete einfach, dass die Nazis die dritte Strophe verboten hätten. Woher sollten amerikanische, britische oder französische Militärs solche Einzelheiten wissen? Und was die Nazis verboten hatten, konnte logischerweise gar nicht schlecht sein.

In der DDR war man in punkto Hymne vorausschauender gewesen. Beinahe rechtzeitig hatte man eine ganz neue Nationalhymne von Johannes R. Becher dichten und von Hanns Eisler komponieren lassen, die bereits am 5. November 1949, also knapp einen Monat nach Staatsgründung, gespielt und gesungen werden konnte. Die Anfangszeilen lauteten: »Auferstanden aus Ruinen / und der Zukunft zugewandt«. Dagegen hatten weder die SED, noch die sowjetische Besatzungsmacht etwas einzuwenden. Aber so richtig erfolgreich wurde auch diese an sich harmlose Hymne, wie sich später herausstellen sollte, nicht.

Zuerst kam heraus, dass Eisler sich – allerdings unbewusst – bei seiner Komposition einer berühmten Melodie von Peter Kreuder bedient hatte: »Good bye, Johnny«. Der Rechtsstreit darum wurde schließlich beigelegt, sonst hätte die DDR das Abspielen ihrer sozialistischen Nationalhymne mit westlichen Devisen bezahlen müssen. Das Gerücht, dass es so sei, hielt sich ziemlich lange, aber es war eben nur ein Gerücht. Erst viel später – 1970 nämlich – mussten Partei und Regierung der DDR auch noch erschreckt feststellen, dass es außer den harmlosen Anfangszeilen in dieser Hymne eine brisante Textstelle gab, die da von »Deutschland, einig Vaterland« kündete. Das klang in den Jahren der Abgrenzung von der kapitalistischen Bundesrepublik schon fast nach Revanchismus. Deshalb beschloss man, den Text künftig ganz wegzulassen und zur verbliebenen Melodie allenfalls zu summen. Das bot den Westdeutschen dann wenigstens einen willkommenen Anlass zu spotten. Hatten sie sich diese Hymne doch bei allen Welt- und Europameisterschaften, von den Olympischen Spielen gar nicht zu reden, so oft anhören müssen, während die eigene

Hymne bei solchen Gelegenheiten unvergleichlich viel seltener erklang.

In der Bundesrepublik hatte man sich in der Zwischenzeit erstmal mit Beethovens »Ode an die Freude« beholfen. Schillers Text allerdings erwies sich als viel zu anspruchsvoll, um auf Sportplätzen oder bei Staatsakten gesungen zu werden. Theodor Heuss, der als Bundespräsident über nationale Hoheitszeichen zu entscheiden hatte, gab schließlich eine eigene, bundesdeutsche Hymne in Auftrag. Die ersten Zeilen sollten lauten: »Land des Glaubens, deutsches Land / Land der Väter und der Erben / Uns im Leben und im Sterben / Haus und Herberg', Trost und Pfand.« Das war intellektuell durchaus verkraftbar. Aber Adenauer ließ, obwohl er in dem Fall gar nichts zu sagen hatte, nicht mit sich reden. Nach einigem Hin und Her ließ er den Bundespräsidenten 1952 schließlich »entscheiden«, dass die dritte Strophe des Deutschlandliedes zur Nationalhymne der Bundesrepublik Deutschland erklärt würde. Der Text dieser dritten Strophe allerdings ist bis heute nicht so bekannt wie die erste. Und es passierte bei jener legendären Fußballweltmeisterschaft 1954 in Bern nicht zum letzten Mal, dass Deutsche in nationaler Ergriffenheit »Deutschland, Deutschland über alles, über alles in der Welt« textsicher und lautstark zu Gehör brachten.

Als es 1990 zur so genannten Wiedervereinigung kam, hatten die Deutschen neben vielem anderen auch die Nationalhymne doppelt. In Text und Musik waren die beiden Lieder durchaus unterschiedlich, nicht aber im Versmaß. Der letzte DDR-Ministerpräsident Lothar de Maizière, der im Gegensatz zum Kanzler aller Deutschen, Helmut Kohl, auch über eine musische Vorbildung verfügt, machte damals einen zumindest originellen Vorschlag, nämlich auf die Musik von Haydn den Text von Johannes R. Becher zu singen. Damit allerdings überschritt er eindeutig seine Kompetenz, die ja allein darin bestanden hatte, die Immobilie Ostdeutschland besenrein zu übergeben. So übernahm

Ostdeutschland nicht nur die westdeutsche Währung, das westdeutsche Grundgesetz, das westdeutsche Steuerrecht, das westdeutsche Bildungssystem und die westdeutsche Kleingartenordnung, sondern auch die westdeutsche Nationalhymne. Ist es ein Wunder, dass wir die ostdeutsche Mentalität nicht hergeben wollten?

Der Geruch des Westens

Das hat mich schon als Kind gewundert – der Westen roch seit jeher ganz anders als der Osten. Wenn ich in den fünfziger Jahren am Ostkreuz in die Berliner Ringbahn ein- und am Westkreuz wieder ausstieg, dann sah da nicht nur fast alles anders aus, es roch auch anders. Selbst da, wo es nicht gut roch, sondern stank, stank es anders als bei uns. Schon zu Zeiten, da man in ganz Deutschland noch mit Braunkohlebriketts heizte, war die Luft nicht die gleiche. Lange bevor die Mauer in Beton zwischen uns stand, lag sie in der Luft. In Berlin schien der Wind die Sektorengrenzen schon zu respektieren, als wir uns noch frei zwischen ihnen hin und her bewegen durften.

Wenn ich meine Tanten in Wilmersdorf und Friedenau besuchte, roch es bei ihnen anders als bei uns zu Hause. Nach Bohnenkaffee zum Beispiel, aus dem ich mir damals zwar nichts machte, aber gerochen habe ich ihn doch lieber als den heimischen Muckefuck. Selbst die Schokoladentafel duftete hier durch ihre Verpackung hindurch. Obwohl meine Mutter, wie meine Westtanten auch, »Kölnisch Wasser« benutzte, roch sie anders, »Ost Kölnisch« sozusagen. Nur wenn in einem der seltenen Westpakete mal eine Flasche mit dem echten »47 11« war, roch meine Mutter im Osten, solang der Vorrat reichte, wie meine Tanten im Westen.

Auch die Pakete, die ab und zu von meinem Onkel aus Mannheim kamen, hatten ihren besonderen Duft. Sie brachten immer, da konnte der Zoll noch so gründlich kontrolliert haben, einen Hauch Westluft zu uns. Wir hielten das damals für den Duft der großen weiten Welt, was uns, wenn wir rüber kamen, in jedem Westberliner Tante Emma Laden entgegenschlug. Um die Weihnachtszeit herum roch es in den ostdeutschen Postämtern ganz ähnlich. Auch wer sich dort kein Paket abholte, sondern nur Briefmarken kaufte, bekam etwas ab von diesem Duftgemisch aus Kaffee, Schokolade, Südfrüchten und Kaugummi.

Nicht nur der Westen allgemein roch anders als der Osten, auch der einzelne Westdeutsche hatte seinen Eigengeruch. Das hatte nicht nur mit dem anderen Deo, Parfüm oder Rasierwasser zu tun. Schon die Kleidung roch nach anderen Waschmitteln. Selbst die Babys schienen anders zu riechen als unsere Kleinkinder. Ihnen lief, so kam es mir manchmal vor, auch seltener die Nase. Immer umgab sie ein Duft von feinem Babyöl und Penatencreme. Und ihre Kinderzimmer dufteten nicht nur schöner, sie schienen heller, sauberer und aufgeräumter zu sein als unsere. Das änderte sich erst, nachdem man im Westen die antiautoritäre Erziehung entdeckt hatte. Da roch es dann bei manchen nicht nur in den Kinderzimmern noch natürlicher als bei uns.

Zu den ständigen Redensarten im Osten gehörte der Satz: »Den Westler rieche ich zehn Meilen gegen den Wind.« Wenn wir das sagten, musste das schon damals, als wir noch nicht vereint waren in gegenseitiger Abneigung, nicht unbedingt positiv gemeint sein. Und es hatte auch nicht direkt etwas mit dem Geruch zu tun. Man sah förmlich schon von weitem, wie sie riechen, so perfekt und clean, wie sie meist daherkamen. Und man beneidete sie darum. Sie hatten ja auch für alles wunderbare Erklärungen parat. Wenn sie statt in gutem Tuch plötzlich in weiten, zerknautschten Leinenanzügen ankamen, sagten sie: »Leinen knittert edel.« Und schon sahen wir beschämt an unseren Bügelfalten hinunter. Wieder mal hatten wir einen Trend verschlafen.

Es war auch kein Wunder, dass die Westdeutschen so oft die Nase rümpften, wenn sie unsere Desinfektionsmittel rochen, an die wir uns längst gewöhnt hatten. Der Zustand der Sanitäranlagen war für sie entscheidendes Indiz für den Stand der Zivilisation. Bei ihnen war damals überall Deo in der Luft, auf der Toilette wie im Spülbecken, in Schlaf- und Wohnzimmern, überall hingen Duftschlucker oder -verstärker. Während es bei uns noch roch, wie es eben roch, wenn man nicht gelüftet hatte, schien der Westler so etwas wie ein Geruchskonzept für seine Umgebung entwickelt zu haben. Außer dem berühmten Zimmerspringbrunnen gab es bei uns kaum etwas, womit wir die trockene Luft in unseren Neubauwohnungen erträglicher machen konnten. Als wir es den Westdeutschen nach dem Mauerfall gleich tun wollten und mit all diesen chemischen Wunderdüften zu arbeiten begannen, hatten sie längst entdeckt, wie gesundheits- und umweltschädlich diese ganzen Sprays und Deos waren, auf die wir uns während der friedlichen Revolution so gefreut hatten. Höfliche Freunde oder Verwandte wiesen uns nachsichtig auf die drohenden Gefahren hin, mit jenem feinen Lächeln, das wie entschuldigend sagte: »Ihr könnt ja nichts dafür.« Weniger höfliche Bekannte fragten, ob wir denn vom Mond kämen.

Im Vergleich zu dem, was bei uns Braunkohlenheizung, Autoverkehr und Chemieindustrie angerichtet hatten, war uns Waldsterben und Smog im Westen vergleichsweise harmlos erschienen. Im Osten hieß eine alte Losung »Chemie bringt Wohlstand und Schönheit«. Aber diese Chemie stank inzwischen nicht nur in Bitterfeld und Umgebung dermaßen, dass es einem den Atem verschlug. Selbst durch die geschlossenen Zugfenster drang der beißende Gestank.

Der Westen schien seine Chemie geruchsfrei zu produzieren, beziehungsweise nur chemische Wohlgerüche herzustellen, um die stinkende Natur zu korrigieren. Selbst die Schadstoffe stanken im Westen nicht so wie im Osten.

Ich erinnere mich, dass ich 1983 bei Duisburg/Mühlheim staunend in das klare Rheinwasser schaute und mich mit Schrecken an den rosafarbenen, stinkenden Schaum auf der Mulde bei Dessau erinnerte. Leider hat mich ein ortskundiger Freund darauf hingewiesen, dass auch in diesem klaren, geruchslosen Wasser des Rheins damals kein Fisch und keine Wasserpflanze überlebt hatten. Selbst die Umweltzerstörung sah im Westen sauberer aus als im Osten und stank nicht mal.

Im Winter roch man in Mitteldeutschland nicht nur, wie es um unsere Umwelt stand, man sah es auch. Frisch gefallener Schnee war nach Minuten unter einer Russdecke schwarz gefärbt. Und über der ganzen Republik hing diese Duftglocke von Braunkohlenstaub, die den Geruch des Ostens so unverwechselbar machte. Seit der verschwunden ist, riecht es bei uns wie im Westen, ohne dass wir das noch wahrnehmen. Denn ohne den alten Ostgestank hat der Geruch des Westens seinen Zauber verloren, und wir nehmen es als selbstverständlich hin, dass es in unseren Gemüseläden nicht mehr nach fauligen Kartoffeln oder Weißkohl stinkt, sondern nach Apfelsinen, Pampelmusen und allerlei exotischen Früchten duftet. Mag sein, dass das ganze schöne Obst chemisch behandelt ist und die Sonne nie gesehen hat. Am Geruch merkt man es nicht.

Der ewige Sozialdemokrat

Solange ich denken kann, nannte man ihn, beziehungsweise seine Partei in Deutschland immer das kleinere Übel. Aber das ist ungerecht. Schließlich haben seit Gustav Noske Sozialdemokraten immer mal wieder bewiesen, dass man ihnen mit dieser herablassenden Bezeichnung historisch Unrecht tut. Wenn sie regieren, stehen Sozialdemokraten auch heute den Christdemokraten, dem angeblich größeren Übel also, in kaum etwas nach. Sie täten, auch das sagt man gern, im Prinzip dasselbe wie die Christdemokraten, nur eben mit einem schlechteren Gewissen. Aber auch das stimmt längst nicht mehr. Gerhard Schröder kann man vieles nachsagen, aber nicht, dass er ein schlechteres Gewissen gehabt hätte als jeder beliebige Christdemokrat, wenn man mal von Roland Koch absieht.

Das hat sich der deutsche Wähler nach dem Krieg lange nicht vorstellen können, wozu Sozialdemokraten fähig sind. Sonst hätte er ihre Partei nicht so lange in der Opposition herumdümpeln lassen, als ewige Dreißig-Prozent-Partei, die sie bis weit in die sechziger Jahre hinein blieb. Diese dreißig Prozent, um beinahe zehn Prozent noch zu unterbieten, das schaffte die SPD erst nach großen Anstrengungen vierzig Jahre später. In die Regierung gewählt werden Sozialdemokraten in Deutschland normalerweise sowieso nur, wenn es kein anderer mehr machen will. Solange ein Adenauer oder Kohl auf dem Wahlzettel steht, braucht man sie einfach nicht. Adenauer musste erst sterben und seine Nachfolger sich als ganz und gar unfähig erweisen, bis der deutsche Wähler aus lauter Hilflosigkeit den als solchen erkennbaren Sozialdemokraten Willy Brandt ins verwaiste Kanzleramt geschickt hat. Bei Helmut Schmidt fiel es dann leichter, weil er nicht mehr so ausgesprochen sozialdemokratisch wirkte wie sein Vorgänger. Kohl musste danach sechzehn Jahre im Rampenlicht ausharren, bis der Wähler ihn nicht mehr sehen konnte und den etwas besser aussehenden Gerhard Schröder an seine Stelle wählte. So lange wie Kohl jedenfalls hat nie ein Sozialdemokrat gebraucht, um sich beim deutschen Wähler unbeliebt zu machen.

Viel besser und viel länger als zum Regieren eignen sich die deutschen Sozialdemokraten dazu, verspottet zu werden. Das hatte schon unterm Kaiser angefangen, der die SPD als »Partei der Habenichtse« und der »vaterlandslosen Gesellen« beschimpfte und lächerlich machte, bis er sie schließlich für die Bewilligung seiner Kriegskredite brauchte. Da verkündete er kurzerhand, er kenne keine Parteien mehr, er kenne nur noch Deutsche. Vom Kaiser als Deutsche anerkannt zu werden, das muss den Sozialdemokraten damals so geschmeichelt haben, dass sie ihm fast einstimmig das Geld für seinen Krieg bewilligten und sich freiwillig an die Front meldeten.

Als der Krieg dann verloren war und sich in Deutschland partout kein anderer mehr finden ließ, um den Karren aus dem Dreck zu ziehen, kamen sie zum ersten Mal an die Macht. Dort angekommen, sorgten sie sofort mit Hilfe der heimkehrenden Kaiserlichen Truppen für Ruhe und Ordnung im Land, was ihnen den Spottvers einbrachte: »Wer hat uns verraten? Sozialdemokraten!« Kaum hatten sie die Ordnung einigermaßen hergestellt, wählte der deutsche Wähler sie auch wieder ab und Leute wie Tucholsky spotteten über sie als Radieschen – »so harmlos doof und leis, außen rot und innen weiß«. Es scheint sozialdemokratisches Schicksal zu sein, auf der einen Seite immer verspottet zu werden, andererseits aber immer mal die »Drecksarbeit« für andere erledigen zu müssen. Von Gustav Noskes »einer muss den Bluthund machen« bis zu Schröders Arbeitsmarktreformen.

Um sich von der, immer noch unter proletarischem Verdacht stehenden, SPD abzusetzen, nannten und nennen sich die anderen demokratischen Parteien der Bundesrepublik gern bürgerlich. Das klingt in deutschen Ohren sittlicher und zivilisierter als Arbeiterpartei. Die führenden Sozialdemokraten brauchten lange, um der Welt zu beweisen, dass sie roten und weißen Wein nicht nur trinken, sondern auch unterscheiden können. Und das nicht nur daheim bei sich im Sauerland, sondern auch auf den Kanaren oder in der Toskana. Ja, es gibt unter ihnen inzwischen Persönlichkeiten, von denen man gar nicht mehr zu denken wagt, dass sie Sozialdemokraten seien oder gewesen sein könnten, so bürgerlich geben sie sich inzwischen. Sei es nun Wolfgang Clement oder Thilo Sarrazin, sie könnten genauso gut am rechten Rand der besonders bürgerlichen FDP zu Hause sein.

Trotzdem gibt es ihn noch, den guten alten Sozialdemokraten in der westfälischen Provinz, der meint, seine Partei sei immer noch so was wie eine Arbeiterpartei. Aber das ist natürlich Unsinn, schließlich ist er ja selbst kein Arbeiter mehr, sondern mit etwas Glück, und wenn er nicht schon über fünfzig ist, noch Arbeitnehmer. Vielleicht ist er sogar Kleinaktionär und müsste als solcher erkennen, dass er eigentlich die gleichen Interessen hat wie seine Mitaktionäre Ackermann oder Blessing. Die sozialdemokratische Parteibasis ist weit hinter ihrer Führung zurück geblieben. Manchmal scheint es, als hätten sich beide schon ganz aus den Augen verloren oder würden sich sogar füreinander schämen.

Ob es sich bei den Sozialdemokraten um eine endgültig aussterbende Gattung handelt, ist aber trotz alledem noch nicht ausgemacht. Sollte es den anderen, also den bürgerlichen Parteien, mal wieder gelingen, den Karren so in den Dreck zu fahren, dass sie ihn selbst nicht mehr herausbekommen, könnte der alte deutsche Sozialdemokrat noch mal reanimiert werden, um nach getaner Regierungsarbeit wieder von Herzen verspottet zu werden.

Das Kind in uns und um uns rum

In den Anfangsjahren der Bundesrepublik wurde am deutschen Kind, im Gegensatz zu heute, nicht lange herumexperimentiert. Denn nicht nur die Eltern waren noch die gleichen wie vor 1945, die Lehrer und Erzieher waren es ja auch. Die Erziehungsmethoden hatten sich im Grunde seit dem deutschen Kaiserreich nur unwesentlich verändert. Ansätze von Reformpädagogik, also gewaltfreier Erziehung aus den zwanziger Jahren, waren längst wieder vergessen. Die Prügelstrafe wurde zwar im Laufe der Jahrzehnte immer mal wieder etwas verfeinert, blieb aber bis in die späten sechziger Jahre Grundlage allgemein praktizierter deutscher Erziehungsweisheit. Sie hatte sich schon bei Eltern, Groß- und Urgroßeltern bewehrt. Gehorsam war die deutscheste aller deutschen Tugenden, auf die die Nazis von Anfang an aufbauen konnten. Ihr Erfolgsrezept lautete: Körperliche Ertüchtigung durch körperliche Züchtigung. Eine ordentliche Tracht Prügel für den widerspenstigen Nachwuchs blieb in der Bundesrepublik noch lange durchaus gesellschaftsfähig. Motto: Wer nicht hören will, muss fühlen!

Was von den Westalliierten an demokratischer Umerziehung geleistet wurde, betraf naturgemäß zunächst nur die Erwachsenen. Von Demokratie oder Gewaltfreiheit in den Klassen- und Kinderzimmern war noch lange keine Rede. Die Autorität des Familienvaters hatte zwar durch Abwesenheit hier und da gelitten. Wenn er aber heimkam, hat er möglichst schnell wieder das Familienkommando übernommen. Einer musste schließlich sagen, wo es lang geht. Besonders beliebt machte sich ein verantwortungsbewusster Vater bei seinem Nachwuchs schon immer mit Sätzen wie: »Solange du die Füße unter meinen Tisch stellst, tust du, was ich sage.« Von allein erziehenden Müttern, die nach dem Krieg noch zahlreicher waren als heute, hörte man solche Sätze seltener. Gehorsam ist nicht zufällig männlich.

Wer selbst dazu erzogen war, verlangte solchen Gehorsam gewöhnlich auch von seinen Kindern, weil aus ihnen »etwas Anständiges« werden sollte. In den ersten Nachkriegsjahren begründete man als Erziehungsberechtigter seine Entscheidungen für Sohn und Tochter gern mit dem Satz: »Ihr sollt es einmal besser haben!« Das konnte in manchen Familien durchaus auch als Drohung verstanden werden. Aber es dauerte im Westen nicht lange, bis sich ein anderer Standardsatz durchsetzte: »Euch geht es einfach zu gut!« Den Satz habe ich 1956 zuerst von meinem Onkel Günther in Mannheim gehört. Allerdings sagte er ihn nicht zu mir, seinem armen Ostneffen, sondern zu seinen eigenen Westtöchtern, denen es da in Mannheim wirklich schon viel besser ging als uns im Osten. Um ihren Wohlstand habe ich sie beneidet, um ihren Vater weniger. Er konnte auf eine Art und Weise streng sein, die keiner körperlichen Gewalt bedurfte.

Es dauerte noch lange, bis körperliche Gewaltanwendung in der Familie oder in der Schule offiziell geächtet wurde, ohne deshalb im inoffiziellen Alltag jemals zu verschwinden. Mit der Vervollkommnung des Staubsaugers geriet der Teppichklopfer in der Erziehung noch lange nicht aus der Mode. Stubenarrest und Taschengeldentzug zu Hause oder Nachsitzen und Strafarbeit in der Schule erwiesen sich in ihrer Wirkung als wesentlich nachhaltiger und waren zudem bald auch gesellschaftsfähiger als die alte Tracht Prügel. Geradezu verpönt wurde jede Art Gewaltanwendung in Schule und Familie nach den selbst häufig gewalttätigen Studentenprotesten Ende der sechziger Jahre des vergangenen Jahrhunderts. Durchgesetzt wurde die neue gewaltfreie Erziehung eigentlich erst durch Anwendung erheblicher Gewalt auf der Straße. Die antiautoritär genannte Erziehung wurde in weiten Teilen des friedfertigen westdeutschen Bürgertums dann aber mit ähnlicher

Konsequenz durchgesetzt wie das zuvor geltende Gehorsamkeitsprinzip. Nicht nur die staatliche ostdeutsche Autoindustrie, auch die private ostdeutsche Art der Kindererziehung war jetzt mit einem Schlag weit hinter westlichem Standard zurück geblieben.

Das Kind schlechthin wurde geradezu heilig gesprochen. Kinder sollten möglichst schon als Babys ein selbstbestimmtes Leben führen. Das hatten ihre fortschrittlichen Eltern für sie entschieden. In vielen Familien übernahmen Tochter und Sohn vom Säuglingsalter an die Rolle der alles bestimmenden Familientyrannen. Ich hatte nach meinem einen Westonkel und den beiden Westtanten später viele neue Westfreunde meines Alters, die ganz anders dachten und handelten als meine Verwandten. Linksalternativ nannten sie sich. Von Beruf waren sie Lehrer, Ärzte oder Rechtsanwälte, verdienten also für Linksalternative ziemlich gut. Sie besuchten uns damals oft und gern mit ihren Kindern. Innerhalb weniger Monate und Jahre lernte ich auf diesem Wege solche Westkinder zuerst fürchten, dann hassen, schließlich aber begannen sie mir auch leid zu tun. Sie konnten ja nichts dafür, dass sie von ihren Eltern auf so konsequente Art und Weise nicht erzogen wurden. So sehr wir uns über das mitgebrachte frische Gemüse aus dem Westen freuten, das mitgekommene junge Gemüse war oft genug alles andere als erfreulich.

Diese kleinen Ungeheuer tyrannisierten mit ihrem Gezeter, ihren Launen und den schlechten Manieren ja nicht nur die eigenen Eltern. Sie tyrannisierten sich gegenseitig, dazu mich und meine ganze Familie. Selbstverständlich freuten sich meine Kinder über manche – natürlich alternativen – Holzspielsachen, die der Besuch mitbrachte. Aber Matchboxautos hätten sie viel lieber gehabt. Holzspielzeug gab es im Ost ja auch, galt bei uns allerdings nicht als alternativ. Obwohl meine Kinder nicht besonders höflich waren, bedankten sie sich artig für jedes Mitbringsel, weil sie hofften, dann immer wieder etwas mitgebracht zu bekommen. Über dieses ostdeutsche Dankesagen konnten sich die Westeltern gar nicht genug wundern. »Habt ihr ihnen das beigebracht?« Hatten wir, wagten es aber nicht zuzugeben und redeten uns auf die Kindergartentanten heraus. »Na ja, in euren Kindergärten geht es eben noch ziemlich autoritär zu. Bei uns im Kinderladen sind die Kleinen längst ein Stück weit freier.« Wir wagten »kein Stück weit« zu widersprechen.

Manchmal kamen auch unsere Söhne nicht so recht klar mit ihren alternativen Altersgenossen. Sie tobten ja auch gern rum, hatten sich aber daran gewöhnt, wenigstens im Winter die Straßenschuhe auszuziehen, bevor sie auf Sofas und Sesseln herumsprangen. Und ihr Spielzeug pflegten sie auch nicht mit Absicht kaputtzumachen, nur weil sie sich langweilten. Dass sie viel früher trocken waren als die Westkinder, erschien deren Eltern höchst bedenklich. »Das ist der östliche Zwang, in dem sie hier aufwachsen. Die Auswirkungen auf die armen Kinderseelen werdet ihr später noch zu spüren bekommen.« Ich gebe zu, dass ich an diesem Zwang nicht ganz unschuldig war. Ja, ich hatte meine Söhne eigenhändig auf den Topf gesetzt, als sie noch gar nicht richtig sitzen konnten. Aus purer Bequemlichkeit hatte ich das gemacht. Damals musste man die Windeln noch kochen, und das roch nicht gut in der Küche. Unter eventuellen Spätfolgen des Getöpftwerdens haben meine Kinder offenbar dann doch nicht gelitten. Jedenfalls sind sie inzwischen zu ganz normalen Erwachsenen geworden, die ihre Kinder nicht so viel anders erziehen als wir sie. Vielleicht ein bisschen strenger.

Als wir unseren Freunden stolz mitteilten, dass wir noch ein drittes Kind erwarteten, staunten sie. »Könnt ihr euch das denn leisten?« Dass man sich ein Kind nicht leisten könnte, war uns im Osten damals noch unbekannt. Außerdem waren unsere Freunde doch keinesfalls ärmer als wir. Im Gegenteil. Sie hatten ja oft genug erzählt, wie gut sie verdienten und dass die Mutter, eben weil der Vater so gut verdiente, selbstverständlich möglichst lange zu Hause beim Kind blieb. Unsere Kinder seien ohnehin viel zu früh in den Kindergarten gekommen, weil meine Frau möglichst bald wieder arbeiten gehen wollte. Und ausgerechnet wir gaben vor, uns auf das dritte Kind zu freuen.

Dass dieses Kind eine Tochter wurde, freute nicht nur uns ganz besonders. Auch unsere Westfreunde hatten daran nichts auszusetzen. Umso entsetzter allerdings reagierten sie, als sie uns kurz nach der Geburt wieder besuchten und mit ansehen mussten, wie meine Frau diese Tochter, wie zuvor die Söhne ja auch, noch stillte. »Ja, hat euch denn keiner gesagt, wie viele Schwermetalle das Kind mit der Muttermilch aufnimmt?« Im »Spiegel« hatten sie gerade eine ganze Titelgeschichte gelesen über die gesundheitlichen Gefahren, die in der Mutterbrust lauerten. Den Artikel schmuggelten unsere Freunde fürsorglich zu uns über die Grenze. Wir waren mal wieder nicht auf dem letzten Stand der medizinischen beziehungsweise journalistischen Wissenschaft gewesen. Auch unsere ostdeutsche Kinderärztin war es offensichtlich nicht. Sie bezeichnete das Gerede von der mit Schadstoff belasteten Muttermilch schlicht als Quatsch, und es dauerte auch nicht allzu lange, da stellte es sich als solcher auch im Westen heraus.

Inzwischen hat sich sogar herausgestellt, dass die antiautoritär aufgewachsenen Kinder – mit oder ohne Muttermilch – durchaus nicht glücklicher geworden sind als andere. Ganz im Gegenteil. Der Trend geht inzwischen längst wieder zurück zum »Lob der Disziplin«. Nicht nur für manchen katholischen Bischoff ist die antiautoritäre Erziehung mit ihrer sexuellen Aufklärung Ursache dafür, dass es zu sexuellen Übergriffen in Kloster und Schulhaus gekommen ist. Auch der Streit darüber, wie lange unsere Kinder an Mutterbrust und -schürze hängen sollen, um nicht Schaden für ihr späteres Leben zu nehmen, ist noch nicht ausgefochten. Ganz sicher ist bisher nur, dass das deutsche Kind immer seltener geboren wird. Und wenn, dann wächst es in der Regel nur als Einzelkind auf. Denn ein zweites deutsches Kind muss man sich heutzutage wirklich erstmal leisten können. Und man muss dafür sorgen, dass dieses Kind sich ruhig verhält, weil man den vielen kinderlosen Nachbarn keinen Kinderlärm zumuten darf.

Einzig sicher ist nach heutigem Wissensstand die Erkenntnis, dass das deutsche Kind einmal unser aller Rente erarbeiten muss. Ich fürchte, da kommt einiges zu auf das arme Kind.

Die deutsche Frau

Eines zumindest hat die deutsche Frau mit dem deutschen Kind gemeinsam: Ihre Rolle in der Gesellschaft wird immer mal wieder erörtert und gelegentlich neu definiert. Die Zeiten, da die deutsche Frau normalerweise auch deutsche Mutter war, scheinen zumindest in der bildungsnahen Mittel- und Oberschicht endgültig vorbei zu sein. Kinder werden in solchen Kreisen gern für später geplant, aber – das wissen wir auch in anderen Zusammenhängen – für manchen Plan kann es irgendwann auch mal zu spät sein. Dass die Mutterrolle überhaupt die schönste von allen sei, wird ja nicht nur von allein erziehenden Frauen immer mal wieder in Frage gestellt. Auch bei verheirateten Paaren, die sich das Sorgerecht juristisch teilen, ist die Kinderbetreuung für die Frau eine selbstverständliche Pflicht, für den Mann die Möglichkeit, ein paar Wochen mal ganz was anderes zu machen.

Nach dem Krieg hat die deutsche Frau bewiesen, dass sie durchaus ihren Mann stehen kann. So nannte man das damals, weil die richtigen Männer nicht mehr oder noch nicht wieder da waren. Die Trümmerfrau galt nach dem Krieg als eine Art Ersatzmann an der Ruinenbasis. In den Führungspositionen hatten viel mehr Männer überlebt, so dass Frauen in den Chefetagen weiterhin nur die üblichen Hilfsdienste zu leisten brauchten. Als es dann auch auf unterer Ebene genug Männer gab, durfte die deutsche Frau im Westen wieder werden, was sie von Natur aus war, Hausfrau und Mutter. Im Osten dagegen spielte die Frau als Arbeitskraft weiter ihre produktive Rolle an der Drehmaschine, ohne Herd und Kinderzimmer vernachlässigen zu dürfen. Ihre fortgesetzte Berufstätigkeit führte dazu, dass die ostdeutsche Frau dem ostdeutschen Manne seine führende Rolle zumindest an der Basis und im Mittelbau, schon bald sehr ernsthaft streitig machen konnte. Auch wenn sie es nicht bis ganz oben hin schaffte, ohne sie lief nichts in ostdeutscher Industrie und Verwaltung.

Ihre ökonomische Unabhängigkeit ließ so manche Frau auch schnell übermütig werden. Dann ließ sie sich von ihrem Mann scheiden, nur weil der sie im Suff mal geschlagen hatte oder weil sie ihn aus anderen Gründen einfach nicht mehr liebte. Sie bewies, dass sie alles allein konnte – Beruf, Hauhalt und Kindererziehung. Das machte sie zwar nicht immer glücklich, aber trotz aller Überbelastung ziemlich selbstbewusst. Im Gegensatz zur Arbeitsproduktivität stieg im Osten die Scheidungsrate unvergleichlich viel schneller als im Westen, wo der Mann sich seine führende Rolle nicht so einfach hatte nehmen lassen und die Frau ihm aus finanziellen Gründen lieber treu blieb, auch wenn er das schon lange nicht mehr gewesen sein mochte.

Lange musste sie darum kämpfen, ohne Einwilligung des Mannes eine Arbeitsstelle annehmen zu dürfen oder ein eigenes Bankkonto einzurichten. Erst die Antibabypille leitete eine wirklich neue, entscheidende Etappe im Kampf um die Gleichberechtigung der Frau auch im Westen ein. Fremdgehen ohne Angst vor den Folgen war nun kein männliches Vorrecht mehr. Mit der Losung »Mein Bauch gehört mir« hatte die Frau schon vorher das männliche Selbstbewusstsein da getroffen, wo es am tiefsten sitzt. Sexuell hat die deutsche Frau inzwischen allen männlichen Vorsprung aufgeholt. Im Bett hat sie ihre Gleichberechtigung endgültig durchgesetzt, wenn nicht sogar eine führende Rolle übernommen. Außerhalb des Schlafzimmers allerdings bleibt noch einiges zu tun.

Die weibliche Endsilbe ist zwar in allen Berufen bis hinauf zur Kanzlerin durchgesetzt, auch wenn die Sprache dabei gelegentlich etwas vergewaltigt werden musste. Gleiche Löhne und Gehälter für gleiche Arbeit dagegen gibt es noch lange nicht. Und traditionelle Frauenberufe werden ohnehin seit eh und je schlechter entlohnt. Zwar kann die deutsche Frau jetzt jedes beliebige Partei- oder Staatsamt übernehmen, auch in der Wissenschaft gibt es schon hier und da mal eine wichtige, weiblich besetzte Professur. Aber in der Wirtschaft, in den Vorstands- und Aufsichtsräten, da wo in Deutschland nicht nur politische, sondern tatsächliche Macht ausgeübt wird, verliert sich die weibliche Spur noch immer.

Im Fernsehen gibt es inzwischen fast nur noch Moderatorinnen, vermutlich weil sie meist netter aussehen, vielleicht auch weil sie besser fragen können als ihre männlichen Kollegen. Männer lieben es nun mal mehr, dumme Antworten zu geben, als kluge Fragen zu stellen. In den Rundfunkräten, auf Intendanten- oder Chefredakteursposten üben immer noch vorwiegend Männer das aus, was sie am liebsten haben – ihre Macht. Auf dem beschwerlichen Weg dahin hat die deutsche Frau inzwischen bewiesen, wozu sie so alles fähig ist. Auch wenn hinter den größeren Korruptions- und Schmiergeldaffären bisher fast ausschließlich Männer gesteckt haben, wenn unsere Frauen erst die Macht über solche großen Summen haben, werden sie vermutlich sehr schnell beweisen, dass sie, erstmal oben angekommen, weder alles besser, noch alles anders machen. Die deutsche Frau ist nämlich, auch wenn manche das von sich meint, nicht der bessere Mensch. Sie ist nur – und selbst das nicht immer – der schönere Mensch. Aber das ist eine durch und durch männliche Sichtweise, für die ich auch nichts kann.

Die beiden Langzeitkanzler

Der erste, Konrad Adenauer, hielt sich vierzehn Jahre im Amt, der zweite, Helmut Kohl, brachte es dann mit ostdeutscher Unterstützung sogar auf ganze sechzehn Jahre. Das macht dreißig Jahre deutscher Nachkriegsgeschichte. Was die beiden ungleichen Männer verband, war, neben einem libidinösen Verhältnis zur Macht, eine gewisse Schlichtheit im mündlichen Ausdruck. Von Adenauer gibt es unzählige, klassisch gewordene Aussprüche von »Was schert mich mein Geschwätz von gestern« bis zu dem nüchternen Rat »Nehmen Sie die Menschen, wie sie sind, andere gibt's nicht«. Mit diesem an sich sehr einfachen Gedanken bewies der rheinische Katholik Adenauer mehr Menschenkenntnis als alle ostdeutschen Gesellschaftswissenschaftler der Nachkriegszeit, die vergeblich auf den neuen Menschen gehofft hatten. Auch Adenauers Verhältnis zu Recht und Unrecht war ganz und gar pragmatisch: »Natürlich achte ich das Recht. Aber auch mit dem Recht darf man nicht allzu pingelig sein.« Das war er, wenn es darauf ankam, etwa bei der »Spiegel«-Affäre, genauso wenig wie später Helmut Kohl, der sich ja gern als Enkel Adenauers ausgab. Nicht nur im Umgang mit Parteispenden erwies er sich alles andere als pingelig.

Als er 1982 in seiner ersten Regierungserklärung, nach jenem sozial-liberalen Zwischenspiel in der Bundesrepublik, eine »geistig-moralische Wende« verkündete, hatte er ja nicht gesagt, wo sie herkommen und wo sie hinführen sollte. Es kann auch sein, dass die Formulierung beziehungsweise die Idee, die dahinter gesteckt haben könnte, gar nicht von ihm stammte, sondern von irgendeinem seiner Redenschreiber. Und der Kanzler hat das nur mal so hingesagt, ohne viel über den Sinn so einer Ankündigung nachzudenken. Schließlich hat er ja auch immer wieder von der

»Gnade der späten Geburt« gesprochen, ohne zu sagen, von wem diese, ja nicht ganz sinnfreie Formulierung stammte, von Günter Gaus nämlich, der im Gegensatz zu ihm ein Intellektueller war. Aus Helmut Kohls Mund kam mir schon das Wort »Gnade« immer ein wenig fremd vor. Zu seiner Art zu sprechen und zu denken passte viel mehr das Wort von dem, »was hinten rauskommt«.

Gerade ihre einfache Ausdrucksweise machten Opa- und Enkel-Kanzler beim deutschen Volk so anhaltend beliebt. Die schienen auch nicht anders als der kleine Mann auf der Straße zu sprechen und zu denken. Meinem Onkel Günther aus Mannheim jedenfalls sprachen beide, das hat er selbst oft gesagt, fast immer aus dem Herzen. Sie stellten keine intellektuellen Ansprüche, muteten dem Volk nie irgendwelche Experimente zu, sondern warnten mit immer den gleichen Worten vor der roten Gefahr, die für sie auch im rechtesten aller rechten Sozialdemokraten lauerte. Die einzige Alternative, die sie kannten, lautete: »Freiheit oder Sozialismus«. Und dass die Sozis nicht mit Geld umgehen können, darauf war ja mein Onkel Günther nicht von allein gekommen. Das hatte er erst von Adenauer lernen müssen: »Alles, was die Sozialisten vom Geld verstehen, ist die Tatsache, dass sie es von andern haben wollen.« Das klingt heute noch so modern, als habe Westerwelle den alten Adenauer-Satz gerade erfunden.

Adenauer muss man immerhin eine gewisse Originalität und einen ausgeprägten Eigensinn im Denken und Handeln zubilligen. Sein Deutschland war das Rheinland, also katholisch und überschaubar. Alles was jenseits der Elbe lag, war ihm zutiefst zuwider. Brandenburg, Sachsen und Mecklenburg gehörten für ihn im Grunde schon zu den verlorenen deutschen Ostgebieten, die er zwar verbal nicht aufgeben durfte, aber absolut nicht wiederhaben wollte. Was hinter der deutsch/deutschen Grenze lag, betrachtete er als eine Art protestantisches Sibirien. Selbst Westberlin betrat dieser Kanzler nur, wenn er es gar nicht vermeiden konnte, etwa als gerade ein amerikanischer Präsident angereist war, um angesichts der von den Kommunisten gebauten Mauer zu verkünden, dass er ein Berliner sei. Das hätte Adenauer nicht mal im Scherz von sich behauptet. Als Stalin im März 1952 in seiner Note an die Westalliierten die Vereinigung und Neutralisierung Deutschlands anbot, hat er diesen Alliierten Stalins Hinterlist erklärt, bevor sie selbst gelesen hatten, was der Sowjetführer ihnen da geschrieben hatte. Das entspricht genau seiner berühmt gewordene Definition dessen, was Weltgeschichte ist, nämlich: »die Summe dessen, was vermeidbar gewesen wäre«.

Zu so viel Originalität hat es Helmut Kohl nie gebracht, weder im Denken noch in der Formulierung. Was er am besten zu nutzen verstand, das war zunächst »die Gnade des schlechten Gedächtnisses« seiner Wähler. Aber darauf müssen Politiker in jedem demokratisch regierten Land dieser Erde bauen. Was Kohl besser als andere verstand, das war, jeweils »die Gunst der Stunde« zu nutzen. Anders als sein viel zu intellektueller Vorgänger im CDU-Vorsitz, Rainer Barzel, dessen konstruktives Misstrauensvotum gegen den Kanzler Willy Brandt 1972 knapp gescheitert war, wartete der schlaue Helmut Kohl zehn Jahre später die Gunst jener Stunde ab, die der sozial-liberalen Koalition erst schlagen musste. Da aber hat er mit Genscher und Lambsdorff in Hinterzimmern alles so geschickt ausgekungelt, dass im Plenum gar nichts mehr schiefgehen konnte. An Bauernschläue übertraf er selbst seinen ewigen Konkurrenten Franz Josef Strauß.

Nach der Wahl nutzte er dann alle außenpolitischen Vorteile, die die von Brandt und Bahr einst ausgehandelten Ostverträge ihm jetzt boten. Die Verträge hatte er selbst zwar in der Opposition ganz entschieden bekämpft, aber jetzt galt für ihn die Adenauersche Prämisse: »Was schert mich mein Geschwätz von gestern?« Sieben Jahre war er dann immer zur rechten Zeit am richtigen Ort, um sich der Loyalität seiner Parteifreunde zu versichern. Denn, auch das wusste er besser als andere, in der eigenen Partei sitzen die wirklich gefährlichen Gegner. Die hätten ihn im September 1989 auf dem Bremer CDU-Parteitag auch fast zur Strecke gebracht, wäre ihm der zusammenbrechende Ostblock nicht zu Hilfe geeilt. Er nutzte die Gunst der Stunde, indem er als Erster vor der Presse verkündete, dass die ungarische Regierung die in die Budapester Botschaft geflüchteten DDR-Bürger in die Bundesrepublik ausreisen lassen würde. So eine Ankündigung trug ihm den einhelligen Jubel der eben noch kritischen Parteitagsdelegierten ein. Wieder war er zur rechten Zeit am richtigen Ort, obwohl er aus medizinischer Sicht eigentlich auf den Operationstisch gehört hätte. Seine Liebe zur Macht war stärker als die Sorge um die eigene Gesundheit.

Nach der Operation bestanden ganze Wochen, Monate und Jahre für Helmut Kohl fast nur noch aus günstigen Stunden. Im Osten war Revolution, im Westen herrschte weitgehend Staunen und Sprachlosigkeit. Helmut Kohl war es dann, der als Erster die richtigen Worte fand. Er sprach von den blühenden Landschaften, und die Ostdeutschen verstanden immer nur D-Mark. Mit dieser D-Mark, die er Bimbes nannte, hatte er bis dahin für den inneren Zusammenhalt seiner Partei gesorgt, mit ihr führte er jetzt das deutsche Volk in die Einheit. Mit anderen Worten: Er hielt sich für Bismarck, und die Ostdeutschen hielten ihn für die D-Mark. Beides stellte sich zwar als Irrtum heraus, reichte aber für ihn nach acht Jahren westdeutscher zu weiteren acht Jahren gesamtdeutscher Kanzlerschaft.

Dass er schließlich als erster deutscher Kanzler überhaupt von den Wählern direkt abgewählt wurde, hielt er vermutlich für eine der üblichen Intrigen seiner Parteifreunde. Dem nur sieben Jahre später abgewählten Kurzzeitkanzler Gerhard Schröder scheint seine Niederlage nicht viel anders vorgekommen zu sein. Noch als das Ergebnis so gut wie feststand, verkündete er in der üblichen Elefantenrunde, ohne ihn könne auch künftig gar keine Politik gemacht werden in dieser, seiner Bundesrepublik. Und er bescheinigte der – etwas blass werdenden – Wahlsiegerin Angela Merkel,

Kanzler könne sie gar nicht. Das trug sehr zu ihrer wachsenden Popularität bei. Ob sie es aber auch mal zu einer Langzeitkanzlerin bringen wird wie ihr Ziehvater Kohl, dürfte weniger von der Masse der Wähler abhängen als von ihren etwas weniger zahlreichen Parteifreunden.

Wir als Touristen

Wie andere Touristen auch, sind die Deutschen einzeln oft noch ganz erträglich, in der Masse aber verbreiten sie nicht weniger Angst und Schrecken als die für ihre Höflichkeit berühmten Engländer oder trinkfesten Skandinavier in den Ferienparadiesen der Welt. In den ersten Jahren nach dem Krieg trat der Deutsche im Ausland eher bescheiden auf und blieb auch dann noch zurückhaltend, wenn man ihm hier und da nicht allzu freundlich begegnete, weil er sich ein paar Jahre zuvor als Soldat an selber Stelle hinreichend unbeliebt gemacht hatte.

Der Deutsche wunderte sich zwar noch lange darüber, was es in anderen Ländern so zu essen gab, bestand aber zunächst noch nicht überall auf deutschem Eisbein oder paniertem Schweineschnitzel mit grünen Erbsen aus der Dose, dem deutschen Sonntagsgericht der beginnenden Wirtschaftswunderzeit. »Andere Länder, andere Sitten«, sagte der deutsche Tourist auch noch einsichtig, wenn die Toiletten anderswo nicht ganz dem deutschen Reinheitsgebot entsprachen. Selbst sauren Wein nahm der deutsche Biertrinker jenseits der Grenze in Kauf, solange der Alkoholgehalt stimmte. »Es gibt kein Bier auf Hawaii«, sang er, nicht anklagend, sondern fröhlich auf dem Kölner Karneval oder im bayerischen Bierzelt. Als er dann selbst nach Hawaii kam, konnte er sich davon überzeugen, dass das längst nicht mehr stimmte. Wo immer der deutsche Tourist in späteren Jahren hinkam, war das Bier zur Stelle, schon weil er sonst nicht mehr dort hingekommen wäre. Anders als früher eroberte er die Welt jetzt friedlich, jedenfalls ohne Feuerwaffen, und veränderte sie im Verein mit Touristenscharen anderer Nationalitäten von Grund auf. In unwirtlicher Natur, an einsamen Berghängen oder an den verlassenen Sandstränden der Weltmeere ließ er Ferienparadiese entstehen, in denen er sich immer und überall sofort zurechtfindet, weil sie alle gleich aussehen. Besonders mit den nicht weniger kampferprobten englischen Feriengästen liefert er sich gern sportliche Wettkämpfe um die besten Liegestühle am Swimmingpool oder um die Fensterplätze im Speiseraum. Ein bisschen Abenteuerlust steckt eben auch im Pauschaltouristen.

Je weiter der deutsche Tourist in den fetter werdenden Jahren reiste, desto mehr konnte er erwarten, dass dort, wo er sein gutes Geld ausgab, mit Ausnahme des Wetters, alles genauso war wie zu Hause. Auch deutsche Sprachkenntnisse setzte er jetzt beim eingeborenen Personal einfach voraus. Mit dem, was er in Deutschland an englischen Sprachkenntnissen erworben hatte, kam er im fremdsprachigen Ausland nicht weit. Besonders die Engländer zeigten wenig Verständnis für das deutsche Englisch, also konnte man auch gleich deutsch reden. Zwar ist unsere schöne deutsche Sprache längst keine Weltsprache mehr, in den Ferienanlagen auf den Kanaren, auf Mallorca oder Ibiza ist sie trotzdem zur selbstverständlichen Umgangssprache geworden. Dazu hat der deutsche Tourist weit mehr beigetragen als alle Goethe-Institute der Welt.

In die relativ nahe an Deutschland gelegene Toskana kam vor allem der gebildete deutsche Tourist, den es ja auch gibt. Zuerst erschien er meist nur als stiller Besucher und Bewunderer der italienischen Kultur, Küche und Lebensart. Bald aber fühlte er sich dort so heimisch, dass sich mancher Italiener gelegentlich fremd vorkam inmitten der für Land und Leute schwärmenden deutschen Lehrer- und Zahnarztgesellschaften, die sogar perfekt italienisch zu grüßen und zu danken gelernt hatten. Hier hat der deutsche Pauschaltourist noch nicht recht Fuß fassen können. In die Toskana zu reisen, das muss man sich nach wie vor leisten können. Wie an anderen, besonders feinen Urlaubszielen in Europa und anderswo schützt man sich hier mit etwas höheren Preisen vor denen, die zuerst auf den Preis und dann auf die Landschaft sehen.

Als Ostdeutscher habe ich sie alle um ihre Reisefreiheit beneidet, egal ob sie pauschal oder individuell reisten. Auch meinen Onkel aus Mannheim, der mit seinem VW Käfer nach Österreich fuhr, weil es bis dahin nicht allzu weit und das Essen für seinen empfindlichen deutschen Magen durchaus verträglich war. Außerdem konnte er sich mit den Einheimischen in der Muttersprache verständigen. Eine andere hatte er trotz aller Weltläufigkeit nicht gelernt. Italien mochte er sowieso nicht, weil er dort als Soldat in Kriegsgefangenschaft geraten und nicht gut behandelt worden war, wie er sagte. Als ich ihn zum ersten Mal in Mannheim besuchte, hat er mir stolz seinen schönen Lederkoffer gezeigt, den er mit vielen bunten Aufklebern geschmückt hatte. Da konnte ich selbst sehen, wie viele österreichische Städte und Ortschaften er schon gesehen hatte. Westdeutsche Touristen erkannte man damals unter anderem an diesen bunt beklebten Köfferchen und Koffern, die zeigten, wie weit gereist ihre Besitzer waren. Wir Ostdeutschen kamen ja über Wernigerode im Harz oder Weimar in Thüringen, beziehungsweise Heringsdorf an der Ostsee kaum hinaus. Damit war nur wenig Eindruck zu machen.

Als wir dann wenigstens nach Ungarn und Bulgarien reisen durften, kauften wir uns auch solche Aufkleber. Aber was war Plovdiv in Bulgarien gegen Linz in Österreich? Sogar die Billigurlauber aus dem Westen wurden in diesen »Bruderländern« unvergleichlich viel besser behandelt als wir, obwohl sie sich oft genug viel schlechter aufführten. Ja, wir hatten tausend Gründe, die Westdeutschen zu beneiden! Selbst bei uns zu Hause im Thüringer Wald wurden sie als Touristen besser behandelt als wir Eingeborenen, ohne dass sie etwas dafür konnten. Ist es ein Wunder, dass die Ostdeutschen gleich nach dem Mauerfall nur ein Ziel hatten, nämlich zu reisen und zwar in den Westen? Mit dem Bus für eine Woche nach Südspanien, und das noch für Mark der DDR! Oder in drei Tagen Berlin, Paris und zurück! Die Stadt war das ostdeutsche Traumziel überhaupt! Verpflegung und Getränke nahm man von zu Hause mit. Daran waren wir ja vom Urlaub am Balaton oder im Böhmerwald gewöhnt.

Sächsisch wurde wieder zu dem, was es von alters her gewesen war, zur Weltsprache. Wenn auch nur von den Sachsen selbst gesprochen, war ihre Sprache bald wieder überall auf der Welt zu hören. In den ersten Wochen und Monaten klang es in der Fremde noch leise und verschämt, inzwischen reden die Sachsen, wo immer sie hinkommen, genauso laut wie die mit ihnen zumindest sprachlich Verwandten aus Baden-Württemberg. In Wochen und Monaten versuchten viele Ostdeutsche jetzt nachzuholen, was die Westdeutschen ihnen in vierzig Jahren voraushatten.

Nachdem sie die Welt vom Kapp der Guten Hoffnung bis Grönland als Billig-, Pauschal- oder Individualtourist überflutet haben, ist ihr Fernweh weitgehend gestillt und hat dem Heimweh wieder Platz gemacht. So sind sie in den letzten Jahren wieder verstärkt in der Sächsischen Schweiz, in Thüringen oder am Kap Arkona unterwegs. Darheeme, wie der Sachse sagt, wenn er zu Hause meint. Wie schön es da ist, erkennt man ja erst, wenn man weiß, wie es woanders ist. Und dass es in Deutschland längst nicht am schlechtesten ist, das kann jeder deutsche Tourist in jedem beliebigen Ausland sehen, wenn er nur seine Ferienanlage mal verlässt, um Land und Leute kennen zu lernen. Aber welcher deutsche Pauschaltourist tut das schon, wenn in seinem Ferienparadies all inclusive und auf Deutsch ist?

Die Achtundsechziger

Eines haben sie heute alle gemeinsam – sie sind alt geworden, viele von ihnen in Amt und Würden, manche auch in Ehren. Andere distanzieren sich von sich selbst beziehungsweise von dem, was sie mal geglaubt, gesagt und getan haben, um dem unerbittlichen Zeitgeist Referenz zu erweisen. Sie sind noch heute ein bunter Haufen, auch wenn sie einander so wenig grün sein mögen wie früher. Die langen Haare und Bärte sind aus der Mode gekommen, die alte Rechthaberei weniger. Humor gehörte nie zu ihren Stärken. Die damals besonders extrem waren, sind es meist geblieben. Sie haben nur die Seiten gewechselt. Von rinks nach lechts. Die größten Kritiker der Elche waren auch unter den Achtundsechzigern früher selber welche. Extreme treffen sich, anders als die Parallelen, meist nicht erst in der Unendlichkeit. Nur wenige der Revoluzzer von gestern können heute noch lächeln über ihre verdächtig gewordene Vergangenheit, ohne sie gleichzeitig zu leugnen oder zu verraten. Die realpolitischen Sieger bundesdeutscher Geschichte werfen inzwischen jeden, der nicht Reue zeigt, in den einen linken Topf, in dem in Deutschland schon immer das Böse gekocht wurde. Angela Merkels Abrechnung mit Joschka Fischers Steinewerfer-Vergangenheit vor dem Bundestag war da nur ein bescheidener Anfang.

Dabei waren die Achtundsechziger und ihre Nachfolger sich schon zu »Tatzeiten« weniger ähnlich, als der Außenstehende damals annahm. Wie sollte der in marxistisch-leninistisch-stalinistisch-trotzkistisch-maoistischem Gedankengut nicht Bewanderte die Unterschiede zwischen all diesen Gruppierungen, Sekten und Aktionsbündnissen durchschauen? Äußerlich unterschieden sie sich kaum und im Vokabular für den Uneingeweihten eigentlich gar nicht. Als Außenstehender begriff man auch nicht, warum und worin sie sich gegenseitig so erbittert bekämpften, wie sie das manchmal taten, obwohl sie doch für Otto Normalverbraucher alle aus demselben Stall kamen und nur zu faul zum Arbeiten waren. In ostdeutschen Ohren klangen ihre Parolen und Traktate wie das heimische Parteichinesisch, aber weil die Sprache diesmal aus dem Westen kam, versuchte mancher von uns, erst mal herauszuhören, was wirklich dahinter steckte. Das allerdings war nicht immer leicht zu erkennen.

Die Auseinandersetzung mit der nationalsozialistischen Vergangenheit der Elterngeneration war – meinte ich damals jedenfalls – im Osten viel weiter. Im Staatsapparat oder in der Justiz und an den Hochschulen waren die Eliten längst ausgetauscht. Der Prager Frühling beschäftigte uns in dieser Zeit viel mehr als all die deutsche Vergangenheitsbewältigung. Seine Niederschlagung war für uns die wirkliche Katastrophe von 1968. Neidisch sahen wir nach Paris und nach Westberlin, wo die Staatsmacht zwar auch nicht zimperlich umging mit den revoltierenden Studentenmassen, aber doch nicht alles mit Panzern niederwalzte, was da, ganz und gar nicht gewaltfrei, protestierte. Saloppe Sprüche wie »Macht kaputt, was euch kaputt macht!« oder »Seien wir Realisten, fordern wir das Unmögliche!« klangen für uns im grauen Betonsozialismus zumindest originell. Wirklich beeindruckend fand ich Fritz Teufels Satz vor Gericht, als er aufgefordert wurde, sich bei der Urteilsverkündung zu erheben: »Wenn's denn der Rechtsfindung hilft.« Da war sogar mal Humor im Klassenkampf.

Ja, ich sympathisierte mit solchen Aufrührern, die alles in Frage stellten, was Gesetz und deutsche Ordnung war, ohne zu Gewalt im Widerstand aufzurufen. In gewissen Grenzen fand ich auch ziemlich heilsam, was da sexuelle Befreiung genannt wurde. Einen damals jeden ordentlichen deutschen Familienvater provozierenden Spruch haben wir auch im Osten oft zitiert, ohne ihn gleich zu praktizieren: »Wer zweimal mit derselben pennt, gehört schon zum Establishment.« Das habe ich zwar Zeit meines Lebens anders gesehen und finde noch heute, dass die sexuelle nicht die ganze Befreiung des Menschen ist, aber auf jeden Fall zum selbst bestimmten Leben gehört.

An den anschließend verkündeten »Marsch durch die Institutionen« glaubte ich zu jener Zeit noch weniger als an das absolute Glück, das einem die sexuelle Befreiung bescheren sollte. Dass dieser Marsch erfolgreich sein könnte, das konnte ich mir nach meinen Erfahrungen mit den ostdeutschen Institutionen einfach nicht vorstellen. Dem Rat eines, übrigens bürgerlichen Westfreundes, in die SED einzutreten, um sie von innen her zu verändern, bin ich zum Glück nicht gefolgt. Ich hätte heute bei demselben Freund einen schweren Stand als ehemaliger Genosse. Die Frage, wer in der Bundesrepublik wen oder was mehr verändert hat, die Marschierenden die Institutionen oder umgekehrt, ist wohl bis heute nicht eindeutig zu beantworten. Es war auf jeden Fall, scheint mir, für beide Seiten heilsam, dass keine allein gesiegt hat. Beide haben sich letztlich zu ihrem Vorteil verändert – die Marschierer und die Institutionen.

Irritierend, nicht nur für uns Ostdeutsche, war in jenen frühen Zeiten schon das Äußere der Protestierer. Sie hatten gewöhnlich ungepflegte lange Haare, fleckige Jeans und Vollbärte, nicht unähnlich denen der späteren Dissidenten der achtziger Jahre in der DDR. Die allerdings beriefen sich mehr auf Gott und die Bibel als auf Marx und Engels und schockierten die Staatsgewalt im Gegensatz zu vielen Achtundsechzigern mit ihrer Gewaltlosigkeit. Was bei den Achtundsechzigern im Westen der Molotowcocktail gewesen war, das war bei den Neunundachtzigern im Osten nur noch die schlichte Haushaltskerze.

Mit der DDR und dem, wie sie sagten, »Staatssozialismus« wollten die meisten, jedenfalls die ich kennen lernte, eher nichts zu tun haben. Sie belegten den Staat Bundesrepublik nahezu übereinstimmend mit der Bezeichnung »Schweinesystem«, und das herrschende Großkapital nannten sie einen Kraken, dem man den Kopf abschlagen müsse. Ihr gewalttätiger Wortschatz widersprach allerdings allzu oft ihrer eher schwachen körperlichen Konstitution und ihrem intellektuellen Anspruch. Irgendwas passte da nicht zusammen. Mir war vieles an ihnen trotzdem nicht unsympathisch. Sie schienen ihren Marx, Trotzki oder Mao, im Gegensatz zu uns, wirklich gelesen zu haben. Aber wenn ich sie dann im Fernsehen vor den westdeutschen Werkstoren revolutionäre Lieder singen hörte oder Flugblätter an völlig desinteressierte Arbeiter verteilen sah, bekam ich immer wieder Zweifel am Sinn solcher Aktionen. Nein, die »Arbeiterklasse«, für deren Rechte sie da zu kämpfen meinten, wollte nichts mit ihren studentischen Befreiern zu tun haben. Sie rieten ihnen vielmehr wie die anderen westdeutschen Kleinbürger auch: »Wenn es euch hier nicht passt, dann geht doch nach drüben!« An dieses realsozialistische Drüben aber schienen sie genauso wenig zu glauben wie an das christliche Jenseits.

Wenn sie zu uns in den Osten kamen, kauften sie mit ihrem Geld vom Zwangsumtausch alles, was wir an marxistischer Literatur längst links liegen gelassen hatten. Wir schenkten ihnen gelegentlich unsere Ernst-Busch-Platten mit den alten Kampfliedern. Uns brachten sie dafür ihre revolutionären Broschüren, die Mao-Bibel und hektographierte Traktate mit, die wir meist nur kurz überflogen und zum Altpapier legten, natürlich erst, wenn sie gegangen waren.

Die Gespräche mit ihnen waren anstrengend, obwohl man nicht unbedingt mitreden musste. Das Zuhören ermüdete ja auch. Viele ihrer Ansichten wirkten auf uns, im Realsozialismus Lebende, komisch beziehungsweise exotisch. Aber ein bisschen haben wir sie auch immer beneidet um ihren Mut, ihr System derart in Frage zu stellen, und darum, dass das in ihrem System überhaupt möglich war. Komischerweise schien es mir, als sprächen sie ausgerechnet bei uns im Osten ungenierter als bei sich zu Hause in der WG, wenn ich sie dort besuchte. Dabei wussten sie doch genauso gut wie wir, dass es bei uns die Stasi gab und weder Mao noch Trotzki zur reinen Lehre des DDR-Marxismus gehörten. Nein, solche Aufrührer waren unserer Staatsmacht, schon wegen der Ansteckungsgefahr, alles andere als willkommen. Trotzdem kam es mir so vor, als hätten sie mehr Angst vor ihrem Verfassungsschutz als vor unserer Staatssicherheit. Wenn wir bei uns auf die Stasi-Überwachung zu sprechen kamen, sprachen sie sofort vom »Überwachungsstaat Bundesrepublik« und vom herrschenden Konsumterror. Der real zu besichtigende DDR-Sozialismus allerdings war kaum geeignet, sich an ihm zu berauschen. Das ferne China mit dem großen Mao oder Vietnam mit seinem Ho-Ho-Ho-Chi-Minh lag ihnen entschieden näher.

Als ich um 1970 zu einem Theatergastspiel in Frankfurt am Main war, besuchte ich einen Bekannten, der zuvor mehrmals bei uns in Berlin gewesen war, in seiner linken Wohngemeinschaft. Ich glaube, er war Trotzkist, vielleicht aber auch Maoist, das habe ich nie so genau unterscheiden können. Auf jeden Fall war er von besonders zarter Konstitution, hatte strahlend blaue, grundgütige Augen, lange blonde Locken und passte rein äußerlich nicht zu seinen ruppigen Mitbewohnern. In der Argumentation versuchte er seine friedfertige Erscheinung zwar wett zu machen. Aber seine Stimme klang trotz aller Schärfe im Vokabular viel zu sanft für einen Revolutionär. Wir hatten eine lange Diskussion in der Küche, und ich fragte schließlich, ermüdet von dem Gerede über eine Gesellschaftstheorie, von der ich heute nicht mehr weiß, wie sie lautete: »Andere Sorgen habt ihr wohl gar nicht?« Da kam es zu dem, was ich später auch in anderen linken WGs, zum Beispiel in Belgien, oft erlebt habe, es brach ein erbitterter Streit darüber aus, wer an diesem Tage Abwaschdienst hat. Als ich mich im Laufe der Diskussion zunächst unbemerkt ans Abwaschen machte, löste ich eine noch heftigere Diskussion aus, weil ich damit die Klärung des Problems unterlaufen hätte. Ich musste den halbfertigen Abwasch stehen lassen. Wie die Diskussion schließlich ausgegangen ist, weiß ich nicht. Ich war froh, dass ich ins Theater zur Vorstellung durfte.

»Meine« Achtundsechziger diskutierten zwar auch die Frage der »Gewalt gegen Sachen«, ob sie sie wirklich irgendwann ausgeübt haben, weiß ich nicht. Die Meinungen darüber gingen in den Diskussionen weit auseinander. Ich vermute, ihre Gewaltausübung blieb auf gelegentliches Rufen von Sprechchören und das Verteilen von Flugblättern beschränkt. Als ich einige von ihnen Jahre später einzeln wiedertraf, waren die meisten Lehrer geworden oder sie machten jetzt Kindertheater. Mein Freund mit den blauen Augen und den blonden Locken war Ende der siebziger Jahre nach Brasilien gegangen und leitete dort ein Projekt für Straßenkinder. Zurück nach Deutschland kam er dann nur noch, um hier, viel zu jung, zu sterben. Er konnte also nicht mehr miterleben, wie heute mit Leuten wie ihm abgerechnet wird, beziehungsweise wie sie das selbst manchmal tun.

So einträchtig, wie man zu Mauerzeiten in der Bundesrepublik mit den Andersdenkenden in der DDR sympathisierte, so einträchtig rechnet man heute und hier mit allen anders gedacht Habenden im eigenen Lande ab. Nachdem alle, die in der DDR mal staatsnah waren, verdammt sind, kommen nun endlich auch alle die dran, die es in frühen Jahren in der Bundesrepublik auf sträfliche Weise nicht waren, eben die Achtundsechziger. Sie tragen die Schuld an einem Werte- und Sittenverfall, der die gute alte Bundesrepublik der fünfziger Jahre in einen Saustall verwandelt hat. Die sexuelle Befreiung genannte Vielweiberei der Studenten von damals ist schuld, dass heute in Deutschland zu wenig Kinder geboren werden beziehungsweise, dass diese Kinder, wenn sie denn auf der Welt sind, viel zu viel Lärm machen, keinen Respekt mehr vor den Älteren haben und später als Arbeitslose dem deutschen Steuerzahler auf der Tasche liegen. Was mit Rudi Dutschke begann, musste zwangsläufig zu Baader-Meinhof führen. Links ist da, wo der Terror herkommt. Hier gibt es zwar keine Partei, die von sich behauptet, immer Recht zu haben. Aber es gibt einen Zeitgeist, der sich auf das beruft, was schon immer richtig war.

Die fünfte Kolonne Moskaus

Der Begriff »fünfte Kolonne« stammt vermutlich vom größten aller Kommunisten, Karl Marx. Jedenfalls hat er ihn schon in einem Artikel über die Pariser Junirevolution von 1848 verwendet. Leo Trotzkis 5. Armee, eine Elitetruppe der Roten Armee im russischen Bürgerkrieg, wurde auch »Fünfte Kolonne« genannt. Später wählte Ernest Hemingway den Begriff als Titel für ein Bühnenstück über Spionage und Gegenspionage im Madrid des spanischen Bürgerkriegs.

Im Kalten Krieg wurde die »Fünfte Kolonne Moskaus« dann zum Schreckensbild allgegenwärtiger kommunistischer Unterwanderung im Westen, zum immer wieder zitierten Trojanischen Pferd der Neuzeit. Vermutlich nicht ganz zu Unrecht galten die bekennenden Nachkriegs-Kommunisten um ihren Vorsitzenden Max Reimann als solche Unterwanderer. Zumindest finanziell hingen sowohl die KPD wie die spätere DKP und mehrere kommunistische Tarnorganisationen, wie zum Beispiel die »Deutsche Friedensunion«, immer am finanziellen Tropf der SED. Die KPD war schon 1956, vom Verfassungsgericht verboten worden, bevor sie von ganz allein in politischer Bedeutungslosigkeit verschwinden konnte. Sie musste ihre Rolle als fünfte Kolonne im Untergrund weiterspielen. Dass sie im Dienste der kommunistischen Weltbewegung stand, hat sie nie bestritten. Aber schon lange vor dem KPD-Verbot war es in Westdeutschland üblich geworden, den Verdacht, im Dienste Moskaus zu stehen, all und jedem anzuhängen, der einem politisch oder manchmal auch aus ganz persönlichen Gründen nicht in den Kram passte.

Von Moskau gesteuert zu sein, das war der schlimmste aller politischen Vorwürfe, die man sich als Demokrat für seine Mitdemokraten ausdenken konnte. Für Pragmatiker wie den alten Adenauer, für Eiferer wie den frühen Heiner Geißler oder für den Polterer Franz Josef Strauß gehörte es zum guten Parlamentsdebatten- oder Wahlkampfton, die SPD ganz allgemein und Leute wie Herbert Wehner, Willy Brandt und Egon Bahr im Besonderen als fünfte Kolonne Moskaus zu bezeichnen. Bei Wehner reichte es ja schon, sein Exil in Moskau zu erwähnen, um ihn als kommunistisches U-Boot in Bonn zu entlarven. Aber auch der spätere SPD-Vorsitzende Hans-Joachim Vogel hat als Oppositionsführer den seinerzeit amtierenden CSU-Finanzminister Theo Waigel in einer Haushaltsdebatte des Bundestages kurzerhand mal als »fünfte Kolonne Moskaus« bezeichnet.

Der Verdacht war zu schön und vernichtend, um ihn nicht wenigstens einmal selbst in den Mund zu nehmen. Er erlangte eine solche Popularität, dass er auch vom Mann auf der Straße gern verwendet wurde, wenn da einer mit langen Haaren und schlampigen Jeans gegen die deutsche Kleiderordnung verstieß oder Meinungen vertrat, die denen der schweigenden Mehrheit widersprachen. Was diese, nicht immer schweigende Mehrheit dachte, stand ja täglich in der Springerpresse. Journalisten, die etwas anderes schrieben, gerieten leicht in den Verdacht, von Moskau bezahlt zu werden oder als nützliche Idioten ohne Honorar für Moskau zu arbeiten. Auch in meiner Familie wurde dieser Vorwurf immer mal geäußert. Ich erinnere mich, dass meine Tante Anneliese aus Wilmersdorf ihren kommunistischen Vater im Zorn auch mal als »fünfte Kolonne Moskaus« bezeichnet hat. Mein Großvater nannte sie daraufhin politisch unkorrekt eine »dumme Ziege«. Das klang nicht halb so vernichtend wie »fünfte Kolonne«.

Die gesamte westdeutsche Protestbewegung musste es sich gefallen lassen, zur »fünften Kolonne Moskaus« gezählt zu werden. Egal, ob man gegen den Vietnamkrieg protestierte, gegen atomare Aufrüstung oder Endlagerung, gegen die Startbahn West oder die Notstandsgesetze, gegen die Berufsverbote, gegen das Waldsterben, gegen den Paragraphen 218 oder für artgerechte Tierhaltung, ein bisschen Moskau steckte immer dahinter. Das machte es denen leichter, die sich, wenn auch nicht direkt von Moskau, so doch von Ostberlin bezahlen ließen, in der Masse der Verdächtigen unterzutauchen.

Im Kampf gegen die Fünfte Kolonne Moskaus wurden alle publizistischen Register der mehr oder weniger unabhängigen Medien gezogen. Nicht nur die Springerpresse oder politische Kommentatoren wie Matthias Walden und Gerhard Löwenthal zogen unermüdlich in den Kampf gegen den von außen gesteuerten inneren Feind der freiheitlich-demokratischen Grundordnung der Bundesrepublik. Auch die dramatische Unterhaltungskunst stellte sich in den Dienst der gefährdeten Sache. Im ZDF liefen in den Jahren 1963 bis 1968 insgesamt dreiundzwanzig Folgen einer populären Serie unter dem Titel »Die fünfte Kolonne«. Da wurde gezeigt, wie östliche Geheimdienste im Westen ihr schmutziges Handwerk trieben, letztendlich aber von der stets überlegenen westlichen Gegenspionage gerade noch rechtzeitig unschädlich gemacht wurden. Spätestens mit der Guillaume-Affäre hatte sich das Vertrauen in die Unbesiegbarkeit der westlichen Geheimdienste selbst ad absurdum geführt. Das Vertrauen in BND und Verfassungsschutz schwand. Die Angst vor der Fünften Kolonne wurde nur noch größer.

Für den inneren Zusammenhalt der Bundesrepublik erwies sich diese wachsende Angst vor feindlichem Untergrund als eher günstig. Je größer die Angst, desto enger musste man zusammenhalten. Es blieb ja nicht bei der Gefahr aus Moskau und Ostberlin. Bald war neben der roten auch die gelbe Gefahr aus Peking am östlichen Horizont erschienen und flößte den braven Bürgern der Bundesrepublik zusätzlichen Respekt ein. Der Staat durfte sich ihrer Loyalität doppelt sicher sein. Bedrohung von außen ist immer gut für die innenpolitische Stabilität. Ein bisschen Angst macht den mündigen Bürger fügsamer.

Seit dem Wegfall des eisernen Vorhangs mussten die großen alten Ängste durch mehrere neue, viel kleinere ersetzt werden. So ein bisschen natürliches Misstrauen gegen Russen und Chinesen war zwar geblieben, reichte aber längst nicht mehr aus, um Ruhe und Ordnung in Deutschland auf Dauer zu sichern. Auch die Angst vor Rinderwahnsinn, Vogel- oder Schweinegrippe konnte den mündigen Bürger immer nur vorübergehend beunruhigen. Auch die kleineren Terroranschläge in vorwiegend islamischen Ländern haben uns nicht so recht aus der Reserve locken können. Bis zum 11. September 2001 mussten wir warten, um uns endlich einer großen, allumfassenden Bedrohung ausgesetzt zu sehen.

Osama bin Laden, der einst im Kampf gegen die Sowjets dem Westen gute Dienste geleistet hatte und dafür von diesem auch mit vielen Waffenlieferungen belohnt worden war, hat nun mit seiner al-Qaida ein Bedrohungspotential geschaffen, gegen das die rote und gelbe Gefahr zusammen im Nachhinein fast harmlos erscheinen. Was kein Stalin und kein Mao geschafft hat: Aus Angst vor bin Laden und seinen islamistischen Terroristen sind die Deutschen freiwillig bereit, auf immer mehr Bürgerrechte zu Gunsten ihrer Sicherheit zu verzichten. Gewiss, bei den US-Amerikanern hat das größere Ausmaße angenommen. Ein George Bush hat bewiesen, was man seinem Volk zumuten kann, wenn man ihm so richtig Angst macht. Da bricht jeder innere Widerstand zusammen. In der Bundesrepublik konnten manche Sicherheitsvorkehrungen wie Rasterfahndung, flächendeckender Lauschangriff, Videoüberwachung und Vorratsdatenspeicherung durch Urteile des Bundesverfassungsgerichtes nicht ganz so konsequent umgesetzt werden, wie die jeweiligen Innenminister sich das gewünscht hätten. Aber was nicht ist, kann ja noch werden. Wenn erstmal ein Anschlag in Deutschland selbst Opfer gefordert hat, wird ein gesundes Angstempfinden des Volkes es dem gerade regierenden Innenminister erlauben, die Bundeswehr endlich auch im Inland einsetzen zu dürfen.

Die deutsche Küche

Es war nicht alles schlecht, was früher in Deutschland gekocht wurde, manches hat sogar besser geschmeckt, als man noch nicht so gesund kochte wie heutzutage. Das Fleisch war zu fett, das Gemüse wurde zu lange gekocht, und die deutsche Kartoffel lag als Sättigungsbeilage auf dem ersten Platz, weit vor Nudel und Reis. Das Schweineschnitzel wurde paniert, die Rinderroulade füllte man mit Speck, Senf und saurer Gurke, zu Kassler gab es Rotkraut, zum Spiegelei Spinat und Sauerkraut zu Eisbein und Bratwurst. Den Karpfen aß man blau, den Aal grün und den Hering hat man frisch gebraten oder sauer eingelegt. Die deutsche Küche war überschaubar. Die deutsche Hausfrau herrschte hier unangefochten, als die Liebe des Mannes noch durch den Magen ging und ein einziges Kochbuch fürs ganze Leben reichen musste.

Daran änderte sich erst etwas, als der Deutsche wieder reisen durfte, der Ostdeutsche spät und nur in sehr engen Grenzen, der Westdeutsche schon frühzeitig und fast grenzenlos. Im Ausland sah er sich jetzt fremdsprachigen Speisekarten ausgesetzt, die er nicht verstand. Wenn man sie ihm übersetzt hatte, konnte er oft genug nicht verstehen, wie man das, was da auf der Karte stand, essen konnte.

Die alte deutsche Regel, dass der Bauer nicht isst, was er nicht kennt, kehrte sich Dank deutscher Reisetätigkeit bald ins Gegenteil. Da aß der deutsche Bauer manches nicht mehr, weil er es inzwischen kannte. Und da der deutsche Bauer bald nur noch dahin fuhr, wo man ihm vorsetzte, was er nicht nur kannte, sondern auch mochte, also Schnitzel, Roulade, Kassler und Bratwurst, eroberte die deutsche Küche im Frieden auch solche Länder, die kein deutscher Soldat im Krieg betreten hatte.

Aber der Weg der deutschen Küche blieb keine Einbahnstraße, die ins Ausland führte. Bald gelangten Rezepte mit fremdartigen Speisen und Gewürzen ins deutsche Kochbuch und die erforderlichen Zutaten in den deutschen Einzelhandel. Eisbein, Schnitzel und Sauerkraut verschwanden bei der deutschen Mittel- und Oberschicht von der häuslichen Speisekarte. Nach den Reiseführern wurden immer mehr Kochbücher zu Bestsellern und mancher Sternekoch wurde Fernsehstar. Das führte dazu, dass Männer aus bildungsnahen Schichten begannen, nun ihre Frauen vom Herd zu verdrängen. Kochen wurde zur Kunst und ersetzte das, was man deutsche Hausmannskost genannt hatte, obwohl gerade die fast ausschließlich von Frauen hergestellt worden war. In den besseren Kreisen gehörte es bald zum guten Ton, italienisch, chinesisch oder arabisch zu kochen oder in Restaurants zu gehen, wo echte Italiener, Chinesen oder Araber kochten. Deutsche Küche fand man jetzt höchstens noch in deutschen Dorfgasthäusern, in der Karibik oder in den Urlaubsparadiesen auf den Kanaren.

Im Osten hielt die deutsche Küche viel länger ihre Vormachtstellung, schon weil die erforderlichen Zutaten für anderes im staatlichen Handel nicht erhältlich waren. Die ungarische Paprikaschote und das Tomatenletscho blieben lange Zeit das Exotischste, was man in ostdeutschen Haushalten und Restaurants zu essen bekam. Um aber nicht ganz hinter westlicher Exotik zurückzubleiben servierte man das in Frankreich bis heute unbekannt gebliebene »Ragout fin«, weniger poetisch auch »Würzfleisch« genannt, und den »Toast Hawaii«, den man bis heute wohl auf Hawaii selbst nicht finden kann.

Die ostdeutsche Küche wurde im Laufe der Jahre zum Gespött für alle westdeutschen Gourmets und Gourmands. Unseren Versuchen, Pizza und Peking-Ente aus den heimischen Teig- und Fleischwaren herzustellen und mit den Kräutern von Börde und Uckermark zu würzen, begegneten sie im besten Falle mit lächelnder Nachsicht und der gelegentlichen Bemerkung, dass wir es ja nicht besser wüssten und also auch nichts dafür könnten. Um uns nicht allzu sehr zu kränken, haben sie bei solchem Exotik-Ersatz trotzdem kräftig zugegriffen, auch wenn sie sich daheim längst fettarm ernährten. Nicht einmal vor der aus Russland stammenden Soljanka oder dem ordinären Schweinekamm schreckten sie zurück, wenn sie auf Besuch kamen. Allerdings wiesen sie doch immer wieder gern darauf hin, wie ungesund wir uns im Osten ernährten. Wenn mich dann im Westen Freunde oder Verwandte mit dem beköstigten, was sie mit innerlich erhobenem Zeigefinger »Vollwertkost« nannten, sehnte ich mich genauso gern nach meinem fetten Schweinekamm im Speckgürtel zurück. Auch in punkto Kost gingen unsere Wertvorstellungen offensichtlich auseinander. Noch heute hat sich die fettarme Ernährung im Osten nicht überall so durchgesetzt wie im Westen, ohne dass bis jetzt gravierende gesundheitliche Folgen erkennbar wären.

In der Bundesrepublik gehörte es in späteren Jahren zum guten Ton, auch Dinge zu essen, vor denen sich Generationen deutscher Feinschmecker bisher geekelt hatten. Schalen- und Weichtiere, Innereien aller Art, selbst Insekten, die man bisher für ungenießbar gehalten hatte, konnten zu Delikatessen werden. Mit der Erfindung der Nouvelle Cuisine gelangten endlich auch Designer an den deutschen Herd, die dafür sorgten, dass jetzt alles ganz edel aussah, was auf den Markenporzellanteller kam, selbst wenn es ganz gewöhnlich oder einfach nach nichts schmeckte.

Zu den größten Innovationen deutscher Kochkunst gehörte bald eine neue, überaus poetische Sprache, die von hoch qualifizierten Speisekartenverfassern entwickelt wurde. Auch als sprachkundiger Gast sitzt man so hilflos davor, wie unsere einsprachigen Großeltern einst bei ihrem ersten Italienbesuch in Venedig oder Verona vor der italienischen Speisekarte gesessen haben. Was einem heute in der feineren Gastronomie auf der Menükarte angeboten wird, klingt, so fern man es aussprechen kann, meist sehr poetisch, man weiß nur nicht, was sich hinter der lyrischen Umschreibung verbirgt. Um seine kulturelle Unbildung nicht zu zeigen, wagt man auch nicht, immer wieder zu fragen. Ich habe inzwischen schon so vieles gegessen, von dem ich weder davor noch danach wusste, was es war.

Wenn man allerdings heutzutage irgendwo in westdeutscher Provinz, die in unseren Augen einmal zur großen weiten Welt gehört hatte, in ein normales Restaurant in der Fußgängerzone kommt, erfährt man erstens, dass es warme Küche nur bis 14 oder 15 Uhr gibt, und zweitens, dass das Angebot fast immer aus allerlei »Geschnetzeltem an Rahmsauce« besteht. Und dann steht da noch etwas, was man für längst überwunden, weil typisch ostdeutsch, hielt – die verschiedenen »Sättigungsbeilagen«, die man sich zum Geschnetzelten bestellen kann.

Wer heute noch mal das essen möchte, was ganz früher einmal die deutsche Küche ausgezeichnet hatte, der muss schon bis Namibia fahren, wo der deutsche Metzger, auch wenn er schwarz ist und gar nicht deutsch spricht, noch Fleisch von Rindern, Schweinen und Gazellen anbietet, die sich ohne alle chemischen Zusatzstoffe von den kärglichen Gräsern und Blättern ernährt haben, die auf namibischem Boden wachsen. Da ist auch der ganz und gar nicht fettarme Schweinebraten noch gesünder und wohlschmeckender als das zarteste Rinderfilet vom Bio-Bauern aus Brandenburg. Der heimische Bio-Bauer kann ja schließlich auch nichts dafür, dass die Böden hier mitunter noch chemisch gedüngt werden, damit das Futter für seine Tiere reift. Ganz zu schweigen von den Schadstoffen in der Luft, die wir alle – Mensch und Vieh – hierzulande einatmen müssen.

Die deutsche Sprache

Sie hat sich in beiden deutschen Staaten nicht zu ihrem Vorteil entwickelt und wird das wohl in absehbarer Zukunft auch im vereinigten Deutschland nicht tun. Ich weiß nicht, ob schon die alten Germanen die Entwicklung ihrer Sprache mit ähnlicher Sorge betrachtet haben, wie das heute viele von uns tun. Vermutlich haben sie die Gefahren, die da von außen eindrangen, zumindest nicht rechtzeitig erkannt. Wie sonst hätten sie zulassen können, dass ihre guten, alten germanischen Runen vom lateinischen Alphabet verdrängt wurden? Die deutsche Sprache jedenfalls, das steht fest, leidet seit Jahrhunderten unter Überfremdung. Man könnte fast denken, dass die Einführung der lateinischen Schriftsprache in Deutschland ein Racheakt der Römer für die verlorene Schlacht im Teutoburger Wald gewesen ist. Von wie vielen Fremdwörtern weiß der Deutsche heute schon gar nicht mehr, dass sie fremden Ursprungs sind!? Apotheke, Friseur, Professor, Doktor, Theke, Auto, Theater, Kabarett ... Die Zahl ist unendlich.

Nicht einmal den Nazis gelang es, solche undeutschen Wörter aus dem germanischen Sprachschatz wieder zu verbannen. Mit ihrer militärischen Niederlage aber brach eine bis dahin nicht gekannte Überfremdungswelle, ein wahrer Tsunami (auch so ein Fremdwort!), über unsere Sprache herein. Was die Russen in Ostdeutschland sonst so angerichtet haben, wissen wir alle. In sprachlicher Hinsicht aber war ihr Einfluss längst nicht so verderblich wie der der Angloamerikaner in der Bundesrepublik. Außer Datsche, Subbotnik, Soljanka und Drushba-Fest haben uns die Sowjets kaum etwas Russisches aufgezwungen, nicht einmal ihre kyrillischen Schriftzeichen mussten wir in der Zone übernehmen. Im Osten konnte man mehr als vierzig Jahre ohne jegliche Fremdsprachenkenntnis durchs Leben kommen. Das übliche Schul-Russisch wurde außerhalb des Unterrichts so gut wie nicht gesprochen. Auch das Parteichinesisch der SED konnte im Alltag nicht Fuß fassen, war es doch eine von Anfang an tote Sprache.

Der einfache Westdeutsche hingegen fand sich in seinem eigenen Land ohne Englisch-Kenntnisse bald gar nicht mehr zurecht. Er musste lernen, dass ein »Meeting point« kein Versammlungsort, sondern ein beliebiger Treffpunkt ist, dass ein »Flyer« kein Flieger, sondern ein Handzettel ist, dass man nicht Ton- oder Mikrofonprobe sondern »Soundcheck« sagt, dass eine »Daily Soap« keine Tagessuppe ist, sondern eine meist ungenießbare Fernsehserie und dass eine »Location« keine gastronomische Einrichtung sein muss, dass auch die größten »Professionals« von heute nicht mal Abitur haben müssen, und »Shooting Stars« auch barfuß laufen können. Bei dieser Art Englisch, wissen die Jungen meist nicht, wie es geschrieben wird, während die Alten häufig nicht wissen, wie man es ausspricht.

Das deutsche Englisch hat sich inzwischen so weit emanzipiert, dass es mit dem englischen Englisch häufig nur noch im Klang verwandt ist. Diese Sprache hat den Vorteil, dass man keine Grammatik zu lernen braucht, um sie fließend zu sprechen. Ein paar Vokabeln reichen aus. Ganze Berufsgruppen fühlen sich zu Hause in diesem sprachlichen Niemandsland, einer Art »New Speak English«. Werbe-, Mode- und Computerfachleute schüchtern mit dem, was sie Fachsprache nennen, jeden Nichtfachmann ein. Sie dient nicht der Verständigung, sondern der Geheimhaltung eines Fachwissens, das erst durch sein Vokabular dazu geworden ist.

Das allerdings ist so neu nicht. Ganze Wissenschaftszweige leben seit Jahrhunderten von ihren Fachsprachen, ohne die sie kein Laie so ernst nehmen würde, wie sie das für ihre Existenzberechtigung nun einmal brauchen. Das betrifft naturgemäß weniger die exakten als die Geisteswissenschaften. Was bliebe von den Weisheiten eines Peter Sloterdijk übrig, nähme man ihm sein aus tausend Fremdwörtern zusammengesetztes Vokabular aus dem Mund? Auf ihn trifft in besonderer Weise zu, was man von den Fachphilosophen im Gegensatz zu den Fachidioten sagt: Während diese alles über nichts wissen, weiß er nichts über alles.

Die meisten unserer Kunst- oder Literaturkritiker stünden nackt und bloß vor uns, könnten sie sich nicht hinter ihrem Fachjargon verstecken wie die Juristen hinter ihrem Juristenlatein, das uns Laien immer wieder sprachlos werden lässt, wenn wir versehentlich den Rechtsweg betreten. Manche kunstwissenschaftlichen Zusammenhänge sind so simpel, dass sie ins Deutsche übersetzt sofort als nicht erwähnenswert erscheinen würden. Dass die katholische Messe nicht mehr lateinisch gesprochen und gesungen wird, hat ihr viel von ihrem geheimnisvollen Zauber genommen, der sie früher umgeben hat. Ähnlich erginge es manchem Geisteswissenschaftler ohne sein geheimnisvolles Gelehrtenlatein.

Aber bei allem universitären Fremdsprachen-Zauber, eine Gefahr für die deutsche Umgangssprache ist er nicht. Denn, um die alte Bauernregel etwas abzuwandeln, was der Bauer nicht versteht, das spricht er auch nicht. Das gilt auch für das eingedeutschte Englisch oder die immer mal wieder befürchtete Banalisierung oder Verrohung unserer Sprache durch die Jargons der jeweiligen Jugendgruppen. Neue, schöne oder unschöne Wörter tauchen auf und verschwinden wieder, wie das Tucholsky in seinem »Fall Knorke« beschrieben hat. Die Sprache bedarf keines behördlichen Schutzes, der sowieso nichts nützen würde. Das Verschwinden des Konjunktivs wie anderer sprachlicher Feinheiten aus der Umgangssprache finde ich zwar bedauerlich, das landesübliche Denglisch lächerlich, aber für eine wirkliche Katastrophe sorgten erst deutsche Sprachbeamte, die uns die – hoffentlich letzte – deutsche Rechtschreibreform beschert haben. Die Rechtschreibung hat nicht einmal die allein Recht gehabt habende Partei in der DDR zu bestimmen versucht.

Zum größten Reichtum unserer Muttersprache gehören die so oft und gern belachten deutschen Mundarten und Dialekte. Dass man in bestimmten Kreisen und bei bestimmten Gelegenheiten besser hochdeutsch sprechen sollte, mag ja sein. Aber dass man sein Heimatidiom verleugnet oder verlernt, ist in jedem Fall ein Jammer. Man mag über die Bayern sagen und denken, was man will. Ihr Dialekt jedenfalls ist schön. Berlinisch auch. Das haben viele Westberliner vergessen und befleißigen sich eines etwas gestelzten Hochdeutschs, das zwar allgemein verständlich, aber längst nicht so lebendig und witzig ist, wie es das Berlinische sein kann.

Einen sprachlichen Sonderfall bildet das Sächsische mit seinen unglaublich vielen Facetten, in denen sich vermutlich nicht mal alle Sachsen auskennen. Es gibt aber kaum einen Sachsen, der einem anderen Sachsen nicht vorwerfen würde, dass er sächsisch spreche, während er das eigene Idiom für reinstes Hochdeutsch hält. Der berühmte Satz – ich glaube er stammt von der sächsischen Ulknudel Hans Reimann – sagt alles: »Schade, dass mir Sachsen geen Dialegt ham.« Sie haben viele, und wenn man die thüringischen noch dazu zählt, weil sie für nichtsächsische Ohren ganz ähnlich klingen, dann haben sie noch mehr.

Die Westdeutschen konnten und können sich gar nicht genug über das ostdeutsche Sächsisch amüsieren. Zu Mauerzeiten haben sie es vermutlich für die ostdeutsche Amtssprache gehalten, weil sie damit ja sofort empfangen wurden, wenn sie DDR-Territorium betraten. Damals an der Grenze allerdings hielt sich ihr Vergnügen in engen Grenzen und verwandelte sich manchmal sogar in pure Angst, wenn sie auf streng Sächsisch nach Waffenbesitz und westlichen Druckerzeugnissen befragt wurden. Da konnte ihnen dieses komische Sächsisch ganz schön bedrohlich vorkommen. Irgendwie hielten sie wohl alle Ostdeutschen für verkappte Sachsen und fast alle Sachsen für Kommunisten. Dass das ein Irrtum war, hat sich inzwischen herausgestellt. Die Zahl der Kommunisten ist in Sachsen eher geringer als anderswo. Eines unterscheidet das Sächsische von anderen Dialekten – man kann es, auch wenn man perfekt hochdeutsch gelernt hat, nie ganz verbergen. Selbst in der Schriftsprache klingt es bei vielen Schriftstellern noch durch, besonders wenn sie reimen. Bei Erich Kästner zum Beispiel. Viele seiner hochdeutsch geschriebenen Gedichte kann nur einer geschrieben haben, der in Dresden deutsch gelernt hat.

Schließlich hat unser aller Schriftdeutsch sächsische Wurzeln »Meißner Kanzleideutsch« oder »sächsische Kanzleisprache« genannt. Dass diese wunderbare Sprache, die ein Martin Luther für seine Bibelübersetzung benutzt hat, ausgerechnet in deutschen Kanzleien erdacht worden ist, kann man sich, angesichts dessen, was heutzutage aus unseren Staatskanzleien verlautet wird, kaum noch vorstellen. Sollte man früher wirklich ein besseres Deutsch gesprochen und geschrieben haben? Da früher in Ost und West alles besser war, kann das ja auch mit unserer Sprache so sein. Das jedenfalls sagen fast alle Deutschlehrer, wenn sie ein gewisses Alter erreicht haben. Und wenn ich so lese, was heute geschrieben wird, habe ich diesen Eindruck auch manchmal. Aber vielleicht wurde früher manches einfach nicht gedruckt, weil es zu schlecht geschrieben war. Ein Kriterium für die deutschen Bestsellerlisten ist die deutsche Sprache jedenfalls längst nicht mehr.

Der deutsche Humor

Es gibt weniges auf der Welt, über das so viele Witze gemacht wurden und werden, wie über den deutschen Humor. Ich habe viele Engländer getroffen, die sich totlachen wollten, wenn die Rede auf den deutschen Humor kam. Dass es den gar nicht gibt, scheint jeder Engländer zu wissen, ohne auch nur ein Wort deutsch sprechen oder verstehen zu müssen. Am englischen Stammtisch wird viel gelacht über uns »Krauts«. Dass es einen ganz besonderen englischen Humor gibt, wusste ich schon lange, bevor ich Land und Leute kennen lernen durfte. Ich habe ihn in hundert Büchern, Filmen und Theaterstücken genossen. Den englischen Stammtisch lernte ich erst kennen, als ich zum ersten Mal nach London kam. Das Erstaunliche war, dass er dem deutschen Stammtisch auf verblüffende Weise ähnlich ist. Jedenfalls in seinem Humor. Mein Englisch ist nicht gut genug, um alle sprachlichen Feinheiten zu verstehen. Die Stammtischwitze habe ich fast alle verstanden. Ich kannte sie aus Deutschland.

Über viele deutsche Eigenschaften gehen die Meinungen auseinander, nur in einem scheint sich die Welt einig zu sein: Deutsche haben keinen Humor. Das zu behaupten, gehört auch bei uns zum guten Ton. Besonders die Gebildeten machen gern Witze über unser aller Humorlosigkeit. Ich habe inzwischen einige ganz und gar humorlose Engländer getroffen, aber noch keinen, der über seine Humorlosigkeit gelacht hätte. Dass so viele von uns über ihren Mangel an Humor lachen können, macht mich immer wieder stutzig. Setzt das lachende Bekenntnis zur Humorlosigkeit nicht eigentlich ein gewisses Maß an Humor voraus? Könnte es sein, dass hier Humor und Witz verwechselt werden? Oder macht sich der eine humorvolle Deutsche nur über die anderen, seine vielen humorlosen Landsleute, lustig? Das kann zwar witzig sein, hat aber auch nicht unbedingt etwas mit Humor zu tun.

Den muss man nicht haben, um sich über andere lustig zu machen. Humor braucht vielmehr derjenige, der lächerlich gemacht wird. Ich kenne sehr viele humorlose Spaßmacher, die bei jeder Pointe, die gegen sie geht, sofort »auf dem Sofa sitzen und übelnehmen«, wie Tucholsky das für »halb Deutschland« diagnostiziert hat. Brecht hat sinngemäß mal gesagt, dass ein Land unglücklich sei, in dem man Humor brauche. Wir im Osten brauchten jedenfalls viel Humor, um zunächst die politischen und wirtschaftlichen Verhältnisse in der DDR zu ertragen. Als dann über Nacht außer Freiheit und Demokratie auch die neuen Besitzverhältnisse bei uns Einzug hielten, brauchte mancher Haus- und Grundstücksbesitzer sehr viel Humor, um über das Prinzip »Rückgabe vor Entschädigung« lachen zu können.

Die Späße der Westdeutschen über uns und unser Jammern nach der friedlichen Übernahme waren harmlos, verglichen mit dem, was im Alltag über uns hereinbrach. Die Westdeutschen selbst begannen erst zu jammern, als sie unsertwegen neue Postleitzahlen annehmen und sich an den grünen Pfeil gewöhnen mussten. Der Stärkere braucht weniger Humor. Wir brauchten vor und nach der Wende viel zu viel davon. Und weil wir nicht immer darüber lachen konnten, konnte man über die typisch ostdeutsche Humorlosigkeit nicht genug lachen oder den Kopf schütteln.

Dabei waren DDR-Bürger doch schon immer gezwungen, mehr oder weniger über sich selbst zu lachen. Das war den Westdeutschen in dem Maße erspart geblieben. Sie hatten vorwiegend über andere zu lachen gelernt. Was den politischen Witz in der DDR so besonders gemacht hatte, war nicht, dass er so ungeheuer lustig gewesen wäre. Die besten Witze hatten etwas von der Eigenart jüdischer Witze – da machten wir uns über uns selbst lustig. Witz und Humor waren eins. Einen solchen Witz mit

DDR-Qualität gab es dann noch im vereinten Deutschland. Er lautete: Was sagt ein arbeitsloser Ostakademiker zu einem Ostakademiker, der noch Arbeit hat? »Eine Currywurst bitte!« Nein, einfach lustig sind gute Witze selten.

Westdeutscher Witz war anders, viel lustiger. Meist ging es dabei um Frisur, Körperumfang oder Kopfform der jeweils Regierenden. Die Zahl der Kohlwitze ist Legende. »Birne« war der kürzeste und zugleich typischste in seiner Harmlosigkeit. Mein Gott, wie haben wir Ostkabarettisten unsere Westkollegen darum beneidet, dass sie sich über den Kopf oder den Bauch ihres Kanzlers lustig machen durften! Wie harmlos diese Art Satire ist, wissen wir erst, seit wir das auch dürfen. Wenn hier einer Humor braucht, dann allenfalls der wegen seiner Körperlichkeit verspottete Politiker. Inzwischen ist das aber längst nur noch eine Frage der Gewöhnung. Und man kann durchaus die Zahl der Witze, die über einen Politiker gemacht werden, als Gradmesser für seine Popularität betrachten. Um das zu akzeptieren, ohne zu verzweifeln, braucht man als Satiriker wiederum eine für uns ganz neue Art Humor. Wo alles erlaubt ist, ist nichts mehr wichtig.

Mit dem deutschen Humor im Allgemeinen verhält es sich vermutlich wie mit anderen Urteilen, über das, was »Made in Germany« ist. Auch wenn der einzelne Handwerker noch so pfuscht, die deutsche Handwerksarbeit hat nun mal ihren guten Ruf in der Welt. Und Humor, Made in Germany, ist genauso besetzt, nur eben negativ. Da kann der große Loriot, der ja noch dazu Preuße ist, die Leute zum Lachen der Verzweiflung über sich selbst bringen. Es hilft nichts, er bleibt »nur« Humorist. Ähnliches gilt für den Urbayern Gerhart Polt, der mit Recht von sich gesagt hat: »Ich bin nicht aktuell, ich bin akut«. Von Wilhelm Busch habe ich schon im Literaturunterricht gelernt, dass er »nur« ein Humorist gewesen sei und Karl Valentin ein Volkskomiker, und das klingt ja noch herablassender. »Nur« Humoristen oder »nur« Komiker zu sein, das ist ihr gemeinsames Schicksal.

Und da liegt wohl der Hase »deutscher Humor« begraben. Das Heitere gilt in Deutschland, da ist der Unterschied zwischen Ost und West so gering wie der zwischen Nord und Süd, als etwas eher Minderwertiges. Wo man lacht, da kann sich die deutsche Theater- oder Literaturwissenschaft nicht entfalten. Über »das Lachen« oder »den Humor« kann man zwar promovieren, aber das hat absolut humorfrei zu geschehen, sonst ist es nicht wissenschaftlich. Einen Heiner Müller oder Botho Strauß kann man immer wieder neu und gar nicht ernsthaft genug analysieren. Aber Loriot oder Polt? Die sprechen ja für sich. Und die Zuschauer verstehen sie ohne jede Erklärung. Das allein macht sie schon verdächtig. Kunst, die unter Verständlichkeit leidet, mag etwas fürs Publikum sein, kann aber von der Wissenschaft nicht ernst genommen werden. Das Besondere am deutschen Humor könnte sein, dass er im eigenen Land nicht ernst genommen wird. Und was bei uns so wenig ernst genommen wird wie der Humor, das gibt es dann eben nicht. Der deutsche Humorist gilt im eignen Land nichts, weil er kein Prophet ist, sondern nur ein Spaßvogel.

Deutsche Unterhaltungskunst

Hat gewöhnlich nichts mit Humor zu tun, sondern wird vom Fernsehen produziert. Und da ist es egal, ob die Plattheiten im WDR, NDR oder MDR gesendet werden. Sie unterscheiden sich nur im Dialekt. Unterhaltungskunst, wenn sie denn fernsehtauglich sein will, muss frei sein von jedes Gedankens Blässe. Schunkelwitze sind in allen Mundarten massenkompatibel, also Quotenbringer. Je tiefer das Niveau, desto höher die Einschaltquote, so lautet die Faustregel in den Redaktionen, und die täglich ermittelten Quoten geben dieser Regel jeden Tag wieder Recht.

Das ist nicht erst so, seit die privaten Sender senden, was ihnen aus dem Hosenstall kommt. Ich erinnere mich noch, wie fassungslos ich einst einem Jürgen von der Lippe zuhörte, als ich ihn in den achtziger Jahren in einer Sendung des öffentlich-rechtlichen Fernsehens zum ersten Mal sah. Ich habe nach wenigen Minuten ins DDR-Fernsehen umgeschaltet, das es damals ja noch gab. Da lief allerdings gerade eine Parteitagsveranstaltung. Die war auf andere Art von ähnlichem intellektuellem Niveau, als reine Volksverdummung allerdings sofort erkennbar. Das hatte den Vorteil, dass sie das angesprochene Volk nie erreichte. Damit das nicht bekannt würde, blieben die Einschaltquoten beim DDR-Fernsehen bis zum Schluss Staatsgeheimnis, während sie im Westen zum alles entscheidenden Kriterium aufstiegen. Ich jedenfalls habe damals nicht zu Herrn von der Lippe zurück geschaltet, ich habe meinen Fernsehapparat, damals noch ein Schwarz/weiß-Gerät, einfach ausgeschaltet. Mir waren beide peinlich, der stereotyp lächelnde Partei- und Staatsratschef und der ähnlich grinsende Zotenreißer. Über den einen konnte ich nicht, über den anderen wollte ich nicht lachen.

Wenn ich jetzt zufällig Herrn von der Lippe auf dem Bildschirm begegne, kann ich mich nur noch wundern, worüber ich damals so erschrocken war. Das ist doch inzwischen längst brave Hausmannskost und gar nicht mehr unter der Gürtellinie, seit diese auf Knöchelhöhe gefallen ist. Da kann sich nun auch die alte Skatrunde in aller Öffentlichkeit über die schweinischen Witze amüsieren, die früher zwischen zwei Bockrunden und hinter vorgehaltener Hand am Stammtisch erzählt wurden. Also, solche Witze gab es schon immer, nur eben nicht im Fernsehen für die ganze Familie.

Wie hat sich der brave Bundesbürger einst aufgeregt über die Sauerei, die sich »sexuelle Befreiung« nannte! Da hatte sich die »Kommune eins« schamlos nackt von hinten fotografieren lassen, und Studentinnen hatten sich barbusig im Gerichtssaal präsentiert, und ein ganzes Volk schrie empört auf ob solcher Sittenlosigkeit. Ich gestehe, mir diese Mädchenbilder im Fernsehen damals gern angesehen zu haben, denn erotisch waren wir im Osten unterversorgt. Aber dafür konnten wir ja nichts. Schließlich gab es für uns nur den einen »Republiksnackedei« im monatlich erscheinenden »Magazin«. Ein bisschen prüde waren wir damals alle – im Osten wie im Westen. So etwas wie »Tutti Frutti« wurde noch nicht gesendet. Allerdings waren zu jener Zeit die großen Unterhaltungssendungen von Peter Frankenfeld, Hans-Joachim Kuhlenkampff, Joachim Fuchsberger oder Rudi Carrell zumindest nicht peinlich. Ich jedenfalls habe sie mit der ganzen Familie regelmäßig gesehen, ohne mich danach vor mir selbst oder meinen Kindern schämen zu müssen. »Klimbim« war dann sogar ein echter Höhepunkt deutscher Fernseh-Unterhaltung. Von da an allerdings ging es, zum Teil sogar mit denselben Protagonisten, steil bergab ins Unterhaltungstiefland von heute. Was nach Dieter Bohlen und Heidi Klum noch kommen könnte, wage ich mir kaum auszumalen. Vielleicht geht es mir mit denen einmal genauso, wie es mir heute mit Jürgen von der Lippe geht.

Dass es auch im DDR-Fernsehen durchaus annehmbare Unterhaltung ohne Ideologie gab, kann man heute noch hier und da im Nostalgieprogramm des MDR besichtigen. Das DDR-Fernsehen habe ich als Ostberliner wohl genauso selten gesehen wie die meisten Westberliner und bin dem MDR ganz dankbar, wenn ich heute endlich sehen darf, was ich damals nicht sehen mochte. Die harmlosen Sketsche von Herricht und Preil haben inzwischen in diesem Sender einen ähnlichen Kultstatus wie Wolfgang Menges »Ekel Alfred« in allen westlichen Sendeanstalten. Auch wenn sie durch ständige Wiederholungen langsam tot gesendet werden, gegen die Volksmusiksendungen von heute wirken sie taufrisch.

Im Osten ist das Volk 1989 unter anderem aus Protest gegen die ständige Verdummung durch das Staatsfernsehen und die Presse der DDR auf die Straße gegangen. Gegen die im Fernsehen der Bundesrepublik geübte Verdummung ist meines Wissens noch keiner auf die Straße gegangen. Und was noch schlimmer ist, gerade die Ostdeutschen konsumieren, wenn die Statistiken denn stimmen, die dümmsten Programme der dümmsten Privatsender am häufigsten. Wer allerdings ist, bei dem vielfältigen Angebot von Einfältigkeit, noch in der Lage festzustellen, was das dümmste Programm und welcher der peinlichste Sender auf unseren Mattscheiben ist? Mit Hilfe von Kabel und Sattelitenschüssel können wir uns inzwischen davon überzeugen, dass dieses deutsche Unterhaltungsfernsehen dem Vergleich mit ausländischen Produktionen durchaus standhält. Wir sind also gar nicht unbedingt die Dümmsten, wir sind nur ein dummes Volk unter vielen. Darauf allerdings sollten wir uns nichts einbilden.

Reich-Ranickis Vorschlag, Shakespeares Komödien statt des üblichen Schwachsinns, also statt »Dschungelcamp« oder »Big Brother«, zu senden, erscheint wenig hilfreich. Der hatte vermutlich im Laufe seines ganzen Lebens als Autor und Schauspieler nicht annähernd so viele Zuschauer, wie Thomas Gottschalk sie mit einer Sendung von »Wetten, dass ...?« erreicht.

Ich kann doch auch nichts dafür

Ein Mittewort von Dieter Hildebrandt

So viele Vorworte sind schon geschrieben worden, Nachworte in Massen und nie ist seitens der Kritiker nachgewiesen worden, ob das den Büchern hilft oder schadet. Bei manchen würde man sagen: Es kann nicht schaden, aber es gibt auch Werke, deren Vorworte man als ärgerlich empfindet. Bei Peter Ensikat, dessen Texte ich vorzüglich finde, fürchte ich, dass ein Vorwort wie eine lästige Vorgruppe wirken könnte, für die man gar keinen Eintritt bezahlt hat. Wenn dem aber so ist, dann müsste ein Nachwort überflüssig sein wie der Versuch, eine gute Pointe zu erklären. Die Pointendichte bei Peter Ensikat ist mir bekannt. Darum habe ich mich entschlossen, ein Mittewort einzuschieben, das sich zwischen die Texte des Autors möglichst unauffällig mischt und bei Bedarf überlesen werden kann. Im üblichen Sprachgebrauch würde das heißen, dass ich mich »einbringe«, was ich aber ablehne. Auf dem Lande aufgewachsen, weiß ich, dass der Bauer seine Ernte einbringt. Er fährt sein Korn heim. In die Scheune. Wie unpassend wäre es also, wenn ich zwischen die Buchtexte meine Scheune ins Spiel bringe. Womit ich ja schon ganz elegant zum Thema gekommen wäre.

Wir, die wir die Schuld auf uns genommen bekamen, die Deutsche Demokratische Republik als Beute in die deutsche Geschichte eingebracht zu haben, stehen diesem schweren Vorwurf hilflos gegenüber und müssen beteuern, nein, ich muss beteuern: »Ich kann doch auch nichts dafür.«

Wollte ich Wurzen? Nein. Wollte ich die unfruchtbaren Äcker meiner Urgroßväter in der märkischen Heide zurückbekommen?

Nein. War ich lüstern auf das Völkerschlachtdenkmal? Niemals. Aber genau das bringt mir wieder Schuldgefühle. Dass ich das gar nicht will, meine ich.

Wenn ich nicht genau wüsste, dass der Peter Ensikat gar nicht mit mir zusammenwachsen will, würde ich mir auch Gedanken machen darüber, dass ich das nie vorhatte.

Ich habe ihm sofort gesagt: »Du bist das Volk. Das ist in Ordnung. Da mische ich mich nicht ein.«

Ich sage ihm natürlich nicht, dass ich das schon seltsam finde, wenn er jammert darüber, von uns Wessis eingesammelt worden zu sein, und wenn dann sofort das böse Wort von der »feindlichen Übernahme« fällt.

Wenn er das Volk ist, dann ist er doch autark und hätte nicht gleich dem Beutekanzler Kohl in die Arme fallen müssen. Da war ja sogar der rote Eduard, der Schnitzler, misstrauischer. Als die Trabis in Berchtesgaden in die Bundesrepublik einfielen und Karl Eduard tatsächlich klagte, dass die bayerischen Wegelagerer die DDR-Bürger, die kommunistischen Eindringlinge, mit Wurfgeschossen abwehren wollten und sie mit Brezeln und Bananen bewarfen, da spätestens kam doch der Verdacht auf in Bayern, dass die DDR bei uns einmarschieren wollte. Noch heute ist mir peinlich, dass ich das für möglich hielt.

Bei der Gelegenheit soll auch unerwähnt bleiben, dass nach der wundersamen Öffnung der Mauer in Berlin die Ostberliner bei uns eingefallen sind und es auf dem Kurfürstendamm so eng wurde, dass alle Westberliner ganz schnell nach Hause gehen mussten.

Ich weiß das noch. Ich kann doch auch nichts dafür. Ich kann auch nichts dafür, dass es ganz gewiss tief in den Bergen versteckte Wessis gibt, die Jerichow für einen biblischen Ort halten, wo die Posaunenchöre herkommen, die alle Mauern zerblasen.

Ich habe mich bemüht, den Eindruck zu erwecken, den die Ossis von mir haben wollten: große Klappe, keine Ahnung, mit der Schampusflasche aufgezogen, aber immer behaupten, er hätte einen Onkel im Politbüro.

In all den Jahren der uns selbst auferlegten Bürde, allein die gemeinsame Vergangenheit bewältigen zu müssen, zu vergessen, dass wir zusammen mit Sachsen, Brandenburgern, Mecklenburgern und Thüringern das Dritte Reich überstanden haben, nun aber die Erbschaft allein übertragen bekamen, beklagten wir uns nie. Es hat sich einfach so ergeben, dass der östliche Teil Restdeutschlands als die Heimat der Antifaschisten und Westdeutschland als Sammelbecken der Altnazis angesehen wurde. Die wenigen Sozialisten, die es bei uns gab, gingen in den Osten und die Nazis im Osten in den Westen. Und als die Zeit dafür reif war, wurde eben die Teilung vollzogen. Mir nötigte die Geschwindigkeit, mit der Mauer und Grenze gebaut wurden, Hochachtung ab. Notabene es für den Osten ja genauso überraschend kam, hatte doch eben noch Walter Ulbricht glaubwürdig versichert, dass niemand eine Mauer bauen wolle.

Zwar kam der Verdacht auf, dass die Besatzungsmächte schon geraume Zeit vorher diese Art der Grenzziehung miteinander abgesprochen hatten. Er versickerte aber dann wieder, weil die Bürger der getrennten Staaten eine solche Ungeheuerlichkeit nicht in Betracht ziehen konnten.

In der Folgezeit haben Osten und Westen die ungewöhnliche Grenzziehung sehr verschiedenartig betrachtet. Die DDR meinte, sie habe ihre Bürger, die auf dem Wege zu einer besseren Gesellschaft waren, in Sicherheit gebracht vor den Verlockungen der unkontrollierten Freiheit, vor den Gefahren der Meinungs- und Pressefreiheit, vor der Möglichkeit der Meinungsbeeinflussung in fremden Ländern, während die BRD die neue Grenze als endgültigen Damm gegen den Weltkommunismus betrachtete. Man befand sich vor der Mauer und hinter der Mauer in Sicherheit. Die Meinungen, wer davor oder wer dahinter war, gingen allerdings auseinander.

Es war einfach beruhigend zu wissen, dass die Brüder und Schwestern »jenseits« der Freiheit sich selbst ein Hindernis auf ihrem Weg an die Kanalküste gebaut hatten.

Dass die Soffjets, so Adenauer, nichts anderes im Sinn hatten, als gemeinsam mit ihren neuen Freunden und ihren Panzern den Rhein zu erreichen, schien uns bewiesen durch Dokumente, die sowohl östliche als auch westliche Militärs und Geheimdienste bereit hielten.

Lieber Peter Ensikat, du musst es mir glauben: Wir waren die armen Brüder und Schwestern im Westen. Papst und Kanzler, Generalität und Gehlen, alle versicherten uns, dass wir uns als letzte Panzersperre der Kommunistifizierung Europas und damit auch der USA, ja, der gesamten abendländischen Welt, in den Weg legen mussten. Wir wurden ja auch bestärkt in unserem Misstrauen und zwar durch die Aufmärsche und das Auftreten der Volksarmee mit ihren Stahlhelmen, die dem meinen, den ich gerade noch aufgesetzt bekommen hatte, so verzweifelt ähnlich sahen.

Ob das eigentlich die Russen und die Amerikaner geahnt haben, dass wir, die Wessis und die Ossis, wenn man uns aufeinander gehetzt hätte, sofort die Waffen weggeworfen und uns in die Arme gefallen hätten und wären? Es hat nicht sein müssen, ihr habt es verhindert.

Es gab in Deutschland eine Revolution. Die Historiker haben, glaube ich, noch gar nicht richtig gemerkt, was das für ein Wunder gewesen ist. Als Wessi kann ich dazu nur sagen: Wir konnten auch nichts dafür.

Dieter Hildebrandt im Sommer 2010

Die Kunst der freien Rede in der Politik

Was waren das einst für unterhaltsame Redeschlachten im deutschen Bundestag, wenn solche rhetorischen Talente wie Franz Josef Strauß und Herbert Wehner aufeinandertrafen! Wie die verbal aufeinander einschlugen, sich beschimpften oder über einander lustig machten! Das war nicht so ein leidenschaftslos-trockenes Wortgeplänkel, wie man es heute in den zwei Minuten langen Kurzberichten der Tagesschau miterleben kann. Die Auseinandersetzungen von damals konnte man stundenlang im Fernsehen oder im Radio verfolgen, ohne sich zu langweilen. Sie hatten bei aller Ernsthaftigkeit immer auch einen hohen Unterhaltungswert.

Dass die Kontrahenten nach dem Spektakel friedlich zusammen Bier trinken gegangen wären, konnte man sich gar nicht vorstellen. Fast immer hatte man den Eindruck, im Bundestag würden Menschheitsprobleme verhandelt, die einen selbst betrafen, auch wenn man als Ostdeutscher ja im wahrsten Sinne des Wortes nur Zuschauer war.

Wenn man allerdings heute versucht, sich zu erinnern, was von diesen Redeschlachten konkret im Gedächtnis geblieben ist, oder mal nachschaut, was davon auf YouTube gespeichert ist, kann man sich nur wundern, was einen damals so gefesselt hat. Von Kurt Schumachers Vorwurf, an die Adresse Adenauers gerichtet, er sei »ein Kanzler der Alliierten«, habe ich nur gelesen. Auch was Adenauer im Juni 1961 gesagt haben soll, erfahre ich erst aus dem Internet: »Was östlich von Werra und Elbe liegt, sind Deutschlands unerlöste Provinzen. Daher heißt die Aufgabe nicht Wiedervereinigung, sondern Befreiung.« Dass er mit dem ganzen Osten wenig oder nichts im Sinn hatte, habe ich ihn oft genug selbst sagen hören, auch wenn er es nicht immer so eindeutig ausdrückte.

Die parlamentarische Auseinandersetzung um die »Spiegel«-Affäre habe ich damals tagelang am Radio verfolgt. Adenauers Worte über den »Abgrund von Landesverrat« habe ich noch im Ohr, wie die Beteuerungen von Franz Josef Strauß, über die Polizeiaktionen nichts Konkretes gewusst zu haben, und schließlich die klassische Bemerkung von Innenminister Hermann Höcherl, das Vorgehen gegen den »Spiegel« sei wohl »etwas außerhalb der Legalität« gewesen. Dazu passte auch, was er nur ein Jahr später in der Debatte um die Abhöraffäre von 1963 sagte, die Verfassungsschützer könnten nicht jeden Tag »mit dem Grundgesetz unterm Arm herumlaufen«.

Was ich noch ganz frisch im Gedächtnis habe, ist natürlich Joschka Fischers Ansprache 1984 an den Bundestagsvizepräsidenten Richard Stücklen: »Mit Verlaub, Herr Präsident, Sie sind ein Arschloch!« Damit ist er berühmter geworden als mit allen Schlägereien, die er sich mit den Polizisten in Frankfurt geliefert hat.

Dass Brandt einmal von dem heute so ganz anders wirkenden Heiner Geißler gesagt hat, er sei »der schlimmste Hetzer seit Goebbels«, weiß ich auch noch, weil ich damals ähnlich über Geißler dachte, auch wenn ich grundsätzlich solche Nazivergleiche unangemessen fand und finde. Zum Beispiel Helmut Kohls angebliche Behauptung, Bundestagspräsident Wolfgang Thierse sei der schlimmste Parlamentspräsident seit Hermann Göring oder sein Vergleich, mit dem er Gorbatschow in die Nähe von Goebbels rückte. Wer da wem schon alles vorgeworfen hat, genauso schlimm zu sein wie der oder jener unsägliche Nazi, muss man nicht wiederholen. »Es ist doch immer dieselbe alte Scheiße, die hier erzählt wird.« Das hat einst der Bundeskanzler Helmut Schmidt ins Plenum des hohen Hauses geschleudert. Und diese alte Scheiße hat unsereins mal ernst genommen und die Westdeutschen um ihre Politiker und deren Schlagfertigkeit beneidet!

Herbert Wehners banale Behauptung, dass wer hinausgehe, auch wieder hereinkommen müsse, fand ich damals, als die CDU/CSU-Abgeordneten den Sitzungssaal im Bundestag unter Protest verließen, gar nicht banal. Und über den eher peinlichen Wortwitz, aus einem CDU-Abgeordneten namens Wohlrabe einen Herrn »Übelkrähe« zu machen, habe ich sogar lachen können. Weniger lachen konnte ich, als derselbe Herbert Wehner von Moskau aus über Willy Brandt sagte, der Herr bade gern lau. Nein, es kam mir ganz offensichtlich nur darauf an, gegen wen sich solche Bemerkungen richteten. Im Nachhinein kann ich mich nur wundern über meine wechselnde Begeisterung oder Empörung über solche eher gedankenlosen Sprüche, die in der Hitze des Wortgefechtes im und außerhalb des Bundestages gekloppt wurden.

Über Uwe Barschels »Ehrenwort« habe ich mich empört. Wolfgang Schäubles Erklärung anlässlich der Schwarzgeld-Affäre fand ich zuerst gar nicht lustig. Dabei hatte sie fast schon Stoibersches Format: »Ob ich alles weiß, was wir wissen, weiß ich auch nicht. Aber ich weiß natürlich: Niemand von uns weiß etwas, was er nicht weiß.« Nein, sie hätten besser nicht immer so frei daher reden sollen. Wenigstens einen Spickzettel hätten sie bei ihrem Gang an die Öffentlichkeit dabeihaben sollen.

Wie haben wir uns alle lustig gemacht über die SED-Funktionäre, die, was immer sie zu sagen hatten, vom Blatt ablasen. Die freie Rede ist eine Kunst, die nur ganz wenige beherrschen, im Osten wie im Westen. Was bei Wehner und Strauß so außergewöhnlich war, war ja nicht die geschliffene Formulierung oder der große, neue Gedanke. Es war die eruptive Leidenschaft, mit der sie ihre Satzfetzen ohne Rücksicht auf die deutsche Syntax ausstießen. Nur weil etwas mit Leidenschaft vorgetragen wird, muss es zwar nicht stimmen, kann aber viel überzeugender wirken als jede nüchtern vorgetragene, noch so geschliffene Rede. Rhetorisches Talent übrigens braucht man auch, um eine gute Rede gut vorzulesen.

Wie wenig es auf den Inhalt einer Rede ankommt, wenn der Vortrag nur leidenschaftlich genug ist, durfte ich selbst erleben, als ich zum Entsetzen meines Onkels Günther ausgerechnet in Mannheim 1995 als Gast für ein paar Stunden zum Parteitag der SPD eingeladen war. Für etwas linkslastig hatte er mich vermutlich schon immer gehalten, aber dass ich so extrem wäre, einen SPD-Parteitag zu besuchen, das hatte er denn doch nicht für möglich gehalten. Meine Ausrede, dass mich ein Freund dazu eingeladen hätte, um mir zu beweisen, dass ein SPD-Parteitag etwas ganz anderes sei als diese SED-Jubelveranstaltung, die ich aus dem DDR-Fernsehen kannte, verfing nicht. »Wer seine Freunde bei der SPD hat, der landet früher oder später selbst bei den Sozis!« Das hat mir mein Onkel noch resigniert hinterher gerufen.

Was mir zuerst auffiel, war die gedrückte Stimmung der Genossen auf den Gängen und im Saal. Das war verständlich. Mit ihrem Kanzlerkandidaten Rudolf Scharping hatten sie im Vorjahr eine vernichtende Niederlage gegen Helmut Kohl erlitten, und was der Wahlverlierer dazu auf dem Parteitag zu sagen hatte, war alles andere als mitreißend. Dann aber ergriff sein Stellvertreter Oskar Lafontaine das Wort mit einer Leidenschaft, die die Delegierten förmlich von den Sitzen riss. Ich, als stiller Beobachter, kam aus dem Staunen nicht heraus. Da rief der Redner laut in den Saal, der Satz »Alle Menschen werden Brüder« entstamme der Internationale, und keiner widersprach. Vermutlich wussten sie von Schiller nur noch, dass es einmal einen Wirtschaftsminister dieses Namens gegeben hatte.

Je mehr der Redner sich in Rage redete, desto lauter jubelten ihm die Genossen zu. Als er zum Schluss auch noch sinngemäß Lenin zitierte, dachte ich schon, jetzt geht er aber zu weit. Lenin hatte mal gesagt, jedenfalls habe ich das in der Schule gelernt: »Wer zünden will, muss selber brennen.« Aber dass der Gedanke von Lenin stammte, konnten zumindest die westdeutschen Genossen nicht wissen. Sie sprangen begeistert auf, als Lafontaine seine Rede mit den Worten schloss: »Wenn wir selbst begeistert sind, können wir auch andere begeistern! Glück auf!« Was er sonst noch gesagt hat, weiß ich nicht mehr. Es war jedenfalls nichts Neues. Er hat das, was er sagte, aber so leidenschaftlich vorgetragen, dass keiner mehr einen Inhalt zu vermissen schien. Die Delegierten wählten Lafontaine kurz darauf mit großer Mehrheit zu ihrem neuen Vorsitzenden, und der arme Scharping musste ihm dazu vor aller Augen auch noch gratulieren.

Dass Lafontaine sich dann, mehr als zehn Jahre später, mit der PDS eingelassen hat, erfuhr mein Onkel Günther in Mannheim nicht mehr. Aber ich weiß genau, was er dazu gesagt hätte: »Den Roten trau ich alles zu, nur nichts Gutes.« Der Mannheimer war übrigens der erste und letzte Parteitag meines Lebens. Meine Bewunderung für den leidenschaftlichen politischen Vortrag hat seitdem spürbar nachgelassen.

Sexuelle Erziehung

Alles, was damit zusammenhängt, galt in Deutschland viel länger, als man heute glauben mag, als das, was man Schweinekram nannte. Nicht nur unter den Talaren hing der Mief von tausend Jahren. Auch die deutschen Schlafzimmer blieben lange ungelüftet. Und den Kindern wurde Sexualität ohnehin nicht zugetraut, bevor sich das vom Elternstandpunkt her gehörte. Was ich meinen Kindern zum Thema mitzuteilen hatte, als ich den Zeitpunkt für gekommen hielt, nötigte ihnen nur noch ein mitleidiges Lächeln ab. Sie hatten sich mit Hilfe der in der DDR erschienenen Aufklärungsbücher und in Gesprächen auf dem Schulhof längst sachkundig gemacht. Was sie darüber hinaus im Biologieunterricht gelernt haben, weiß ich nicht.

Als in der Bundesrepublik die Kultusministerkonferenz 1968 die Sexualerziehung von Kindern und Jugendlichen in der Schule als dringend zu lösendes Problem erklärte, löste sie einen Sturm des Entsetzens nicht nur bei den katholischen Elternverbänden aus. In der »Frankfurter Allgemeinen« stand damals, dass die Sexualerziehung als »Albtraum vieler Lehrer wie ein Donnerschlag von Kultusministerbeschlüssen über sie hereingebrochen« sei. Wie sollten sie etwas lehren, das sie selber nie gelernt hatten?

Als dann 1969 die erste sozialdemokratische Gesundheitsministerin Käte Strobel bei Oswalt Kolle einen Aufklärungsfilm in Auftrag gab – »Helga – vom Werden des menschlichen Lebens« –, war die sittliche Empörung groß. Mit einem ebenfalls von ihr initiierten Sexualkunde-Atlas für die Schulen hatte sie ihren Spitznamen weg. Sie wurde zur »Sex-Strobel« und der Atlas zum »Strobel-Peter«. Die rein schematischen Zeichnungen darin wurden von Katholiken der Pornographie zugerechnet. Andere wandten ein, hier würde die Sexualität rein biologisch erklärt, das Ganze sei vergleichbar mit einer »Bedienungsanleitung für eine Waschmaschine«. Ein wahrer Kulturkampf setzte ein.

Aber – wie so oft in der Bundesrepublik – wurde aus dem, was eben noch revolutionär erschien, ein neuer Trend, der sich auch gut vermarkten ließ. Nicht nur Oswalt Kolle machte mit seinen Aufklärungsfilmen Karriere als »Sexpapst« der Republik. Die 1956 als Jugendzeitschrift gegründete BRAVO, zwischenzeitlich auch die »Zeitschrift mit dem jungen Herzen« genannt, begann 1969 das Thema Sexualität für Kinder und Jugendliche aufzugreifen. Ein Team von Ärzten, Psychotherapeuten und Pädagogen beantwortete entsprechende Fragen Jugendlicher unter der Rubrik »Dr. Jochen Sommer«. Die Resonanz war überwältigend. Aber als 1972 in zwei Ausgaben der Zeitschrift das Thema »Selbstbefriedigung« behandelt wurde, wurden beide indiziert. Ausgerechnet dieses nun wirklich alle Heranwachsenden interessierende Problem sah man damals noch als jugendgefährdend an. Dass das Thema sexuelle Aufklärung noch immer eines ist, kann man schon daran erkennen, dass Dr. Sommer noch heute solche Fragen Heranwachsender beantworten muss. Auch so lange nach Einführung des Sexualkundeunterrichts fand und findet Aufklärung offenbar zum großen Teil noch bei Dr. Sommer und auf dem Schulhof, beziehungsweise im anonymen Internet statt.

Die Achtundsechziger, die ja unter anderem die ganze sexuelle Revolution ausgelöst hatten, entdeckten, nachdem sich die Arbeiterklasse als so gar nicht revolutionär erwiesen hatte, Kinder und Jugendliche als ihre neue Zielgruppe. Sie taten sich zusammen, um alternative Kinderläden zu gründen und als Erzieher zu arbeiten. Eine ganze Generation von Lehrern in der Bundesrepublik kommt von den Achtundsechzigern. Hinter manchem grauen Oberstudienrat von heute steckt ein roter Teufel von gestern.

Einige von ihnen begannen nun auch Theater für Kinder zu machen. Das bekannteste, das Westberliner »Grips«-Theater, war aus dem linken »Reichskabarett« hervorgegangen und hat inzwischen alle Zeitläufe erfolgreich überstanden. Nachdem es von den Westberliner Christdemokraten in Anfangszeiten verdächtigt wurde, eine »fünfte Kolonne Moskaus« zu sein, ist es inzwischen zu einer anerkannten, gesamt Berliner Institution geworden. Dem Vorwurf, linke Indoktrination betrieben zu haben, ist natürlich auch sein Leiter Volker Ludwig nicht entgangen. Aber das gehört sich so in restaurativen Zeiten wie den unseren.

Andere Theatergruppen, die damals gegründet wurden, haben sich längst wieder aufgelöst. Zum Beispiel die »Rote Grütze«, die sich ganz speziell und überaus erfolgreich um das Thema sexuelle Aufklärung von Kindern und Jugendlichen im Theater bemüht hatte. Die dort entwickelten Stücke »Darüber spricht man nicht« und »Was heißt hier Liebe« sind heute noch in den Spielplänen deutscher Kinder- und Jugendtheater zu finden. Das Thema gehört ja wohl zu denen, die sich nie erledigen, nicht einmal in einer Gesellschaft, in der so vieles, was eben noch hochaktuell war, im nächsten Moment als »längst gegessen« gilt.

Die deutsche Talkshow

Die erste deutsche Fernseh-Talkshow wurde von dem österreichischen Schauspieler Dietmar Schönherr moderiert und hieß »Je später der Abend«. Das Genre war, wie so vieles im deutschen Fernsehen, aus den USA importiert. Aber Gesprächsrunden im Fernsehen hatte es auch vorher schon gegeben. Neu war, dass sie jetzt von der Unterhaltungsredaktion produziert wurden. Zu Beginn der ersten Sendung erklärte Schönherr, dass er auch nicht so genau wisse, was eine Talkshow sei, auf jeden Fall aber habe sie mit talk zu tun, reden, sei also nichts als eine Rederei. Dieser Bezeichnung machte und macht das Genre alle Ehre. Neben den unzähligen Fernseh-Krimis gehören Talkshows heute zu den häufigsten Sendungen des Fernsehens. Ein unendliches Geschwätz rauscht über alle Kanäle. Es gehört zum guten Ton von Prominenten aller Art, sich über diese Talkshows zu mokieren und gleichzeitig immer wieder darin aufzutauchen.

Schon, die damals als »Mutter der Nation« geltende, Inge Meysel hat Dietmar Schönherr bei ihrem ersten Auftritt in seiner Sendung 1974 gefragt, ob er, der wunderbare Schauspieler, es denn nötig habe, sich für so etwas herzugeben. Nachdem Schönherr ihr bescheinigt hatte, auch eine wunderbare Schauspielerin zu sein, erzählte sie dann in eben dieser Sendung bereitwillig die Geschichte ihrer Entjungferung Anfang der dreißiger Jahre. Sie trat noch in unzähligen weiteren Talkshows auf, in denen sie mit kaum einem intimen Detail aus ihrem Leben hinter dem Berg hielt. Gerade das war es, was man von ihr und den anderen Prominenten erwartete, nämlich dass sie Tabus brechen, egal welcher Art, indem sie Sachen erzählen, von denen meine Mutter immer gemeint hatte: »So was sagt man nicht, jedenfalls nicht, wenn Fremde zuhören.«

Zu Höhepunkten in den Talkshows kommt es immer dann, wenn jemand etwas sagt, was »man«, im Sinne meiner Mutter, eigentlich nicht sagt – angefangen mit Romy Schneider, die einem ehemaligen Bankräuber nach seinen freimütigen Bekenntnissen die Hand aufs Knie legte und ihm versicherte: »Sie gefallen mir, Sie gefallen mir sogar sehr.« Über so ein harmloses Geständnis konnte man sich damals noch aufregen. Die Auftritte von Klaus Kinski als Talkshow-Gast sind Legenden der Selbstdemontage. Auch der wunderbare Kabarettist und Schauspieler Helmut Qualtinger wurde, als er schon gar nicht mehr wunderbar war, sondern – vom Alkohol zerstört – nur noch stammeln konnte, einer erbarmungslosen Öffentlichkeit vorgeführt. Das grenzte nicht nur an, das war Unzucht mit einem Abhängigen. Lustig dagegen fand ich es, als der Altkommunarde Fritz Teufel den leibhaftigen Bundesminister Hans Matthöfer aus einer Revolverattrappe mit Tinte bespritzte, die allerdings keine Flecken hinterließ. Der empörte Minister revanchierte sich, indem er dem Angreifer ein Glas Rotwein ins Gesicht schüttete.

Der seinerzeit schon zahnlose, aber immer noch geistreiche Wolfgang Neuss begrüßte 1983 als Überraschungsgast in einer Talkshow des Senders Freies Berlin den Regierenden Bürgermeister Richard von Weizsäcker mit den Worten: »Auf deutschem Boden darf nie wieder ein Joint ausgehen.« Dann nannte er den Regierenden respektlos »Ritchie« und »King Silberlocke«, und der musste sich das in aller Öffentlichkeit lächelnd gefallen lassen, um nicht als humorlos zu gelten. Obwohl ich eigentlich nichts gegen Weizsäcker hatte und habe, so ein bisschen Schadenfreude verspürte ich schon. Und mit unser aller Schadenfreude rechnen die Veranstalter wohl auch. So was ist immer gut für die Einschaltquote.

Talkshow ist Kinderzimmer. Die Moderatoren agieren darin oft nur wie hilflose Onkel und Tanten, die vergeblich immer mal zur Ordnung rufen, wenn die alten Kinder es gar zu wild treiben.

Aber je wilder es zugeht, desto erfolgreicher sind diese Sendungen. Wenn Nina Hagen vor laufender Kamera sich unter den Rock fasst, um zu demonstrieren, wie die Frau mit eigener Hand zum Orgasmus kommt, dann geht die Kamera natürlich mit. Mag das im ersten Moment noch so peinlich sein, schon im zweiten ist es genau das, wovon diese Art Fernsehen lebt – etwas Aufsehen erregendes! Nina Hagen erregt immer Aufsehen, egal, mit welchem Guru, welcher Religion oder Fußballmannschaft sie es gerade hält. Sie ist das, was man absolut talkshowtauglich nennt.

Klassiker unter den tausend Talkshow-Formaten, die es inzwischen gibt, ist »3 nach 9«, die im November 1974 mit den Moderatoren Marianne Koch, Wolfgang Menge und Gert von Paczensky zum ersten Mal ausgestrahlt wurde. Sie lebte, wie spätere Sendungen dann auch, mit wechselnden Moderatoren von der Unterschiedlichkeit der Gäste und von ihrer Bereitschaft, sich öffentlich mehr oder weniger zu entblößen. Was damals noch schockieren konnte, das hört sich heute meist wie ein harmloslauniges Geplänkel an. Dabei gab es bei »3 nach 9« manchmal wirklich spannende Begegnungen zwischen Leuten, die einander anderswo nicht begegnet wären und sich trotzdem etwas zu sagen hatten.

Ich gestehe, diese Sendungen über Jahre regelmäßig gesehen zu haben, ohne mich zu langweilen, aber auch ohne mich für die Leute zu schämen, die sich da vorführen ließen. Den Begriff »fremd schämen« gab es damals noch nicht, wahrscheinlich weil es noch nicht so viel Gelegenheit dazu gab. Eine so intelligente Moderatorin wie die leider viel zu früh verstorbene Juliane Bartel vermochte, ohne irgendeinen Skandal zu provozieren, so interessant und hartnäckig zu fragen, dass ihre Sendungen spannend blieben, auch wenn der langweiligste Politiker neben ihr nur herumdruckste. Solche wie sie gab und gibt es wenige. Dass es eine Kunst sein kann, eine gute Talkshow zu moderieren, erkennt man vor allem daran, dass sie von so wenigen beherrscht wird. Nicht einmal alle, die in diesem Genre zu hoch bezahlten Stars wurden, beherrschen sie wirklich.

Die großen politischen Talkshows der öffentlich-rechtlichen Fernsehanstalten sind immer mehr zu Podien von Parteipolitikern geworden, die hier öffentlich noch mal das austragen können, was sonst kaum jemand wahrnehmen würde, ihre Bundestags- oder Wahlkampfdebatten. Damit das nicht so langweilig und vorhersehbar abläuft, wie es das im Parlament tut, werden dazu gern einfache Mitbürger eingeladen, die dann schildern dürfen, was für Folgen politische Entscheidungen im praktischen Leben haben können. Das löst bei den Politikern meist große Betroffenheit aus, weil sie natürlich nie mit irgendwelchen negativen Folgen ihrer Gesetzgebung gerechnet hatten. Manchmal versprechen sie dann, sich um den Einzelfall persönlich zu kümmern. Ein bisschen Menscheln gehört inzwischen einfach dazu. Was später aus den Einzelfällen wird, gehört nicht mehr in die Talkshow. Auch das Moderatoren-Versprechen, dran zu bleiben, ist fast immer reine Rhetorik, eben Rederei, wie Dietmar Schönherr das Ganze seiner Zeit genannt hatte.

Manchmal lädt man auch, quasi als Unterhaltungsbeilage, prominente Schauspieler, Komiker oder Schriftsteller dazu, die dem Polittalk eine originelle Wende verleihen sollen. Das tun die geladenen Außenseiter dann, indem sie alles ganz anders sehen als die Politiker und irgendwann finden, dass die ganze Diskussion grundfalsch laufe. Dem stimmen die Politiker meist lächelnd zu und setzen ihre Diskussion dann auf dieselbe Art fort. Solche Einwürfe, mögen sie auch nicht immer von Sachkenntnis geprägt sein, werden, wenn sie der Künstler nur einigermaßen pointiert vorträgt, vom Studiopublikum meist mit herzlichem Beifall zur Kenntnis genommen. Ein bekannter Tatort-Kommissar oder Theatermensch ist beim Publikum allemal beliebter als die meisten Politiker. Was und wie die reden, das hat man ja alles schon hundertmal gehört. Aber wenn einer wie Claus Peymann seinen ganz persönlichen Blickwinkel ins Spiel bringt, dann ist das, wenn auch nicht immer originell, so doch fast immer überraschend.

»Hart aber fair« ist inzwischen längst nicht mehr so hart, wie sie mal war, als die Show allein vom WDR übertragen wurde. Und so ganz fair ist sie auch nicht immer, aber sie ist, dank ihres gut vorbereiteten Moderators und seines Teams, nicht ganz so oberflächlich und zufällig wie die meisten anderen, vergleichbaren Sendungen. Fast alle Talkshows kämpfen inzwischen ums Überleben in der Masse der ähnlichen Formate. Das hat zur Folge, dass sie immer unterhaltsamer zu werden versuchen. Wie das aussieht, wird beim MDR wie auch beim NDR immer wieder freitags sehr anschaulich vorgeführt. Da strahlen Moderatorinnen und Moderatoren nichts als eine allgemeine Fröhlichkeit aus, und ihre lustigen Gäste haben keine ernsthafte Frage zu befürchten. Hier tut ihnen keiner etwas an, und lächerlich machen müssen sie sich ganz allein. Ich weiß das, denn ich war schon mehrmals dabei. Da wird man vor Beginn der Rederei zur Sicherheit noch mal darauf hingewiesen, dass es sich um keine Problem-, sondern eine harmlose Unterhaltungssendung handelt. Und wie harmlos solche Unterhaltung im Fernsehen auszusehen hat, das wird als Allgemeinwissen vorausgesetzt.

Der Unterschied zwischen öffentlich-rechtlichem und privat finanziertem Fernsehen besteht manchmal nur noch in den Werbeunterbrechungen der Privatsender. Erich Böhme hat seinen »Talk im Turm« seinerzeit immer mit der ehrlichen Bemerkung unterbrochen: »Wir müssen auch Geld verdienen – bleiben Sie dran.« Ich gestehe, bei ihm häufiger dran geblieben zu sein als bei manchen Shows ohne Werbeunterbrechungen. Zu dem, was man politisch ganz und gar unkorrekt »Unterschichtenfernsehen« nennt, habe ich absolut nichts zu sagen. Aber den großen Unterschied zwischen dem Auftritt eines peinlichen Polit-, Theater- oder Unterhaltungsstars und den armen Teufeln, die sich für ein paar Minuten Aufmerksamkeit in den einschlägigen Nachmittagssendungen entblößen, kann ich nicht erkennen. Schamlos sind vor allem die Macher solcher Shows. Sie tun es für Geld, von dem keiner behaupten sollte, dass es nicht stinke.

Dass es solche Sendungen im DDR-Fernsehen nicht gegeben hat, ist nicht dem dort herrschenden besseren Geschmack zu verdanken, sondern allein der Angst vor dem freien Wort. Dass dieses Wort heute so frei geworden ist, dass es gar nichts mehr bedeutet, mag dem einen als Fortschritt, dem andern als Verlust erscheinen. Die Gedanken waren auch in der Diktatur frei. Man musste nur genau bedenken, was man davon äußerte. Heute muss man das nicht mehr. Es gibt keine Zensur mehr. Es gibt nur noch die Quote. Was beide unterscheidet? An der Quote kommt man noch schwerer vorbei.

Wir sind nicht krank, aber in Behandlung

Als ich vor vielen Jahren einmal eine Psychotherapeutin aufsuchte, um ihr meine Probleme zu schildern, sagte sie, nachdem wir eine halbe Stunde miteinander geredet hatten: »Ich kann Ihnen da nicht helfen. Ihre Probleme habe ich auch.« Damit hat sie mir vermutlich mehr geholfen als mit zehn weiteren Therapiesitzungen. Das war zu einer Zeit, als es den Unterschied zwischen Kassen- und Privatpatienten in Ostdeutschland noch nicht gab. Als Privatpatient würde ich heute wohl nicht so schnell als geheilt entlassen werden. Einige meiner Westfreunde, die in ihrem ganz anderen politischen und wirtschaftlichen System mit ganz ähnlichen privaten Problemen herumliefen wie ich, lagen damals schon regelmäßig auf dem Therapeutensofa, ohne dass ich im Laufe der Jahre irgendeine Veränderung in ihrer seelischen Verfassung hätte bemerken können. Wenn ich sie fragte, warum sie sich den teuren Spaß leisteten, meinten sie, diese Gespräche einfach zu brauchen, und mir, wenn ich nur ehrlich wäre, würde so eine professionelle Hilfe auch mal gut tun.

Daraufhin erkundigte ich mich bei einem befreundeten Allgemeinmediziner nach seiner Meinung zur Psychotherapie. Er grinste ein wenig ironisch und sagte dann: »Psychotherapie kann Kranke eventuell heilen, aber sie kann bestimmt auch Gesunde krank machen. Eine gebrochene Seele kann man nicht in Gips legen und durch Hand auflegen oder gutes Zureden wieder zusammenwachsen lassen.« Ich sei, meinte er, für solche Art Therapie vermutlich eher ungeeignet. Damit hat er – ich kann wirklich nichts dafür – leider Recht behalten.

Ein anderer Arzt, von dem ich mir bei einem Hautproblem helfen lassen wollte, sagte, nachdem all seine Therapien bei mir nicht angeschlagen hatten, etwas resigniert: »Medizin ist keine exakte Wissenschaft. Am besten, Sie versuchen es mal bei einer Kräuterhexe. Wenn Sie fest dran glauben, kann das vielleicht helfen.« Ich versuchte es. Zugelassene Kräuterhexen gab es, das wird die meisten Westdeutschen überraschen, auch in der DDR. Leider scheiterte sie nach mehrwöchigem Experimentieren mit ihrer Kräuterweisheit ebenfalls an meinen Hautproblemen. Kurz darauf brach die DDR zusammen und mit ihr das marode DDR-Gesundheitswesen. Von nun an eröffneten sich für mich und meine kranke Haut ganz neue Therapiemöglichkeiten. Jahrelang wurde ich als Privatpatient nun mit allerlei Bestrahlungen und teuersten Medikamenten behandelt, ohne dass wirkliche Besserung eintrat. Als ich in meiner Verzweiflung schließlich zu einem Homöopathen kam, konnte der nur mit dem Kopf schütteln über das, was mir die Schulmediziner da an gefährlichen Salben und Tabletten verordnet hatten. Selbst Kortison war darunter gewesen, und das, erfuhr ich jetzt, sei nun wirklich das Falscheste, weil Gefährlichste für meine Erkrankung.

Was nun begann, war eine Mischung aus klassischer Medizin, Besprechung und Kräuterhexerei. Das Wartezimmer des Wunderheilers war immer voller hoffnungsloser Fälle, die alle schon jahrelang zu diesem Doktor kamen, weil er so geduldig mit ihren ganz unterschiedlichen Krankheiten umging. Wenn einer helfen könne, dann nur er, meinten sie übereinstimmend, während wir stundenlang im Wartezimmer zubrachten. Ich versuchte, wie die anderen an ihn zu glauben und blieb mehrere Monate bei ihm in Behandlung, ohne dass sich irgendetwas besserte. Im Gegenteil. Es wurde immer schlimmer, die Schmerzen wurden unerträglich. Schließlich wusste er sich und mir auch nicht anders zu helfen – er trug mir eigenhändig das von ihm verdammte Kortison auf, was, wie zuvor ja auch schon, zumindest vorübergehend etwas Linderung brachte. Das ließ mich nun allerdings doch misstrauisch werden. Als ich dann versehentlich Zeuge eines Gespräches zwischen ihm und seiner Sprechstundenhilfe wurde, war es ganz aus mit meinem Vertrauen in seine Heilkünste. Er erzählte ihr, dass er am Vorabend im Fernsehen oder Radio gehört habe, dass ein Kollege versuche, solche Hautkrankheit zu heilen, indem er die Patienten warme, gekochte Kartoffeln zerdrücken lasse. Und das wolle er mich jetzt auch versuchen lassen. Ich bin, statt unter seiner Anleitung gekochte Kartoffeln zu zerdrücken, zur klassischen Medizin zurückgekehrt, obwohl ich schon von meinem ersten Hautarzt wusste, dass sie auch keine exakte Wissenschaft ist. Sie hat dann das, was sie nicht heilen konnte, wenigstens so weit gemildert, dass ich es bis heute ertragen kann.

Was an der Psychotherapie Wissenschaft ist, vermag ich nicht zu beurteilen, dass sie noch weniger exakt ist als andere Medizin, halte ich für sicher. Dass da immer etwas wie Homöopathie, also Hoffnung, dass es vielleicht helfen könnte, im Spiel ist, vermute ich auch. Und dass sie gerade in einer Gesellschaft wie der unseren blüht, die so ganz und gar hilflos vor der Frage nach dem Sinn des Ganzen steht, das dürfte kein Zufall sein. Was der geistliche Seelsorger nicht mehr schafft, weil wir den christlichen Glauben weitgehend verloren haben, das soll jetzt der Psychotherapeut besorgen. Die Therapiekosten sind gewöhnlich wesentlich höher als die Kirchensteuer. Aber dass inzwischen mehr Leute regelmäßig zur Therapie gehen als zum Gottesdienst, halte ich für wahrscheinlich. Was hilfreicher ist, weiß ich nicht. Aber dass man an beide glauben muss, an seinen Therapeuten wie an den lieben Gott, das halte ich nach eigener Erfahrung für ausgemacht. Wer nicht an ihn glaubt, dem hilft kein Gott und auch kein Therapeut.

Ich habe, um mir das Rauchen abzugewöhnen, bei einem ordentlich promovierten und habilitierten Medizinprofessor, der in Fachkreisen hohes Ansehen genoss, wochenlang Privatunterricht in autogenem Training genommen. Ich war fest entschlossen, an seine Heilkunst zu glauben. Also versuchte ich allen Anweisungen des Professors möglichst willenlos zu folgen. Ich bin ihm bei manchen Sitzungen unter der Hand sogar eingeschlafen, was mir bei früheren Versuchen mit dem autogenen Training nicht gelungen war. Damals hatte ich mit diesem Training vergeblich versucht, meine Schlafstörungen zu bekämpfen. Jetzt klappte es mit dem Einschlafen, aber nicht mit der Tabakentwöhnung. Der Professor brach schließlich die Behandlung ab mit der Bemerkung: »Wenn Sie nicht selbst an den Erfolg glauben, kann das nichts werden.« Wir hatten uns schon vor dem Therapieversuch mehrmals über seinen Beruf unterhalten, und er hatte mir einige Tricks, also Berufsgeheimnisse, verraten. Das hätte er wohl besser nicht tun sollen. Denn nun fehlte mir trotz allen guten Willens der vorbehaltlose Glaube, ohne den es nicht geht.

Dass ausgerechnet so viele meiner westdeutschen Bekannten, denen man doch sonst nichts vormachen konnte, ausgerechnet an alle möglichen Therapeuten glaubten – wir hatten solche Leute früher ein bisschen spöttisch »Seelenklempner« genannt –, das wunderte mich damals. Als dann aber mit den neuen gesellschaftlichen und wirtschaftlichen Verhältnissen auch die neuen Therapien mit ihren ausgebildeten Fachleuten im Osten angekommen waren, musste ich feststellen, dass jetzt auch ehemals gute Genossen, die bis dahin an die Partei und sonst gar nichts geglaubt hatten, zu allen möglichen Therapeuten überliefen. Könnte es sein, dass in diesem Falle, gegen alle Marktgesetze, das Angebot die Nachfrage nicht nur bestimmt, sondern überhaupt erst hervorgerufen hat? Bei Tucholsky habe ich den schönen Satz gelesen: »Meine Sorgen möchte ich haben.« Aber damit darf ich natürlich keinem Therapeuten kommen. Mit meinen Sorgen habe ich mich auseinanderzusetzen und zwar unter fachlicher Aufsicht.

Der beratene Bürger

Auch in der Diktatur gab es die verschiedensten Ratgeberbücher für Gartenpflege, Kindererziehung, Ehe- und Familienglück, Sexualkunde und so weiter. Für die geplagten Trabant- und Wartburgfahrer gab es sogar Reparaturanleitungen mit dem bezeichnenden Titel »Wie helfe ich mir selbst?« Ja, wir waren auf vielen Gebieten darauf angewiesen, uns selbst zu helfen. Natürlich gab es auch verschiedene Beratungsstellen, an die man sich wenden konnte, wenn man sich gelegentlich nicht mehr selbst zu helfen wusste. Das zahlte dann die Krankenkasse. Schwangerschaftsberatung war eine kostenlose Selbstverständlichkeit. Aber auch Suchtberatungsstellen gab es viele, obwohl es außer Alkohol und Tabak kaum süchtig machende Drogen zu kaufen gab. Sogar so was wie kostenlose Rechtsberatung gab es im Unrechtsstaat. In allen größeren Betrieben und Verwaltungen gab es so genannte Konfliktkommissionen, an die man sich wenden konnte, wenn man sich von Kollegen oder Vorgesetzten ungerecht behandelt, heute würde man sagen, gemobbt fühlte. Was es meines Wissens nicht gab, waren Finanz-, Vermögens- oder Anlageberater. Nur ganz vereinzelt gab es Steuerberater.

Von meinem Onkel Günther aus Mannheim habe ich schon frühzeitig erfahren, dass er als Steuerzahler natürlich auch einen Steuerberater hatte, weil er sein Geld dem Staat nicht in den Rachen werfen wollte. Bei ihm als fest angestelltem Schwachstromingenieur sind es sicher keine großen Summen gewesen, die ihm ohne Steuerberater entgangen wären. Aber der Steuerberater war für ihn wie sein gebrauchter Mercedes so etwas wie ein Statussymbol. Jedenfalls sprach er gern von »seinem« Steuerberater, mit dessen Hilfe er dem Finanzamt so manches Schnippchen geschlagen habe. Ob er sich später, als er arbeitslos geworden war, noch in Steuersachen beraten ließ, weiß ich nicht, denn von seiner Arbeitslosigkeit hat er uns ja nie etwas gesagt. Den Mercedes jedenfalls hat er sich nur noch ausgeliehen, wenn er zu uns auf Ostbesuch kam.

Dass ich selbst mal einen Steuerberater brauchen würde, wollte ich mir damals gar nicht vorstellen. Sogar als Freischaffender konnte ich in der DDR meine Steuererklärung allein und ohne Taschenrechner aufsetzen. Was man heutzutage alles von der Steuer absetzen kann, davon ahnte unsereins gar nichts. Es gab zwar auch im Osten schlaue Leute, die mit irgendwelchen Tricks den einen oder anderen Steuergroschen sparten, aber das waren meist Handwerker oder Gewerbetreibende, die so gut verdienten, dass sich so eine Beratung für sie und den Berater auch wirklich lohnte. Wir haben unter manchem Mangel gelitten, unter dem an Steuerberatern nicht. Wie wichtig diese Berufsgruppe für uns in der Bundesrepublik noch werden würde, das ahnten wir ja damals nicht.

Von Vermögens- oder Anlageberatern hatten wir gar keine Vorstellung. Das kleine Vermögen, zu dem man es im Osten bringen konnte, wäre auch durch Beratung nicht größer geworden, denn anlegen konnte man sein Geld meines Wissens nur bei der Sparkasse für stabile drei Komma fünfundzwanzig Prozent Zinsen. Da in unseren Schulen Prozentrechnung gelehrt wurde, konnte sich jeder selbst ausrechnen, wie effektiv das Geld auf seinem Konto arbeiten würde. Die erste große Enttäuschung nach meinem Eintritt in die westdeutsche Finanzwelt war ausgerechnet mein Steuerberater. Ich nahm natürlich einen aus dem Westen, weil der sich, anders als die wenigen ostdeutschen Steuerberater, auskannte im westdeutschen Steuerrecht. Er riet mir sofort, mein Geld vom Sparkonto zu nehmen, um es Gewinn bringend anzulegen. Ich bin nicht besonders geldgierig und eher auf Sicherheit als auf Gewinn aus. Aber um nicht als unbelehrbarer Dummkopf dazustehen, folgte ich seinem Rat wenigstens halbherzig und legte einen Teil des Gesparten in einem Immobilienfonds an, von dem er gesagt hatte, dass er todsicher sei und ich damit sehr viel Steuern sparen würde. Dank meiner Halbherzigkeit verlor ich nicht gleich das ganze Sparguthaben, das durch die Währungsunion 1990 sowieso schon halbiert worden war.

Nachdem sich das empfohlene Steuersparmodell schon kurze Zeit später als totales Verlustgeschäft herausgestellt hatte, bat ich die nette Frau am Sparkassenschalter um Hilfe, die mich schon zu DDR-Zeiten immer so freundlich bedient hatte. Sie riet mir dringend, meinen Steuerberater zu wechseln und zur Sicherheit die Hilfe eines Vermögens- und Anlageberaters in Anspruch zu nehmen. So was gab es gleich nach der Währungsunion nun auch in meiner alten Sparkassenfiliale. Mit Hilfe meines neuen Beraters gelang es mir, die nachkommenden Verluste in etwas engeren Grenzen zu halten. An dem, was ich von jetzt an trotz oder wegen der Beratung verlor, war mein Berater natürlich nie selbst schuld. Das konnte er mir jedes Mal ganz plausibel erklären. Es war immer nur das besonders ungünstige gesamtwirtschaftliche Umfeld, das an meinem Guthaben zehrte.

Seit ich in der Bundesrepublik lebe, hat sich dieses Umfeld fast immer zu meinen Ungunsten verändert. Als ich meinen Berater vor einigen Jahren fragte, ob ich nicht all die kleinen Anlagen zurück auf ein einfaches, festverzinsliches Sparkonto legen könnte, schüttelte er nur den Kopf und sagte in einer Mischung aus Mitleid und Vorwurf: »Das wäre jetzt genau der falsche Moment. Die Rahmenbedingungen der internationalen Kapitalmärkte sind momentan für einen Ausstieg besonders ungünstig. Schließlich sind Ihre Verluste doch, verglichen mit dem, was andere in der augenblicklichen Finanzkrise verloren haben, kaum der Rede wert und völlig normal.« Für diese, mit seiner Hilfe erzielten Verluste habe ich ihn natürlich immer bezahlen müssen. Guter Rat ist in der Bankenwelt nun mal teuer, ob er hilft oder nicht.

Im Laufe der mehr als zwei Jahrzehnte Leben in der Bundesrepublik habe ich für mein bisschen Geld inzwischen so viel teuer bezahlte Steuer- und Anlageberatung erfahren, dass ich schon mit dem Gedanken gespielt habe, mir den kleinen Rest meines Kapitals einfach in bar auszahlen zu lassen und unterm Kopfkissen aufzubewahren. Davon allerdings rät wiederum nicht nur die Kriminalpolizei ab. Auch mein neuer Steuerberater warnte jetzt vor einer drohenden Inflation, in der das Bargeld seinen Wert noch schneller als alles andere verlieren könnte. Und mein Anlageberater meinte noch mal, wenn ich gerade jetzt aus allem, was er für mich so umsichtig angelegt hat, ausstiege, wären mein Verluste so groß, dass das, was ich mit Hilfe seiner fachlichen Beratung bisher verloren hätte, nur Peanuts wären.

Natürlich muss ich zugeben, dass das, was ich verloren habe, nichts ist, verglichen mit dem, was die Sachsen LB oder die Hypo Real Estate, an Verlusten einstecken mussten. Von den Lehman Brothers gar nicht zu reden. Und solche Banken haben doch gewiss viel kompetentere und weitaus besser bezahlte Berater als so ein Kleinaktionär wie ich. Gar nicht denken darf ich an die Staatsverschuldung, die unsere Bundesregierung mit ihren tausend hoch bezahlten Beratern in ungeahnte Höhen katapultiert hat. So gesehen kann ich allen meinen bisherigen Steuer-, Anlage- und Vermögensberatern doch nur dankbar sein, dass ich persönlich, trotz der weltweiten Finanzkrise, nicht auch noch einen Schuldenberater in Anspruch nehmen muss.

Allerdings frage ich mich jetzt manchmal, natürlich nur wenn es kein Berater hören kann, wieso in dieser Bundesrepublik, in der es doch so viele studierte und hoch bezahlte Berater für alles und jedes gibt, partout nichts so laufen will, wie sie es in ihren tausend Gutachten, Wachstums- und Steuerprognosen immer wieder vorher sagen. Kommt die Weisheit unserer Finanzgenies vielleicht wie bei gewöhnlichen Börsenmaklern auch nur aus dem Bauch? Ist die ganze Wirtschafts- und Finanzwissenschaft reine

Gefühlssache? Oder sind die hundert und zwei Wirtschafts- und Finanzinstitute weniger Berater als vielmehr Interessenvertreter? Mir hat mein Anlageberater von der Sparkasse ja auch nicht gesagt, dass er persönlich daran verdient, wenn er mir die oder jene windige Geldanlage aufschwatzt. Könnte es sein, dass unsere Regierung ihren Beratern genauso hilflos ausgeliefert ist wie ich den meinen?

Als die Mauer gefallen war, hatten wir im Osten erstmal jeden Berater dankbar und von Herzen begrüßt, weil wir meinten, sie wären alle nur zu uns gekommen, um uns in unserer Not mit Rat und Tat zu helfen. Nachdem wir die ersten schlechten Erfahrungen mit einigen von ihnen gemacht hatten, vermuteten wir, nur an die falschen Ratgeber geraten zu sein, die sich an uns dummen Ossis gesund stoßen wollten, während kein kluger Wessi auf sie noch hereinfallen würde. Wir fühlten uns ganz allein über den Tisch gezogen. Jetzt aber müssen wir angesichts der zunehmenden Staatsverschuldung erkennen, dass solche Berater nicht nur den Osten in Grund und Boden beraten haben, sondern die ganze Bundesrepublik. Natürlich ist das für uns Ostdeutsche kein Trost. Aber den Glauben an die westdeutsche Überlegenheit haben wir doch zumindest ein bisschen verloren. Das Wort »beratungsresistent« galt bisher nicht nur für Politiker als negativ. Angesichts derer, die uns und unsere Politiker in den letzten zwanzig Jahren beraten haben, sollte das Wort endlich so positiv besetzt werden, wie es das verdient hat. Keine Frage: Guter Rat ist teuer, schlechter allerdings noch viel teurer.

Worüber reden wir denn so?

Immer, wenn ich im Fernsehen Berichte über gesellschaftliche Großereignisse wie Staatsbesuche, Neujahrsempfänge oder auch Opern- und Pressebälle sehe, frage ich mich, worüber die Leute, die da mit wichtiger Miene in ihren festlichen Abendkleidern und Fräcken herumstehen oder sitzen, wohl so reden mögen, wenn kein Mikrofon dabei ist. Ich war zu DDR-Zeiten – darf man so etwas heute noch zugeben? – einmal zu einem Staatsempfang bei Honecker eingeladen. Der äthiopische Staatschef Mengistu war gerade in Ostberlin, und ich hatte kurz zuvor in Addis Abeba Kindertheater gemacht. Ich habe höflich abgesagt, mit welcher Ausrede weiß ich nicht mehr. Jedenfalls bin ich nicht hingegangen, weil ich zum einen die für solche Anlässe nötige Verkleidung nicht nur nicht mag, sondern auch nicht besitze, zum anderen weil ich äußerst wenig für die beiden Staatschefs übrig hatte. Aber auch ganz allgemein mied und meide ich offizielle Anlässe mit vorgeschriebener Kleiderordnung. Selbst als ich vom französischen Staatspräsidenten Mitterand bei seinem Berlinbesuch Ende 1989 zum Frühstück eingeladen wurde, habe ich abgesagt. Da allerdings mehr wegen der frühen Stunde. Mitterand war mir auf jeden Fall wesentlich sympathischer als die beiden anderen Staatsoberhäupter. Aber was hätte ich mit ihm reden sollen, morgens um sieben Uhr dreißig? Ich weiß ja nicht mal, wie man so einen französischen Präsidenten anredet.

So aus der Ferne allerdings, also vor dem Bildschirm, sehe ich mir solchen offiziellen Zirkus ganz gern mal an. Und dann frage ich mich immer wieder: Worüber mag sich so ein, sagen wir, Außenminister mit seinen ausländischen Kollegen wohl privat unterhalten? Oder sind Politiker nie privat? Honecker, dessen

Gerede, auch das private, überhaupt nur aus Floskeln zu bestehen schien, hat, das hab ich oft genug im Fernsehen gehört, seinen Gesprächspartnern zum Abschied immer »Alles Gute, auch im persönlichen Leben!« gewünscht. Daraus schloss ich, dass er zumindest zwei Leben haben musste, ein politisches und ein persönliches. Von westlichen Politikern habe ich diese Floskel nie gehört, obwohl ich bei ihnen immer viel mehr persönliches, also privates Leben vermutete als bei unserem Staats- und Parteichef, der da einsam in seinem streng bewachten Wandlitzer Ghetto hauste. Wie später bekannt wurde, haben die dort einwohnenden Politgreise privat so gut wie gar nicht miteinander geredet. Selbst wenn sie einander offiziell zum Geburtstag gratulierten, lasen sie die jeweiligen Glückwünsche vom Blatt ab.

Worüber man mit jedem reden kann, auch wenn man sich gar nichts zu sagen hat, ist natürlich das Wetter. Darüber reden alle immer und überall. Auch als Willy Brandt im März 1970 sich zum ersten Mal mit unserem Ost-Willi, dem Stoph, auf dem Erfurter Bahnhof traf, bedankte er sich zuerst natürlich für die Einladung, im selben Atemzug aber auch dafür, dass er, Stoph, für gutes Wetter gesorgt hätte. Wetter ist System übergreifend und interessierte den ostdeutschen LPG-Bauern mindestens so wie den – na sagen wir – Bundespressechef. Selbst als ich acht Wochen in Äthiopien war, wo jeden Tag dieselbe heiße Sonne am wolkenlosen Himmel stand, wurde immer wieder über dieses ewig gleiche Wetter geredet. Aber das waren einfache Leute, mit denen ich es da zu tun hatte, Kollegen vom Theater. Wie und was man so am Theater redet, das scheint auf der ganzen Welt ähnlich zu sein. Es ist selten ganz ehrlich, aber fast immer ein bisschen eitel und selbstverliebt. Sich einen Theaterkünstler zum Freund zu machen, ist relativ einfach. Man muss ihn nur loben, um seine ungeteilte Sympathie zu genießen.

Aber das ist nichts gegen das, was Journalisten und Politiker so daherreden bei ihren zahlreichen Empfängen, Presseböllen und was es sonst noch an offiziellen Anlässen gibt. Wenn die Wetterlage besprochen ist, geht es zunächst darum festzustellen, wer heute mal wieder da beziehungsweise eben nicht da ist und was das zu bedeuten hat. Hat es der oder die nicht mehr nötig, oder wird er oder sie nicht mehr eingeladen? Journalisten und Politiker können stundenlang über Abwesende reden. Das weiß ich, da ich seit einigen Jahren immer mal zu kleineren oder größeren festlichen Presse- oder Verlagsempfängen eingeladen werde, auf denen man inzwischen auch zivil erscheinen darf. Und da kann es schon passieren, dass man plötzlich an einen amtierenden Minister gerät, den man bisher nur vom Fernsehen kannte. Schon nach zwei Sätzen erfährt man dann manchmal, dass so ein Politiker selbstverliebter, eitler sein kann als jeder Operettentenor dieser Welt. Übertroffen wird er darin allenfalls von den anwesenden Journalisten, von denen manche vor Wichtigkeit kaum laufen können. Nie habe ich mir vorstellen wollen, wie viel schlichte Eigenliebe in uns allen steckt und was für langweiliges, unwichtiges Zeug von so vielen wichtigen und interessanten Leuten aus Politik, Wirtschaft, Presse und Fernsehen dahergeredet werden kann, wenn der Abend lang wird.

Je größer die Party, desto smaler ist gewöhnlich der Talk. Früher hatte ich gemeint, man müsse Fragen, die einem da gestellt werden, und sei es nur die nach dem momentanen Befinden, auch beantworten. Nicht so, wenn man es mit wichtigen Politikern oder Journalisten bei solchen Empfängen zu tun hat. Da wandert der Blick des Fragestellers, bevor der Befragte zur Antwort ansetzen kann, schon zum nächsten. Anfangs dachte ich, diese wichtigen Leute würden nur mit mir so umgehen, weil ich erstens nicht so wichtig und zweitens nur einer aus dem Osten bin. Wir Ostdeutschen neigen ja dazu, alles persönlich zu nehmen. Inzwischen weiß ich, dass diese Empfänge nur Rituale sind, bei denen allein die Anwesenheit zählt – man sieht und wird gesehen. Zum Reden kommt man, wenn überhaupt bei solchen Anlässen nur mit den

Leuten, mit denen man ohnehin immer redet, weil man sie von anderen Gelegenheiten kennt und sich vielleicht auch was zu sagen hat. Wenn keiner von den alten Bekannten da ist, kann man im größten Prominentenauftrieb, auch wenn man selbst dazugehört, sehr einsam herumstehen. Ich gehöre zwar nicht dazu, habe aber schon manchen von ihnen so verloren herumstehen sehen.

Für die Raucher unter uns hat sich die Gesprächslage allerdings verändert, seit man in den Locations, in denen diese Events heutzutage abgehalten werden, nicht mehr rauchen darf. Draußen vor der Tür, im Kalten also, kommt es jetzt manchmal sogar zu Gesprächen mit Inhalt. Man hat ja sofort ein Thema, nämlich die von jedem, der da mit draußen steht, als solche empfundene Diskriminierung der Raucher. Von da ist es nicht weit zu ganz persönlichen Gesprächen über gesundheitliche Probleme und die hundert vergeblichen Versuche, mit dem Rauchen aufzuhören, oder auch über das trotzige Beharren auf dem Nikotingenuss. Ich habe inzwischen schon mit dem einen oder anderen Politiker draußen vor der Tür meinen Raucherfrieden geschlossen und festgestellt, wie viele Vorurteile unsereins gegenüber manchen Politikern hat, nur weil man noch keine Zigarette mit ihnen geraucht hat.

Wir sind frei, aber unter Kontrolle

In der Diktatur durfte man zwar nicht überall seine Meinung sagen, aber man durfte fast überall rauchen. Nichtraucherschutz ist, angesichts der gesundheitlichen Gefahren, die vom Tabakqualm ausgehen, bestimmt nötig. Dass er aber auch da gilt, wo wir Raucher unter uns sind, in den meisten Kneipen also, das finde ich ein bisschen übertrieben. Schon zu DDR-Zeiten wurde überall ziemlich erfolglos vor den schädlichen Folgen des Rauchens gewarnt. Es gab auch die eine oder andere Nichtraucher-Gaststätte und rauchfreie Bahnhöfe. Damals habe ich jene Anekdote über – ich glaube, es war die Gräfin Dönhoff – gehört, die nach dem Essen von ihrem Tischnachbarn gefragt wurde, ob es sie wohl stören würde, wenn er sich eine Zigarette anzünde. Sie soll geantwortet haben: »Das weiß ich nicht, das hat mich bisher noch niemand gefragt.« Heute muss man nicht neben einer Gräfin sitzen, um sich als Raucher beherrschen zu müssen. Denn jetzt verbietet so etwas nicht mehr der Anstand, heute verbietet der Staat das Rauchen in allen öffentlichen Gebäuden, selbst auf dem Männerklo. Seitdem liegen auf Deutschlands Straßen mehr Kippen als je zuvor.

Die gesetzlich vorgeschriebenen Warnungen vor dem Tabakgenuss auf allen, auch den illegalen Zigarettenpackungen sind ein schönes Beispiel dafür, wie sinnvoll staatliche Fürsorge manchmal sein kann. Wer in der Lage ist, diese Warnungen zu lesen, dürfte ohnehin wissen, wie schädlich Rauchen ist. Wer aber sagt es den Analphabeten unter uns? Oder genießen die schon deshalb keinen Minderheitenschutz mehr, weil sie zu zahlreich geworden sind?

Dass die DDR eine Erziehungsdiktatur und ein Überwachungsstaat war, kann ich nicht bestreiten. Dass die Bundesrepublik beides nicht ist, wage ich zumindest zu bezweifeln. Was man in einem freiheitlich-demokratischen Gemeinwesen alles reglementieren und trotz allen gesetzlichen Datenschutzes erfassen kann, das habe ich mir in der Diktatur nicht zu träumen gewagt. Wovor mich der Staat heute so alles zu schützen vorgibt, das macht mich manchmal sprachlos. Vor zu hohem Fettgehalt in meiner täglichen Leberwurst zum Beispiel. Über fett oder nicht fett entscheidet hierzulande nicht mehr der persönliche Geschmack. An seine Stelle sind Lebensmittelverordnungen getreten, die vermutlich viel zu oft von Leuten erdacht werden, die entweder einen empfindlichen Magen oder keinen guten Geschmack haben.

Diskussionen darüber, ob man von Rauchern oder Fettleibigen höhere Krankenversicherungsbeiträge verlangen müsste, hat es schon des Öfteren gegeben, und ich bin mir nicht sicher, ob das nicht in der nächsten Gesundheitsreform festgeschrieben wird. Dann werden Raucher und Fettesser bei uns vielleicht mittels Kühlschrank- oder Atemkontrolle ermittelt. Rein logistisch dürfte das kein Problem sein. Wenn sich Gesundheits- und Innenminister einig sind, dürfte allenfalls noch der Finanzminister Bedenken äußern, ob wir uns eine zusätzliche Gesundheitspolizei leisten können, die unser aller Ess-, Trink- und Rauchgewohnheiten kontrolliert und uns mit Bußgeldbescheiden zu gesünderem Lebenswandel anhält.

Dass die tausend und eine Warnung oder Vorschrift immer nur aus Sorge um unser aller Gesundheit verkündet wird, wage ich zu bezweifeln. Auch Bio muss nicht immer gesünder sein, nur weil es draufsteht. Und was die angeblich so gesunde fettarme Kost betrifft, so habe ich gerade im »Spiegel« eine Meldung gelesen, dass englische Ernährungswissenschaftler herausgefunden haben, dass die Speisen in den meisten der untersuchten Kindergärten zu wenig Fett enthielten. »Kinder unter fünf Jahren brauchen mehr Fett, als ihnen angeboten wird«, heißt es da wörtlich. In anderen Zeitungen habe ich jetzt auch gelesen, dass Spitzenköche inzwischen wieder mit fetterem Schweinefleisch kochen, weil es besser schmeckt. Manchmal ist das Spiel mit unserer Gesundheit ein Glaubenskrieg, manchmal einfach nur ein gutes Geschäft. Und wie glaubhaft ist der Appell unserer Gesundheitspolitiker, die Eltern sollten endlich für gesunde Ernährung ihrer Kinder Sorge tragen, wenn sie nicht einmal für gesunde Schulspeisung, für ein bisschen Pausenobst zum Beispiel, sorgen können? Hinzu kommt, dass die Ernährungswissenschaft eben immer mal wieder zu ganz neuen Erkenntnissen gelangt. Dann kann es geschehen, dass das, was gestern noch besonders gesund war, heute besonders krebserregend ist.

Solche neuen Erkenntnisse werden immer wieder über alle möglichen Medien verbreitet. Wer die entsprechenden Untersuchungen in Auftrag gegeben hat, ist seltener zu erfahren und wäre doch manchmal viel aufschlussreicher als jede Bedenklichkeits- oder Unbedenklichkeitserklärung. Die Entscheidung darüber, ob man gesund oder krank stirbt, können einem sowieso keine Gesundheitsminister und keine Ernährungswissenschaftler abnehmen. Die wird ganz woanders und sehr willkürlich gefällt. Eine zutiefst ungerechte Natur hat so manchen nicht rauchenden, nicht trinkenden, fettarm essenden und Sport treibenden Gesundheitsapostel in jungen Jahren dahingerafft, und solche uneinsichtigen Raucher wie Loki und Helmut Schmidt, ohne dass sie etwas dafür könnten, über neunzig werden lassen. Vertrauen ist manchmal gut, Kontrolle muss nicht immer besser sein.

Wie gut erinnere ich mich noch an die Klagen der westdeutschen Autofahrer über die Heimtücke ostdeutscher Verkehrspolizisten, die sich mit ihren Radargeräten hinter Büschen verbargen, um dem westlichen Schnellfahrer sein gutes Geld aus der Tasche zu ziehen. Heute gerate ich selbst immer wieder an die gleiche Heimtücke unserer gesamtdeutschen Verkehrspolizei. Deren Kontrollen halte ich, auch angesichts eigener Unvernunft, sogar für vernünftig. Denn mit zu schnellem Fahren gefährde ich mich ja nicht nur selbst. Auf jeden Fall dürften polizeiliche Geschwindigkeitskontrollen wirkungsvoller sein als jede Art von Autoaufklebern mit der Warnung: »Autofahren kann tödlich sein.«

Wozu ich aber überall in unsern Straßen, auf unseren Plätzen, in jedem Supermarkt, auf jedem Bahnhof oder Flugplatz von Videokameras überwacht werde, ohne zu wissen, was mit den Aufzeichnungen geschieht, wie lange sie zu welchem Zweck und von wem gespeichert werden, das sehe ich schon weniger ein. Dass man damit Verbrechen verhindert, halte ich für einen Aberglauben. Dass Verbrecher dank solcher Videoüberwachung manchmal leichter gefasst und überführt werden, mag schon stimmen. Aber um welchen Preis? Hier und da würde ein aufmerksamer Polizist wohl manches Verbrechen verhindern, bei dem tausend Videokameras zusehen, aber nicht eingreifen können.

Als seinerzeit in der DDR die Personenkennzahl eingeführt wurde, gab es zu Recht Empörung bei Einzelnen im Osten und bei der Allgemeinheit im Westen. Das widersprach allen Grundsätzen des Datenschutzes. Seit einem Jahr besitze ich nun wie jeder gerade geborene oder bereits auf dem Sterbebett liegende Bundesbürger eine »persönliche Identifikationsnummer«. Die wurde mir zwar nicht vom Innenministerium, sondern vom »Bundeszentralamt für Steuern« zugeteilt, aber den Unterschied zwischen ihr und der verpönten Personenkennzahl kann ich nicht erkennen. Auf jeden Fall aber scheint der Staat, noch viel mehr als an meiner Gesundheit an meinen Steuern interessiert zu sein. Dem mageren Quark und der fettarmen Milch in meinem Supermarkt kann ich noch ausweichen. Dem Finanzamt dagegen auf keinen Fall. Wo immer ich mich aufhalte, was immer ich gerade tue, an meiner persönlichen Identifikationsnummer bin ich lebenslang zu erkennen, wie auch an meinem digitalen Fingerabdruck, den ich beim Antrag auf einen neuen Reisepass abgeben musste.

Ich fühle mich zwar nicht sicherer dadurch, aber ziemlich gut überwacht fühle ich mich schon. Und das ist das Problem – einen Polizisten kann ich etwas fragen, ihn notfalls um Hilfe bitten. Die

Videokamera hängt da und filmt allenfalls meine Unsicherheit in der überwachten Umgebung. Mit einigem Grausen versuche ich mir vorzustellen, das Ministerium für Staatssicherheit der DDR hätte seinerzeit über solche Überwachungstechnik verfügt, wie sie heute nicht nur dem Staat, sondern jedem Arbeitgeber zur Verfügung steht. Der Versicherung, dass in unserem Rechtsstaat nichts Unrechtes angefangen wird mit den Millionen Daten auf den hunderttausend Datenbanken, traue ich nicht. Allein schon an meiner Adresse kann jede Bank erkennen, ob ich kreditwürdig bin oder nicht. Wer zufällig in einem Problemkiez wohnt, wird größere Probleme haben, bei der Bank einen Kredit zu bekommen oder auch nur beim Versandhandel etwas per Rechnung zu bestellen. Wir sind in einem Datennetz gefangen, dessen Maschen der Einzelne gar nicht mehr erkennen kann. So vieles, was heute angeblich zu unserer Sicherheit geschieht, schützt uns viel weniger, als dass es uns unter Kontrolle hält.

Kein neues Leben blüht aus den Archiven

Was in so einem geschlossenen System, wie die DDR es war, vierzig Jahre lang unter der Decke gehalten werden konnte, kann man inzwischen in den zahlreichen Archiven nachlesen, die Partei, Regierung und Staatssicherheit einer entsetzten Nachwelt hinterlassen haben. Was in anderen Archiven steht, zum Beispiel in denen des Vatikans über die letzten zwei Jahrtausende christlichen Wirkens, weiß bis heute keiner, nicht mal der Papst. Es ist sogar anzunehmen, dass er das gar nicht so genau wissen will. Denn da fänden sich vermutlich so erschreckende Details, die kaum ein lebender Christ ertragen könnte, ohne sofort seinen Glauben zu verlieren oder wenigstens zu wechseln. Und das, vermute ich, hat der Papst nicht vor. Er persönlich kann ja auch nichts dafür, was seine Kirche an weltlichem Unheil in diesen zwei Jahrtausenden angerichtet hat. Auch dafür, dass sie darüber so sorgfältig Buch geführt hat, kann er nichts.

Ich verbiete mir im Zusammenhang mit den schriftlich aufbewahrten Hinterlassenschaften der katholischen Kirche jeden Hinweis auf das, was das Honecker-Mielke-Imperium hinterlassen hat. Schließlich habe ich nicht vor, irgendetwas von dem, was die Staatssicherheit angerichtet hat, zu entschuldigen oder auch nur zu relativieren. Dafür würde wahrscheinlich schon ein kurzer Blick in die Archive von Bundesnachrichtendienst, Verfassungsschutz oder gar CIA genügen. Schon das ist ein plausibler Grund dafür, dass man sie vorläufig besser nicht öffnet. Solche geschlossenen Systeme, wie es kommunistische oder christliche Glaubensgemeinschaften sein können, von Geheimdiensten ganz zu schweigen, vertragen es nun mal nicht, dass die Welt erfährt, was sie im Innersten zusammenhielt oder -hält. Im Konkurrenzkampf unserer Medienwelt stürzt sich heute sowieso alles nur auf die finsteren Kapitel, um sie auszuschlachten. Und da bietet sich in letzter Zeit die katholische Kirche als Zielscheibe geradezu an, nachdem über die Taten und Schriften der kommunistischen Geheimbündler von Marx über Lenin, Stalin, Mao und Pol Pot bis hin zu Gysi und Wagenknecht kaum noch etwas Neues zu erfahren ist.

Wenn ich dem Papst etwas zu sagen hätte, würde ich ihm raten: »Heiliger Vater, sorgen Sie dafür, dass zumindest der ältere Teil der Archive geschlossen bleibt. Was nützt es Ihnen, uns oder Galilei und den anderen toten Ketzern noch, wenn die katholische Kirche mehr als zwei Jahrhunderte braucht, um mit der schmerzlichen Erkenntnis herauszurücken, dass sie sich damals geirrt hat und zugeben musste, dass die Erde nun auch aus katholischer Sicht als Kugel zu betrachten ist? Ich vermute, Sie wussten das von der Kugelform schon ein paar Jahre, bevor Ihre Kirche sich durchgerungen hatte, von der Scheibe endgültig Abstand zu nehmen und den alten Galilei zu rehabilitieren. Mit solchen späten Eingeständnissen uralter Sünden, die heute keinen mehr jucken, und da wären vermutlich noch ein paar tausend hinzuzufügen, machen Sie keinen mehr glücklich und sich und Ihre Kirche höchstens noch lächerlich.

Lassen Sie die Welt stattdessen einen Blick in die innerkirchlichen Vorgänge von heute beziehungsweise der jüngeren Vergangenheit werfen, um zu neuen und nützlicheren Erkenntnissen zu gelangen. Kurz gesagt, versuchen Sie es mal mit dem, was Gorbatschow in seinem Sowjetimperium gemacht hat, als es da nicht mehr weiterging – sorgen Sie für etwas Glasnost, vielleicht sogar Perestroika. Damit könnten Sie sich und dem Christentum in der Welt zu ganz neuem Ansehen verhelfen. Die christliche Kirche ist so viel älter und gefestigter als jeder Staat dieser Welt. Sie muss daran nicht gleich zugrunde gehen wie das vergleichsweise kleine und relativ kurzlebige Sowjetreich.«

So weit meine kleine Ansprache, die den Papst sicher nie erreichen wird. Aber mich erreicht ja auch nicht jede seiner zahlreichen Ansprachen. Warum sollte er auch ausgerechnet auf mich hören? Schließlich bin ich nicht mal Protestant, was in katholischen Augen heute nicht mehr ganz so verwerflich ist wie in vorökumenischen Zeiten. Ich bin sogar überzeugt, dass irgendwann auch das gemeinsame Abendmahl nicht mehr als Sünde wider den besseren Glauben abgetan werden kann. Aber das geht mich als Atheist wenig an. Ich versuche mal in die Rolle zu schlüpfen, in der mein Mannheimer Onkel am liebsten zu Hause war, in die des Steuerzahlers. Denn weder die katholische noch die protestantische Kirche leben nur von den staatlich eingetriebenen Kirchensteuern ihrer Mitglieder. Beide erhalten darüber hinaus aus vielen anderen Steuertöpfen, in die auch wir Nichtchristen einzuzahlen haben, Zuwendungen in gewaltiger Höhe, ohne nachweisen zu müssen, wofür sie diese verwenden. Den Anspruch darauf begründen sie heute noch mit der Enteignung kirchlicher Güter zu Zeiten der Reformation beziehungsweise der französischen Revolution. Wie wir erfahren durften, werden mit diesen Millionensummen längst nicht nur karikative Einrichtungen oder Gottesdienste finanziert. Damit wird vielmehr der Reichtum der an sich schon reichen Kirchen nur noch weiter vergrößert und ganz nebenbei ein gewisses Wohlleben der höheren Geistlichkeit gesichert.

Ich weiß nicht, ob der Papst in seinem römischen Palast in irdischem Luxus lebt und würde, auch wenn es so wäre, mit ihm durchaus nicht tauschen wollen. Nicht mal um seine vielen wertvollen Kleider beneide ich ihn. Sie entsprechen einfach nicht meinem Geschmack. Aber was ich in letzter Zeit von der Verschwendung erfahren habe, die für einige seiner zahlreichen Stellvertreter auf deutschem Boden selbstverständlich zu sein scheint, das macht mich schon nachdenklich. Da hätte ich gar nichts mehr von den in jüngster Zeit ans Licht gekommenen Missbrauchsfällen kirchlicher Amts- und Würdenträger erfahren müssen, um zu fragen, ob hier Anspruch und Wirklichkeit noch in einem zu rechtfertigenden Verhältnis stehen.

Also, wie gesagt, die älteren Archive kann man getrost geschlossen halten, es gibt mehr als genug an der jüngeren Vergangenheit und Gegenwart aufzuarbeiten. Zum Glück leben manche der Opfer noch, denen von Priestern Schlimmes zugefügt wurde. Die hätten mehr von einer Entschuldigung und Entschädigung für erlittenes Unrecht, als ein toter Galilei von einem Gedenkstein oder einer heiligen Messe in Rom hat.

Mein verstorbener Onkel Günther übrigens war Katholik und hatte, davon war schon mehrfach die Rede, an allen Steuern etwas auszusetzen, nicht aber an der Kirchensteuer. Die, meinte er, sei Christenpflicht, weil die Menschheit ohne Gottesfurcht in der Barbarei versinken würde. Ganz so habe ich das nicht gesehen, aber was für einen positiven Einfluss Gläubige auch auf Ungläubige wie mich ausüben können, das durfte ich ausgerechnet in der DDR erfahren, übrigens nicht erst als es mit ihr zu Ende ging und Vertreter der christlichen Kirchen die Runden Tische in Ostberlin und anderswo moderierten, weil sie die notwendige moralische Autorität nicht nur bei den Gläubigen besaßen.

Mich, seinen ungläubigen Neffen, hat Onkel Günther einmal sogar gelobt, als er erfuhr, dass ich anfing, freiwillig Kirchensteuer zu zahlen, obwohl ich nicht einmal getauft war. »Dafür kannst du nichts, das hatte deine aus der Kirche ausgetretene Mutter mit ihrer falschen Erziehung zu verantworten.« Dass ich mich im atheistischen Staat DDR zur Kirche hingezogen fühlte, hatte zuerst damit zu tun, dass ich protestantische Pfarrer kennen lernte, deren Ansichten ich teilte, wenn auch nicht in Glaubensfragen. Sie fühlten sich nicht nur für die immer weniger werdenden Mitglieder ihrer Gemeinden zuständig, sondern für alle, die sie die »Mühseligen und Beladenen« nannten, und das waren eben nicht nur Christen. Das waren oft Leute, die mit dem Staat in Konflikt geraten waren, die Ausreiseanträge gestellt oder anderswie das

Missfallen der Behörden erregt hatten. Entlohnt wurden die Pfarrer für ihren oft selbstlosen und nicht immer ganz ungefährlichen Einsatz denkbar schlecht. Jeder Facharbeiter verdiente in der DDR besser als ein Gemeindepfarrer.

Die Kirchen mussten damals ihre Steuern allein, also ohne staatliche Hilfe eintreiben, was nicht immer leicht war. Sie waren, soweit ich wusste, immer in finanziellen Nöten. Deshalb zahlte ich meinen freiwilligen Beitrag bei der für meine Familie zuständigen Gemeinde. Das tat ich unter anderem auch aus Dankbarkeit dafür, dass meine Kinder in den von ihr betriebenen Kindergarten und zur Christenlehre gehen durften. Denn mir schien wichtig, dass sie später einmal selbst entscheiden konnten, was sie glauben wollten und was nicht. In den sozialistischen Bildungseinrichtungen hätten sie von einem anderen Glauben als dem an den Sozialismus wenig erfahren.

Auch in anderen Bereichen machten sich die Kirchen in der DDR unersetzlich – in der Kranken- und Altenpflege, mit ihren Werkstätten und Heimen für Behinderte, die oft besser waren als die entsprechenden staatlichen Einrichtungen. Außerdem konnte sich hinter christlichen Mauern so manches kulturelle Treiben entwickeln, weil es sich dort trotz aller Überwachung der staatlichen Aufsicht weitgehend entzog. Ohne das Asyl, das ihnen protestantische Pfarrer in ihren Kirchen und Gemeinderäumen manchmal auch gegen den Willen ihrer Kirchenleitungen boten, hätten sich viele nicht Gläubige aber anders Denkende nicht versammeln können. Vor allem aber wäre das, was man dann friedliche Revolution nannte, bestimmt nicht so gewaltlos verlaufen. Ihre Sonderrolle hatte die Kirche – in den letzten Jahren mehr oder weniger geduldet – im sozialistischen Staat mühsam erkämpfen müssen. Sie vermittelte gerade wegen ihrer offensichtlichen Machtferne etwas von dem, was das Christentum in seiner Frühzeit zum Inbegriff von Toleranz und Menschenliebe gemacht hatte.

Von der Macht und dem Reichtum beider christlichen Kirchen im Westen konnte in der DDR keine Rede sein. Katholiken gab es im heidnischen Osten schon aus historischen Gründen viel weniger als Protestanten. Ihre gemeinsame Rolle als geistige Alternative zum übermächtigen Staat hatten beide gleichermaßen verloren, als die DDR zusammengebrochen war und sie nun im neuen Staatswesen ihren Platz suchen mussten. Bei der Vereinigung der armen Ostkirchen mit den ganz und gar nicht armen des Westens soll es dann übrigens auch immer mal zu ähnlichen Unstimmigkeiten gekommen sein wie im weltlichen Umfeld. So wie das deutsche Volk im Allgemeinen nicht auf Knopfdruck eines wurde, wurde es das Kirchenvolk eben auch nicht. Besonders bei den Protestanten stellte sich heraus, dass die zwei unterschiedlich gewachsenen Teilkirchen bei allen Gemeinsamkeiten ein durchaus unterschiedliches Selbstverständnis entwickelt hatten. Ein gemeinsamer Glaube verbindet zwar, aber es macht schon einen Unterschied, ob man sich mehr oder weniger als Staatskirche versteht oder sich mühsam gegen eine Staatsgewalt behaupten muss.

Auch wenn das Reich Gottes nicht von dieser Welt ist, die lebenden Christen waren und sind es allemal, denn in ihren irdischen Bedürfnissen unterscheiden sie sich kaum von Nichtgläubigen, und Institutionen, ob weltlich oder christlich, entwickeln ihre eigenen Strukturen. Gerade die katholische Kirche hat eine strenge Hierarchie. Bei den Protestanten geht es ohne Frage demokratischer zu, aber auch ihren Oberen werden Macht und Einfluss nicht vom lieben Gott verliehen, da können sie noch so demütig gucken, wenn sie sich zur Wahl stellen. Sie kämpfen um Posten wie weltliche Amtsträger auch oft weniger mit- als gegeneinander. Und so geschieht es jetzt auch wieder im Osten, wo sich zuvor auch die höheren Geistlichen, schlecht bezahlt und machtlos, viele Jahre allein durch eigenes Vorleben bei den Menschen in ihren Gemeinden Ansehen und Autorität verschaffen mussten. Vom Staat hatten sie nicht mehr zu hoffen, als gerade noch geduldet zu werden. Jetzt sitzen die leitenden Vertreter beider Kirchen wieder an einem Tisch mit den weltlichen Mächten nicht nur der christlichen Parteien. Ihr politischer Einfluss ist groß und sie nutzen ihn, ganz besonders, wenn es um Erziehung und Bildung geht, vom ungeborenen Leben über den Kindergarten bis zur Universität. Die gegenseitigen Abhängigkeiten zwischen Staat und Kirchen bestehen fort, auch wenn den christlichen Hirten die Schafe und den Politikern die Wähler davonlaufen, weil sie bei vielen von denen, für die sie zu sprechen vorgeben, das Vertrauen verloren haben.

Natürlich kann nur ein ahnungsloser Ostdeutscher behaupten, dass die armen und machtlosen Kirchgemeinden im Sozialismus mit den wenigen eingetragenen und aktiven Mitgliedern und den bescheidenen finanziellen Möglichkeiten ihren christlichen Auftrag glaubhafter erfüllt haben, als es die nun wieder staatstragenden, mächtigen und reichen Bistümer in Ost wie West tun. Dass der einzelne Christ als Mensch nun mal auf sehr profane Art von dieser Welt ist, daran kann auch ein starker Glaube wenig ändern. Dass viele Kirchenoberen Wein trinken, während sie Wasser predigen, das hatte ich schon lange geahnt. Aber dass sie hinter den Mauern, die sie um sich errichtet haben, Dinge tun oder zulassen, die auch für Atheisten keine lässlichen Sünden sind und die zu Recht unters Strafgesetz fallen, das hatte ich mir in dem Ausmaß nicht vorstellen können.

Wieso fällt mir beim Anblick der zum Gebet gefalteten Hände eines Bischofs heute der alte Witz von einem Grabspruch ein, der da lautet: »Zwei nimmermüde Hände haben aufgehört zu schlagen.«

Bürger in Uniform

Den Begriff »Bürger in Uniform« fand ich lange sehr beeindruckend, auch wenn ich selbst nie einer hätte werden wollen. Geprägt hat ihn 1952 ausgerechnet ein Sozialdemokrat, Friedrich Beermann, seinerzeit wehrpolitischer Berater der SPD. Als ehemaliger Wehrmachtsoffizier war er Fachmann, wenn auch in einer Partei, die anfangs noch entschlossen gegen die Remilitarisierung der Bundesrepublik auftrat. Fachleute waren übrigens fast alle, die sich zu jener Zeit in der Bundesrepublik mit der Wiederbewaffnung beschäftigten. Schließlich waren sie ja auch alle bis kurz zuvor noch Soldaten der Wehrmacht gewesen. Das gleich nach Kriegsende gegebene Versprechen, nie wieder eine Waffe in die Hand zu nehmen, war so schnell vergessen, wie es gegeben worden war. Im Oktober 1950 wurde das »Amt Blank« eingerichtet, das im Auftrag von Kanzler Adenauer den Aufbau einer westdeutschen Armee vorbereitete. Dort übernahm man dankbar den Begriff vom »Bürger in Uniform«, eine wunderbare Verharmlosung eines gar nicht harmlosen Berufes. Chef der auch »Dienststelle Blank« genannten Einrichtung war Theodor Blank, ein ehemaliger Oberleutnant der Wehrmacht. Zu seinen wichtigsten Mitarbeitern gehörten die früheren Wehrmachts- und späteren Bundeswehr- beziehungsweise Nato-Generäle Adolf Heusinger, Hans Speidel und Heinz Trettner.

Was da im »Amt Blank« vorbereitet wurde, widersprach zwar den alliierten Bestimmungen über die Entmilitarisierung Deutschlands, geschah aber in Kenntnis und mit wohlwollender Duldung der Westalliierten. Das, was es seit 1945 offiziell nicht mehr geben durfte, eine deutsche Armee nämlich, nannte man bis 1954 ganz harmlos Bundesgrenzschutz. In der DDR, in der die alliierten Bestimmungen natürlich genauso galten, hießen die entsprechenden Truppen »Kasernierte Volkspolizei«. Auch sie wurden von ehemaligen Wehrmachtsangehörigen aufgebaut und angeleitet, allerdings waren das nicht ganz so hochrangige Militärs der kapituliert habenden Wehrmacht wie im Westen. Die sowjetische Besatzungsmacht wusste davon natürlich auch und duldete den Aufbau dieser militärischen Einheiten ebenso wohlwollend, wie die Westalliierten das westliche Pendant tolerierten. Der Kalte Krieg hatte längst die alten Feinde zu neuen Freunden und die alten Verbündeten zu neuen Feinden gemacht.

Nach allerlei diplomatischem Hin und Her bei den Westalliierten, die Franzosen machten immer mal Schwierigkeiten im militärischen Bündnis, war es am 7. Juni 1955 so weit – aus dem Bundesgrenzschutz wurde die Bundeswehr und aus der »Dienststelle Blank« das Ministerium für Verteidigung mit dem alten Chef als neuem Minister. Die DDR zog, wie meist im innerdeutschen Wettbewerb um Status und Symbole, wenig später nach. Aus den Einheiten der Kasernierten Volkspolizei wurde im Januar 1956 die Nationale Volksarmee, und Willi Stoph, der den Aufbau dieser Truppen im Osten vorbereitet hatte wie Theodor Blank im Westen, wurde als ehemaliger Stabsgefreiter der Wehrmacht der erste Minister für Nationale Verteidigung der DDR. Jeder Soldat der Volksarmee wurde von nun an Genosse genannt, egal, ob er in der Partei war oder nicht. In der Bundeswehr sollten die Waffenträger ab jetzt das sein, was der Sozialdemokrat Friedrich Beermann einst als Begriff geprägt hatte – »Bürger in Uniform«. Das Prinzip der »inneren Führung«, 1956 offiziell im »Soldatengesetz« verkündet, bestimmte, dass Soldaten als Mitglieder einer pluralistischen Gesellschaft zugleich gehorsame Soldaten und freie Menschen wären.

Wie man ein freier Mensch bleiben sollte, wenn im Dienst selbstverständlich das Prinzip Befehl und Gehorsam galt, ist immer mal wieder neu definiert worden, mir allerdings ist es bis heute schleierhaft geblieben. Es mochte ja in Zeiten, da die Bundeswehr weder im Ausland noch im Inland zum Kämpfen eingesetzt werden durfte, also eigentlich nur zu Manövern ausrückte, in Ansätzen noch möglich sein, den Soldaten wenigstens nach Dienstschluss als eigenverantwortlichen Bürger zu betrachten. Da war man Soldat bis siebzehn Uhr dreißig und kehrte danach ins Privatleben zurück zur Familie oder spazierte in der schicken Ausgehuniform durch die Stadt, um auf Brautschau zu gehen. Verglichen mit der Nationalen Volksarmee der DDR, erschien die ganze Bundeswehr in all den Jahren wesentlich lockerer, cooler würde man heute sagen. Vor allem aber gab es von Anfang an die Möglichkeit, den Wehrdienst aus Gewissensgründen zu verweigern. Manche alten Wehrmachtsoffiziere schüttelten damals den Kopf über die neue, zivilere Art des Soldatenlebens. Da kam der gemütliche Bundespräsident Theodor Heuss im September 1958 zu einem Truppenbesuch, um den angetretenen Soldaten zum Schluss einer kleinen Ansprache zuzurufen: »Nun siegt mal schön!« Er, der einst in Heilbronn am Neckar über »Weinbau und Weingärtnerstand« promoviert hatte, schien wirklich im Soldaten mehr den zivilen Bürger als den Uniformierten zu sehen.

Aber wie war und ist das mit den militärischen Vorgesetzten? Gab es in den Kasernen keinen unsinnigen Drill mehr, herrschten da zivile Umgangsformen, weil man die Insassen »Bürger in Uniform« nannte? Gab und gibt es in so geschlossenen Gesellschaften, wie es Militäreinheiten mit ihren Befehlsstrukturen nun mal sind, nicht auch Machtspiele zwischen Vorgesetzten und Untergebenen oder auch zwischen den Untergebenen selbst? Wo man die Zeit totschlägt, und das tut man wohl in allen Kasernen dieser Welt, kommt es eben gelegentlich zu Prügeleien oder allerlei kleinen, lustig gemeinten Demütigungen, die nicht selten an Folter grenzen. Das führt, wenn es an die Öffentlichkeit gelangt, regelmäßig zu Skandalen und zur Bestrafung der Schuldigen, die solche Spielereien auch gern mal filmen. Wenn man heutzutage überall hört, wie unchristlich es schon in manchen Klöstern oder Klosterschulen zugegangen ist, wie kann man dann noch an zivilen Umgang in Kasernen glauben? Was der Papst nicht verhindern kann, kann auch kein Wehrbeauftragter des Deutschen Bundestages verhindern. Beide waren und sind gewöhnlich weit weg vom Tatort.

Dem »Bürger in Uniform« half es auch wenig, wenn man ihm gelegentlich die eine oder andere bürgerliche Freiheit zugestand, wie etwa 1972, als der sozialdemokratische Verteidigungsminister Helmut Schmidt den Soldaten erlaubte, mit langen Haaren im Dienst zu erscheinen und die Mähne durch ein Haarnetz unterm Helm zusammenzuhalten. Spötter sprachen damals von der »German Hairforce«. Die Hoffnung, dass mit den langen Haaren auch ein neuer Geist in die Kasernen einziehen würde, erfüllte sich nicht.

Demokratischen Umgang in militärischen Einheiten zu erwarten, das heißt Enthaltsamkeit im Puff zu verlangen. »Innere Führung« sollte ja auch bedeuten, dass die Frage nach dem Sinn des Dienstes beantwortet würde. Ich kann mir nicht vorstellen, dass es außer der Heilsarmee auf der Welt noch eine zweite Armee gibt, in der man ernsthaft die Frage nach dem Sinn des täglichen Dienstes stellen darf.

Nicht weniger fragwürdig ist die Forderung an den Soldaten, eigenverantwortlich zu entscheiden, ob die erteilten militärischen Befehle rechtmäßig seien. Denn nur solche darf er als Staatsbürger in Uniform befolgen. Was so eine rechtmäßige Verweigerung eines unrechtmäßigen Befehls für Folgen haben kann, musste ein mutiger Bundeswehroffizier erfahren, der sich im März 2003 geweigert hatte, an der logistischen Unterstützung des von den USA geführten Angriffs auf den Irak mitzuwirken. Major Florian Pfaff berief sich darauf, dass sich die Bundesregierung ja schließlich geweigert hatte, an diesem Krieg teilzunehmen. Das sahen seine Vorgesetzten anders. Er wurde umgehend zur psychiatrischen

Untersuchung in ein Bundeswehrkrankenhaus eingeliefert, mit Gefängnisstrafe bedroht und degradiert. Dass der Rechtsstaat in diesem Falle wenigstens außerhalb der Kaserne funktioniert hat, war allerdings mehr als ein kleiner Trost. Das Bundesverwaltungsgericht hat seiner Berufung stattgegeben und ihn 2005 rehabilitiert.

Aber wie soll ein Soldat im Gefecht entscheiden, ob ein Befehl rechtmäßig gegeben wird oder nicht? Die Idee vom »Bürger in Uniform« war zu einer Zeit entstanden, als sich noch niemand vorstellen konnte oder wollte, dass deutsche Soldaten jemals wieder in einen Krieg ziehen würden. Auch als Deutschland 1990 vereinigt und in die volle Souveränität entlassen wurde, dachte wohl keiner daran, dass die Bundeswehr zu anderen als humanitären Einsätzen ins Ausland geschickt werden könnte. Es blieb der rotgrünen Koalition unter Bundeskanzler Schröder vorbehalten, das Tabu zu brechen und sich an einem zumindest verfassungsmäßig und völkerrechtlich umstrittenen Krieg im Kosovo zu beteiligen.

Selbstverständlich wurde der Krieg auch damals nicht Krieg genannt, sondern »humanitäre Intervention«. Gerhard Schröder fand schon 1999 eine besonders sinnige Umschreibung für das, was Verteidigungsminister Guttenberg zehn Jahre später in Afghanistan »kriegsähnliche Verhältnisse« nannte: »Wir führen keinen Krieg, aber wir sind aufgerufen, eine friedliche Lösung im Kosovo auch mit militärischen Mitteln durchzusetzen.« Joschka Fischer verteidigte seine Zustimmung zum bewaffneten Einsatz mit einer geradezu schockierenden Begründung: Er habe nicht nur gelernt: Nie wieder Krieg! Er habe auch gelernt: Nie wieder Auschwitz! Nazi-Vergleiche werden seitdem immer wieder angebracht, um militärisches Eingreifen zu rechtfertigen. Der damalige Verteidigungsminister Rudolf Scharping legte, auch das gehört zur modernen, psychologischen Einstimmung der zweifelnden Bevölkerung, fragwürdige Fotobeweise über angebliche Massaker an wehrlosen Zivilisten im Kosovo vor.

Die Begründungen für die nicht erklärten, aber geführten Kriege sind sich immer ähnlich. Auch der Kampf um Rohstoffe oder Handelswege wird im Namen der Menschenrechte geführt, was natürlich kein Bundespräsident auch nur andeutungsweise zugeben darf. Und der arme, junge deutsche Bürger steht dann in Uniform militärischen Gegnern gegenüber, die von den Zivilisten, deren Menschenrechte er verteidigen soll, gar nicht zu unterscheiden sind. Im Kosovo sprach man noch euphemistisch von Kollateralschäden, wenn versehentlich die zu schützende Zivilbevölkerung in Mitleidenschaft gezogen wurde, obwohl es immer und überall die Zivilbevölkerung ist, die im Krieg den Hauptschaden zu tragen hat. Da man an der Sache, also am Krieg, nicht vorbeikommt, muss man notgedrungen immer mal das Vokabular ändern. Aber der Soldat als Friedensbringer, als Kämpfer für Menschenrechte hat nach so viel Mord und Totschlag längst ausgedient. Dass er überall auf der Welt, also auch am Hindukusch, unser aller Freiheit verteidige, das glauben wohl auch die nicht mehr, die es heute noch wiederholen.

Von den Militärs jedenfalls können die Vokabeln »innere Führung« und »Bürger in Uniform« längst nicht mehr ernst genommen werden. Sie müssen die Kriege schließlich führen, egal wie die Politiker, die sie dahin geschickt haben, den Waffengang auch nennen mögen. Wie entschlossen soll ein Soldat in Afghanistan kämpfen, wenn er, außer der Angst um das eigene Leben, auch noch fürchten muss, von einem zivilen deutschen Gericht zur Verantwortung gezogen zu werden, weil er in der Hitze des Gefechtes den Falschen getötet hat? Deshalb sollen nun, lese ich, »archaische Kämpfer und High Tech Krieger« an die Stelle der »Bürger in Uniform« treten. Diese Bezeichnung stammt nicht aus Hollywood, sondern vom Heeresinspektor der Bundeswehr, Hans-Otto Budde. Das klingt wie Tarzan am Computer, der natürlich nichts dafür kann, wenn seine ferngelenkte Rakete versehentlich nur Unschuldige tötet. Gorbatschow hatte bei seinen

Abrüstungsvorstößen schon in den neunzehnhundertachtziger Jahren von einer Menschheit gesprochen, die mit Steinzeitverstand ihre Computer bedient. Wer heute noch den Krieg als Mittel der Auseinandersetzung akzeptiert, dürfte über diesen Steinzeitverstand nicht hinaus sein.

Als im Jahre 1983 der Bundeswehrgeneral Günter Kießling vom deutschen Verteidigungsminister Wörner entlassen wurde, weil ihn seine angebliche Homosexualität möglicherweise erpressbar mache und er somit ein Sicherheitsrisiko darstelle, sagte mein Freund und Kollege Werner Schneyder, er halte jeden General für ein Sicherheitsrisiko. Leider trifft das nicht nur auf Militärs zu. Selbst unter den demokratischen Politikern dieser Welt verbergen sich hier und da erhebliche Sicherheitsrisiken.

James Bond und Erich Mielke – kein Vergleich

Von James Bond wissen wir aus vielen Filmen, dass er immer im Namen des Guten unterwegs war. Von Erich Mielke wissen wir aus den Akten, dass er das Böse in dieser Welt verkörperte. Beide, James Bond in seinen Filmen und Mielke in seinen Akten, vermitteln uns ein eindeutiges Bild von sich und der Welt, in der sie lebten. James Bond hatte von der englischen Königin die Lizenz, die Bösen zu töten, Mielke hatte von Erich Honecker den Auftrag, die Guten zu überwachen und bei Bedarf einzusperren. Die Welt kann so einfach sein, wenn man nur die richtige Anschauung von ihr hat.

Wie die Staatssicherheit der DDR funktioniert hat, wie selbstherrlich und gleichzeitig diszipliniert sie als »Schild und Schwert der Partei« agierte, das wissen wir inzwischen bis in viele Einzelheiten hinein, weil dafür ausreichend Akten zugänglich sind. Was wir nicht wissen, welche Akten verschwunden sind, als lose Blätter herumschwirren oder in den Panzerschränken anderer Geheimdienste gelandet und bis heute geheim geblieben sind. Auch was die Stasi in den für sie bereits absehbaren Endzeiten 1989 an Akten vernichtet hatte, wissen wir nicht. Als die empörten Bürgerrechtler im Januar 1990 die Ostberliner Stasi-Zentrale stürmten und dort den Versorgungstrakt besetzten, wo sich die Kantine und die Klubräume der ostdeutschen Schlapphüte befanden, konnten sie nicht ahnen, wie viel von dem, was sie an Beweisen für das geschehene Unrecht suchten, schon vorher vernichtet oder längst in andere Hände gespielt worden war. Manche brisante Unterlagen wurden vielleicht auch von weniger aufgeregten Fachleuten anderer geheimer Dienste am selben Abend in der Stasihochburg selbst noch sichergestellt. Denn während die aufgebrachten ostdeutschen Bürgerrechtler durch die Kantinen und Klubräume der Stasizentrale irrten, waren Spezialisten der Gegenseite möglicherweise da eingedrungen, wo wichtigere Unterlagen als die Speise- und Veranstaltungspläne für die Mitarbeiter zu finden waren. Vielleicht war die Erstürmung der Ostberliner Stasizentrale sogar von deren Insassen selbst noch organisiert worden. Das alles wissen wir nicht und werden es wahrscheinlich auch nie erfahren.

Was wir aber aus den veröffentlichten Akten erfahren haben, ist, wie schmutzig das Geschäft der Stasi und der mit ihr verbündeten Geheimdienste war. Von CIA oder BND wissen wir das noch nicht so detailliert. Deren Akten bleiben bis auf weiteres unter Verschluss. Aber das, was trotz aller Geheimhaltung immer mal bekannt wurde und wird, lässt zumindest vermuten, dass auch ihre Geschäfte nicht immer ganz sauber waren und sind.

Im weltweiten Kampf für die Menschenrechte ist es nicht selten auch zur Verletzung derselben gekommen, sogar zu Freiheitsberaubung und Folter Unschuldiger, nachweisbar zumindest von Seiten der CIA, wie wir hören und lesen durften. Manche unteren Dienstgrade sind für solche Vergehen zur Rechenschaft gezogen worden, weil sie so ungeschickt waren, sich dabei erwischen und fotografieren zu lassen. Auch so eine Kleinigkeit wie die, dass der BND ein paar Leute gerade in dienstlichem Auftrag in den Irak geschickt hatte, als die USA, nicht aber die Bundesrepublik, dort Krieg führten, ist irgendwie herausgekommen. Doch das war nur eine von vielen Pannen in der so pannenreichen Geschichte von BND und Verfassungsschutz. Wenn die Geheimdienste sich immer an die Gesetze halten würden, brauchten sie ja nicht geheim zu halten, was sie so tun. Dass sie sich allesamt nicht gesetzestreu verhalten, ist eine Binsenweisheit. Wenn so etwas herauskommt, spricht man nie von Verbrechen oder Vergehen, sondern immer nur von Pannen. Dann kann es geschehen, dass der eine oder andere Verantwortliche abgelöst wird, ohne dass sich an den Methoden etwas Entscheidendes ändert.

Erst wenn Geheimdienstlern der Dienstherr abhanden kommt, wie den Stasileuten die SED, sieht alles plötzlich anders aus. 1990 stand die ganze Stasi plötzlich nackt im Lichte einer Öffentlichkeit, die nur noch tiefen Abscheu für ihre verbrecherische Tätigkeit empfand. Einzelne, nicht immer die Hauptschuldigen, kamen vor Gericht, wo man ihnen aber persönlich nur selten etwas nachweisen konnte. Bei Geheimdiensten hat der Rechtsstaat nun mal gewöhnlich schlechte Karten, bei den eigenen wie bei denen des Gegners. Selbst Erich Mielke hat man nicht etwa für seine Taten als Stasichef verurteilen können, sondern nur für zwei ordinäre Polizistenmorde, die er nachweislich zu Zeiten der Weimarer Republik begangen hatte. Manche seiner vorausschauenden Mitarbeiter sind, um anständig, also gut versorgt, im neuen System anzukommen, 1989/90 rechtzeitig zum Gegner von einst übergelaufen, indem sie ihm ihr bei der DDR-Staatssicherheit erworbenes Wissen zur Verfügung stellten. Das ist weder ein Geheimnis, noch etwas Neues. Überläufer gehören, genauso wie Doppelagenten, zum Geheimdienstalltag. Fachkräfte bleiben Fachkräfte, egal in welchem System.

Die »Organisation Gehlen«, aus der am 1. April 1956 der Bundnachrichtendienst hervorging, hat das 1945 gleich nach Kriegsende vorgemacht, allerdings in unvergleichlich größerem Umfang. General Gehlen war ja auch ein wesentlich prominenterer Nazi-Geheimdienstler als alle kleinen Überläufer aus dem Hause Mielke zusammen. Im Auftrage Hitlers hatte er als Leiter der Abteilung »Fremde Heere Ost« von 1942 bis 45 alles Geheimdienstmaterial über die Russen gesammelt und sorgsam aufbewahrt. Das bot er nun den amerikanischen Diensten an. Die hatten es im Zweiten Weltkrieg verabsäumt, ihren zwischenzeitlichen Bündnispartner im Kampf gegen Hitler-Deutschland spionagemäßig im Auge zu behalten. Für sein Wissen hat Gehlen schon im Juni

1946 von der dankbaren CIA die Lizenz erhalten, seine unter den Nazis begonnene Arbeit im Kampf gegen den Kommunismus nunmehr im Namen und zum Schutz westlicher Freiheit und Demokratie fortzusetzen. Dabei durfte er sich seiner wichtigsten Mitarbeiter aus Nazikriegszeiten weiter bedienen. So entgingen sie alle gemeinsam mit ihrem alten und neuen Chef der Gefahr, für eventuell begangene Kriegsverbrechen bestraft zu werden. Man kann BND und Verfassungsschutz nicht mit der Stasi vergleichen, schon weil wir die Akten der beiden demokratischen Dienste bisher nicht kennen. Aber rein fachlich gibt es unter allen Geheimdiensten dieser Welt, unabhängig vom politischen System, mehr als nur ein paar Berührungspunkte. Sie sind ja nicht nur Feinde, die einander bekämpfen, sie brauchen sich auch gegenseitig, und sei es nur, um ihre jeweilige Existenzberechtigung nachzuweisen.

Markus Wolf, bis 1986 Chef der Auslandsspionage der Staatssicherheit, hatte nach dem Untergang der DDR so manche kollegiale Zusammenkunft mit seinen inzwischen ebenfalls pensionierten Kollegen von der anderen Seite. Dabei versicherten sie einander die gegenseitige Hochachtung, denn persönlich hatten sie ja dem jeweils Anderen nichts vorzuwerfen. Schließlich hatten sie alle nur ihre Pflicht getan, jeder in seinem System. Im Gegensatz zu Gehlen musste sich Markus Wolf allerdings, weil er nicht so kooperativ mit BND oder CIA zusammenarbeiten wollte, vor der rechtsstaatlichen Justiz der Bundesrepublik verantworten. Er wurde zu sechs Jahren Haft verurteilt, die er aber wegen eines ausstehenden Grundsatzurteils über die Strafbarkeit von DDR-Spionen nicht antreten musste. In den folgenden Jahren schrieb er noch ein paar Bücher, in denen er aber außer den »Geheimnissen der russischen Küche«, kaum etwas Aufklärendes mitzuteilen hatte. Dreiundachtzigjährig ist er dann, wie sich das für einen so hohen militärischen Dienstgrad gehört, friedlich in seinem Bett eingeschlafen. Zum echten Bösewicht wie sein Chef Mielke hat er nicht getaugt, und zu den anderen, verstockten alten Stasigenerälen passte er auch nicht so recht. Die machten und machen sich meist nur noch lächerlich mit allerlei Rechtfertigungsschriften und öffentlichen Auftritten als zu Unrecht verkannte »Kundschafter des Friedens«. Mit ihrer zur Schau gestellten Unbelehrbarkeit eignen sie sich immer wieder als bleibendes Gefahrenpotential, vor dem ein konsequenter Aufklärer wie Hubertus Knabe gar nicht genug warnen kann. Der Kalte Krieg war viel zu schön, um ihn im medialen Sandkasten nicht weiterzuführen.

Gehlens Rolle in der Bundesrepublik der fünfziger Jahre war der von Mielke in der DDR übrigens ziemlich ähnlich. Auch er sah überall den Feind und versuchte in Bonn, wie Mielke in Pankow und später in Wandlitz, über jeden alles in Erfahrung zu bringen, einerseits, um sich unersetzlich zu machen, und andererseits, um gegen jeden Widersacher oder Konkurrenten etwas möglichst Belastendes in der Hand zu haben. Er galt in Bonn als »Mister Allwissend«, mit dem man es sich besser nicht verdarb. Seine Rolle in der »Spiegel«-Affäre war von besonderer Eigenart. Er warnte Strauß vor den »Spiegel«-Redakteuren und diese dann wiederum vor Strauß. 1956 soll er, angesichts der drohenden Volksfrontregierungen in Frankreich und Italien, sogar mit Umsturzplänen gespielt haben aus Angst, die SPD könne dem Einfluss des Ostens erliegen. Das alles ist nicht einwandfrei zu beweisen, schließlich hinterließ Gehlen, anders als Mielke, wenig Schriftliches, das heute schon zugänglich wäre.

Aber das Wenige, was bekannt wurde, reichte aus, um sich in demokratischeren Zeiten der Bundesrepublik eines Gehlen oder Globke wenigstens zu schämen. Beide hatten nicht nur dienstlich miteinander zu tun, sondern waren einander auch von Herzen zugetan. Schließlich hatten sie ähnliche Interessen, darunter die, ihre Vergangenheit im Dunkeln zu lassen. Dass auch unter Gehlens Nachfolgern nicht alles sauber war, was bei BND, Verfassungsschutz und MAD geschah, wissen wir aus zahlreichen medialen Enthüllungen. Das zumindest unterscheidet Demokratie und Diktatur – die freien Medien bringen manchmal sogar Licht ins Dunkel der Geheimdienste. Mal sind es ungesetzliche Lauschangriffe auf missliebige Journalisten oder Wissenschaftler, mal sind es inoffizielle Mitarbeiter, die als verdeckte Ermittler zum Beispiel in die NPD eingesickert sind. Das führte sogar zum Scheitern des NPD-Verbotsverfahrens vor dem Bundesverfassungsgericht, wo plötzlich nicht mehr klar auszumachen war, wer da wen unterwandert hatte – der Verfassungsschutz die NPD oder umgekehrt.

Das Verhältnis zwischen den demokratischen Politikern und den von ihnen beauftragten Sicherheitsdiensten ist bei aller Unterschiedlichkeit doch meist von Misstrauen, manchmal sogar von Verachtung geprägt. Das größte Problem der Geheimdienste in der Demokratie ist nun mal die Öffentlichkeit, in der Pannen schnell mal bekannt werden, während eventuelle Erfolge geheim bleiben müssen, beziehungsweise erst bekannt werden, wenn sie keinen mehr interessieren. Honecker übrigens brachte seiner Staatssicherheit zum Schluss überhaupt kein Vertrauen mehr entgegen. Das hatte damit zu tun, dass die Nachrichten, die er von dort erhielt, im Laufe der letzten DDR-Jahre immer schlechter wurden. Um sich sein Weltbild nicht von den eigenen Schlapphüten kaputt machen zu lassen, betrachtete er nach eigener Aussage manche ihrer Hiobsbotschaften als reine Westpropaganda. Denn fast alles, was sein Geheimdienst ihm meldete, hatte er zuvor in westlichen Medien bereits gehört oder gelesen.

Über eines scheinen weder Demokraten noch Diktatoren je wirklich nachgedacht zu haben, nämlich über die Abschaffung ihrer teuren Geheimdienste. Schließlich hat weder die angeblich so erfolgreiche Staatssicherheit den Untergang der DDR aufhalten können, noch hat irgendein westlicher Geheimdienst zum Beispiel etwas vom bevorstehenden Mauerfall gemeldet, bevor im Fernsehen die Bilder davon zu sehen waren. Auch vom bevorstehenden Einmarsch der Truppen des Warschauer Paktes 1968 in Prag hatte kein westlicher Geheimdienst etwas gemeldet. Die öffentlich-rechtlichen Rundfunk- und Fernsehsender waren fast immer effektiver als die so gar nicht öffentlichen Geheimdienste. Aber bezahlen müssen wir für beide. Bei ARD und ZDF wissen wir, was sie uns kosten. Bei BND und Verfassungsschutz wissen wir es nicht. An einen »guten« Geheimdienst vermag ich in keinem System zu glauben. Schließlich hat jeder von ihnen »das Leben der Anderen« im Auge.

Wer arbeiten will, findet auch Arbeit

Dieser Satz gehört ins bundesdeutsche Schatzkästlein der goldenen Worte. Er wird auch heute noch gern zitiert von Leuten, die entweder im sicheren Staatsdienst stehen oder als Arbeitgeber im Niedriglohnsektor tätig sind und darüber klagen, dass sie keine geeigneten Arbeitskräfte finden, die bereit sind, für vier Euro fünfzig eine anstrengende, aber einfache Drecksarbeit zu verrichten. Mein Onkel Günther aus Mannheim hat die Zauberformel, dass arbeiten oder nicht arbeiten nur eine Frage des guten Willens sei, mir gegenüber oft wiederholt, auch nachdem er selbst seinen Arbeitsplatz verloren hatte, wovon er mir allerdings – wie ich hier schon mehrfach anmerkte – nie etwas gesagt hat. Als er schließlich in den Vorruhestand wechselte, nannte er diesen dann auch »wohlverdient«, weil er als Steuerzahler schließlich genug für das Allgemeinwohl getan hätte, während andere dem Staat immer nur auf der Tasche gelegen hätten. Das war allerdings noch zu Zeiten, als mit dem Vorruhestand kaum finanzielle Nachteile verbunden waren, weil er staatlich gefördert wurde.

Die ganze Arbeitslosigkeit im Westen war für uns immer etwas, das wir uns nicht so recht vorstellen konnten in unserem »Arbeiter- und Bauernstaat« mit dem verlässlichen Arbeitskräftemangel. Außerdem schien es diesen Arbeitslosen im Westen doch offensichtlich besser zu gehen als vielen Arbeitsplatzinhabern bei uns. Warum kommen sie denn sonst nicht zu uns in den Osten?, fragten wir uns. Da wurden nicht nur Fachkräfte gesucht, die, weil es auch zu wenig Ungelernte gab, oft deren Arbeit mit erledigen mussten. Kaum ein hoch qualifizierter Wissenschaftler, der damals nicht gelegentlich auch zum Hoffegen oder Fensterputzen eingesetzt wurde! Die Mauer war ja nicht gebaut worden, um uns vor dem westlichen Arbeitskräfteüberschuss zu schützen, sondern um die eigenen Werktätigen am Weglaufen zu hindern.

Viele von uns hielten das, was unsere Medien über die Schrecken westlicher Arbeitslosigkeit berichteten, für reine Propaganda. Gerade weil uns immer wieder eingehämmert wurde, dass es soziale Sicherheit und Geborgenheit nur im Sozialismus gebe, misstrauten wir diesem Gerede. Schließlich wussten wir aus eigener Erfahrung, dass fast alles, was in unseren Zeitungen über das Leben in der DDR geschrieben stand, nicht stimmte. Also vermuteten wir, dass auch alles, was sie uns über den Westen erzählten, gelogen sei. Arbeitslose im Mercedes wie mein Onkel Günther aus Mannheim waren doch Beweis genug, dass Arbeitslosigkeit nichts war, was man fürchten musste. Im Gegenteil! So selbstverständlich wie viele Werktätige in der DDR jedes Jahr ihre sechs Wochen sozialversicherten Krankheitsurlaub nahmen, um Zeit für Garten- und Hausarbeit zu haben, so nahm man eben im Westen auch mal ein paar Monate vom Arbeitsamt finanzierte Auszeit, um ein sorgenfreies Leben auf Mallorca zu genießen. So dachten wir jedenfalls. Gab es im Westen für bestimmte Berufsgruppen nicht sogar das sogenannte »Sabbatjahr«, also ein ganzes Jahr bezahlten Urlaub?

Aus westlichen Medien oder aus Erzählungen unserer westdeutschen Freunde und Verwandten konnten wir zwar heraushören, dass der Alltag in der freien Welt der Bundesrepublik auch nicht immer nur eitel Sonnenschein war. Selbst meine Westberliner Tanten fügten nach der stereotypen Frage, wie es meine Mutter mit ihren Kindern in der Diktatur denn nur aushalten könne, immer mal hinzu, dass ihr Leben in der Freiheit auch kein Zuckerschlecken sei. Aber damit wollten sie, meinte ich, mich kleinen Ostneffen wohl nur darüber hinwegtrösten, dass sie mir statt der erwarteten fünf oder zehn Westmark zum Abschied nur ein Päckchen »Bohnenkaffee« für meine Mutter in die Hand drückten. Der »goldene Westen« war für den Ostdeutschen eine feststehende

Größe, an der er nicht rütteln ließ, wie für den Westdeutschen der Osten ein einziges Gefangenenlager war. In unseren Vorurteilen zumindest kamen wir uns oft sehr nahe.

Meine Mutter, die, anders als die meisten im Osten, den Westen nicht für ganz so golden hielt, hatte schon uns Kindern immer gesagt, dass, wer nicht arbeiten wolle, auch nicht essen solle. Als Atheistin ahnte sie vermutlich nicht, dass das bereits in der Bibel stand. August Bebel, von dem meine Mutter etwas mehr wusste als von der Heiligen Schrift, hatte behauptet, dass er als Sozialist in diesem Punkte mit der Bibel übereinstimme. Und wer in einem Staat mit dem eingeschriebenen »Recht auf Arbeit« nicht arbeiten wollte, war in den Augen dieses Staates und der meisten seiner Bürger von vornherein ein Asozialer. Im Westen gab es dieses Recht auf Arbeit nicht, dafür schien im Osten die Pflicht, auf seinem Arbeitsplatz auch zu arbeiten, nur auf dem Papier zu existieren. Das wiederum, gepaart mit einem unaufholbaren technologischen Rückstand, bescherte uns bis zum Schluss eine Unzahl offener Stellen und die Gewissheit, Arbeit sei für jedermann immer und überall zu finden.

Als wir dann auf eigenen Wunsch in den bundesdeutschen Kapitalismus übernommen wurden, änderten sich nicht nur die Anstellungsverhältnisse über Nacht, auch unsere Ansichten über den Wert eines solchen Verhältnisses sind andere geworden. Die durch keine Mauer mehr verstellte Sicht auf den »goldenen« Westen, zu dem wir jetzt nolens volens selbst gehören, hat vom schönen Schein nicht viel übrig gelassen. Das, worüber wir früher nur lächeln konnten, weil wir es für SED-Propaganda hielten, ist ziemlich unerwartet Realität geworden – ein Kapitalismus mit gar nicht so menschlichem Antlitz. Die selbst erfahrene oder drohende Arbeitslosigkeit sieht ganz anders aus als die aus der Ferne nur halb so schlimm wahrgenommene. Wer kann sich jetzt noch vorstellen, dass der alte Bebel oder die noch ältere Bibel mit ihrem Verdikt den armen Schlucker gemeint haben könnten, der beim besten Willen keine Arbeit findet und trotzdem nicht verhungern möchte. Was nützt es, wenn im Grundgesetz steht, die Würde des Menschen sei unantastbar, der Hartz IV-Empfänger aber intime Details nicht nur über seine finanziellen Verhältnisse offen legen muss, um seinen Anspruch auf staatliches Gnadenbrot nicht zu verlieren?

Georg Herwegh hatte im 19. Jahrhundert noch gut dichten: »Mann der Arbeit aufgewacht und erkenne deine Macht!« Oder gar, im selben »Bundeslied für den allgemeinen deutschen Arbeiterbund«: »Alle Räder stehen still, wenn dein starker Arm es will!« Heute singt man andere Lieder, zum Beispiel ein neueres protestantisches Kirchenlied, in dem es unter anderem heißt: »Danke für meine Arbeitsstelle …« Auch wenn es sich nur um »Ein-Euro-Jobs« handelt oder um zeitlich begrenzte Arbeitsbeschaffungsmaßnahmen – Arbeit wird als Gnade vergeben. Wir müssen inzwischen dankbar sein, wenn sich die »Patrioten« unter den deutschen Unternehmern bereit erklären, auch Deutsche auszubeuten und nicht in die dritte Welt abzuwandern, wo es keinen Mindestlohn und fast keine Lohnnebenkosten gibt. In solchen Ländern können die Menschen von Hartz IV nur träumen, sagen uns unsere Wirtschaftsweisen. Und sie haben Recht, genauso wie wir »armen« Ostdeutschen einst Recht hatten, als wir die westdeutschen Arbeitslosen um ihren Mercedes beneideten. Denen ging es in unseren Augen immer noch besser als uns, auch wenn wir ein schönes Haus am See besaßen und sie in einer kleinen Mietwohnung hausten.

Armut und Reichtum werden immer relativ empfunden. Wie relativ unsere ostdeutsche Armut war, erfuhren wir erst, nachdem wir in der relativ reichen Bundesrepublik angekommen waren. Auch dass mein Onkel Günther trotz seines kaffeebraunen Samtanzuges und des geliehenen Mercedes als Arbeitsloser ein relativ armes Schwein war, wurde mir erst klar, als ich 1990 selbst in meinem ersten gebrauchten Peugeot saß und im gesamtdeutschen Stau nicht schneller voran kam als zuvor im Trabant, dafür aber mein bis dahin nicht sehr hohes, aber sicheres Einkommen plötzlich gar nicht mehr so sicher war. Allein in den Ländern der Europäischen Union gibt es inzwischen ungefähr siebzehn Millionen Arbeitslose. Das entspricht in etwa der Einwohnerzahl der dahingegangenen DDR. Dass die meisten von ihnen arbeiten wollen, nützt ihnen gar nichts. Wer kein Glück hat, findet auch keine Arbeit.

Die Hallstein-Doktrin – Entwicklungshilfe für die Dritte Welt

Die Bezeichnung »DDR« ist meinem Onkel Günther bis 1989 nicht mal in Anführungszeichen über die Lippen gekommen. Erst als sie allgemein die »Ehemalige« genannt wurde, war auch er bereit, sie als »Ehemalige« bei ihrem »ehemaligen« Namen zu nennen. Bis dahin war sie für ihn das Gleiche wie für Adenauer schon bei ihrer Gründung im Jahre 1949: »die sowjetisch besetzte Zone«, kurz »SBZ«. Für meinen Onkel blieb sozusagen die seit 1955 offiziell geltende »Hallstein-Doktrin« bis zum 3. Oktober 1990 gültig. Diese Doktrin besagte, dass die diplomatische Anerkennung der DDR durch andere Staaten als »unfreundlicher Akt« zu betrachten sei und von der Bundesrepublik mit Sanktionen beantwortet würde.

Auch nachdem Bundeskanzler Kiesinger der DDR wenigstens den Status eines »Phänomens« zugestanden und Willy Brandt schließlich die Formel von den »zwei deutschen Staaten einer Nation« gefunden hatte, blieb Onkel Günther unerbittlicher Gegner dessen, was er Verzichtspolitik nannte. Wenn ich im Gespräch mit ihm aus Versehen die DDR mal bei ihrem Namen nannte, unterbrach er mich sofort und bestand darauf, dass ich die drei Buchstaben zurücknehme, weil er darin die nicht hinnehmbare Anerkennung eines unrechtmäßigen Systems sah. Mit Sanktionen drohte er mir zwar nicht, aber um des lieben Familienfriedens willen vermied ich es möglichst, in seinem Beisein die ihn kränkende Bezeichnung zu gebrauchen. Wenn ich stattdessen neutral von Ostdeutschland sprach, nahm er das gerade noch hin. Er selbst aber blieb bei seiner »SBZ«, aus der er ja 1948 gerade noch rechtzeitig geflohen war. Was ihn als deutschen Steuerzahler der

Kampf seiner Regierung um den Alleinvertretungsanspruch für alle Deutschen im Laufe der Jahre gekostet hat, schien mein Onkel nicht zu ahnen oder nicht zur Kenntnis nehmen zu wollen, obwohl er ansonsten gar nicht genug darüber klagen konnte, wie leichtfertig der Staat Bundesrepublik das Geld seiner Bürger aus dem Fenster warf. Auch ich habe erst sehr spät erkannt, wie teuer mich als ostdeutschen Steuerzahler der Kampf der DDR um ihre internationale Anerkennung zu stehen kam.

Ich war lange Zeit so leichtfertig zu glauben, dass mich das Gerangel zwischen Bundesrepublik und DDR um solche Statusfragen gar nichts anginge. Ob das Land, in dem ich lebte, ein diplomatisch anerkannter Staat war oder nicht, war für mein tägliches Leben ganz und gar unerheblich, und wie man den Staat nannte, war mir sowieso egal. Dass ich dort lebte, hatte ich mir ja nicht ausgesucht. Wie die meisten Ostdeutschen fand ich die Art, in der die DDR um ihre staatliche Anerkennung kämpfte, nur lächerlich. Der von der anderen Seite geführte Kampf dagegen kam mir allerdings auch zumindest ein bisschen scheinheilig vor. Dass die Bundesregierung mehr Recht hätte als die DDR-Regierung, für mich und meinesgleichen zu sprechen, mochte ich nicht recht einsehen. Schließlich hatte ich die eine genauso wenig gewählt wie die andere. Der Kampf wurde von beiden Regierungen auf Kosten ihrer Bürger, aber nicht zu deren erkennbarem Vorteil geführt. Es war reines Staatstheater, man könnte auch sagen, es war »Schmiere«.

Was 1965 allein der offizielle Staatsbesuch unseres obersten Chefs Walter Ulbricht mit seiner Gattin in Ägypten die DDR-Steuerzahler gekostet hat, wage ich mir kaum vorzustellen. In Ostberlin jedenfalls wurde der Empfang unseres Staatsratsvorsitzenden durch den ägyptischen Präsidenten Gamal Abdel Nasser schon wie die staatliche Anerkennung der DDR gefeiert. Dabei machten wir Ahnungslosen noch unsere Witze über die teuere Reise. »Nasser Ulbricht!« habe das Spalier stehende ägyptische

Volk bei der Fahrt der beiden Staatsoberhäupter durch Kairo begeistert gerufen. Da das für deutsche Ohren etwas komisch klang, habe Ulbricht um einen familiäreren Willkommensgruß gebeten. Daraufhin sollen alle »Gammel Walter!« gerufen haben. Wir ahnten ja nicht, dass unsere ägyptischen Freunde ökonomische Hintergedanken mit dem Empfang für Ulbricht verbanden. Wir fanden nur mal wieder lächerlich, was für eine komische Figur unser sächselnder Spitzbart in Ägypten abgab.

Der Kampf für oder gegen die Anerkennung der DDR wurde von beiden Seiten mit großem Propagandaaufwand geführt, hinter den Kulissen aber wurde der Preis dafür oder dagegen wohl eher wie auf einem Basar ausgehandelt. Für die westlichen Verbündeten der Bundesrepublik war die Nichtanerkennung der DDR eine Selbstverständlichkeit, auch wenn ihnen gelegentlich die Pingeligkeit ihres deutschen Partners in diesen Statusfragen auf die Nerven gegangen sein mochte. Viele Länder der Dritten Welt, die arabischen Staaten allen voran, wollten dem bundesdeutschen Alleinvertretungsanspruch nicht ganz so selbstlos folgen. Manchmal aus taktisch-politischen Gründen, häufiger aber auch aus rein ökonomischen Erwägungen. Es hatte sich unter den sogenannten »Blockfreien« schnell herumgesprochen, dass die Bundesregierung bereit war, ihnen für die verbindlich erklärte Nichtanerkennung der DDR-Millionenkredite zu gewähren. Das wurde dann offiziell »Entwicklungshilfe« genannt. Wer aber, aus welchem Grund auch immer, Bereitschaft signalisierte, die DDR diplomatisch oder zumindest als gleichberechtigten Handelspartner anzuerkennen, wusste, dass er dafür mit wirtschaftlicher Unterstützung durch den Oststaat rechnen konnte. Das hieß dann »internationale Solidarität« und kam die DDR vergleichsweise teurer zu stehen als die Bundesrepublik ihre so uneigennützig gewährte »Entwicklungshilfe«.

Bis 1969 hatten ganze sechs nichtsozialistische Staaten diplomatische Beziehungen mit der DDR aufgenommen, darunter solche Großmächte wie Kambodscha, Südjemen und Sudan. Damit aber war der »erste sozialistische Staat auf deutschem Boden« schon an die Grenzen seiner Zahlungsfähigkeit gelangt. Das ökonomische Gewicht der Bundesrepublik war unvergleichlich viel größer, konnte aber nicht verhindern, dass die arabischen Staaten schließlich der Reihe nach ihre diplomatischen Beziehungen zu Bonn abbrachen, nachdem die Bundesregierung den Staat Israel völkerrechtlich anerkannt hatte. Die DDR musste im Gegenzug die antisemitische Hetze der Araber unwidersprochen hinnehmen und die Tatsache übersehen, dass viele ehemalige Nazigrößen bei ihnen Aufnahme gefunden hatten. Wenn es um die internationale Anerkennung ging, folgten beide deutsche Staaten dem aus den USA stammenden Grundsatz: »Er mag ein Bastard sein, aber er ist unser Bastard.«

Die meisten Staaten der Dritten Welt, die sich selbst sozialistisch nannten, waren in der Regel nicht weniger korrupt und autoritär als die nichtsozialistischen, die sich im Gegensatz dazu gern demokratisch nannten. Aber egal, welchen Namen sie sich selbst immer geben mochten und welchem Bündnis sie sich zwischenzeitlich anschlossen, demokratisch oder sozialistisch waren sie alle nicht. Die meisten waren viel schlimmere Diktaturen, als es die DDR je gewesen ist. Sie profitierten allesamt von dem, was der Bundesrepublik keinen wirklichen Vorteil brachte und die DDR nicht zu Grunde gehen ließ – von der Hallstein-Doktrin. Was danach kam, die neue Ostpolitik der sozial-liberalen Koalition, brachte dann für die Deutschen beider Teilstaaten zumindest menschliche Erleichterungen, ohne die innerdeutschen Querelen endgültig aus der Welt schaffen zu können. Egon Bahr, der unter anderem die deutsch-deutschen Verhandlungen Anfang der siebziger Jahre des vergangenen Jahrhunderts geführt hatte, fasste die Situation zwischen Bundesrepublik und DDR damals in einem Satz zusammen: »Früher hatten wir gar keine Beziehungen. Jetzt haben wir wenigstens schlechte.«

Wer bestimmt, was gewesen ist, der bestimmt auch, was sein wird

Ich weiß nicht, wer zuerst gesagt hat, dass die historische Wahrheit die Lüge ist, auf die sich die Mehrheit geeinigt hat. Der Satz klingt ähnlich zynisch und originell wie die Churchill zugeschriebene Sentenz: »Traue keiner Statistik, die du nicht selbst gefälscht hast.« Solche Sätze, in einer Demokratie geäußert, sind harmlose Allgemeinplätze, die man glaubt, ohne sie allzu ernst zu nehmen. So was weiß man doch und lacht höchstens über die entwaffnende Offenheit und Kürze der Formulierung. In einer Diktatur wie der DDR hätte man so etwas nicht ungestraft sagen dürfen, jedenfalls nicht über das, was die landeseigene Wahrheit oder Statistik betraf. Da war es ja auch keine Mehrheit, die sich auf eine historische Wahrheit geeinigt hatte, sondern die allein Recht habende Partei, die ihren Historikern vorgab, wo die Geschichtsschreibung anzufangen, und wo sie aufzuhören hatte. Dass die Wahrheit der Partei auf unzähligen großen und kleinen Lügen beruhte, wagt heute kaum noch jemand zu bestreiten. Auf wie vielen Lügen das beruht, was man heute offiziell als historische Wahrheit betrachtet, ist noch nicht ganz raus. Schließlich gibt es in der Demokratie ja immer mal wieder wechselnde Mehrheiten, die dann auch zu wechselnden Wahrheiten führen können. Das ist zumindest tröstlich. Man hat mehrere Wahrheiten zur Auswahl.

Schon der erste Versuch, nach Ende des Kalten Krieges so eine neue historische Wahrheit zu formulieren, stellte sich, wenn auch nicht unbedingt als absichtliche Lüge, so doch als fundamentaler Irrtum heraus. Der berühmte US-amerikanische Politikwissenschaftler Francis Fukuyama veröffentlichte 1992 ein weltweit Aufsehen erregendes Buch mit dem Titel »Das Ende der Geschichte«.

Darin beschreibt er – in diesem Punkt ähnlich wie die marxistischen Historiker – den Verlauf der Weltgeschichte als gesetzmäßig und meint dann allen Ernstes, dass nach dem Untergang von Faschismus und Sozialismus der Siegeszug des Liberalismus, also die Durchsetzung von Demokratie und Marktwirtschaft, auf der ganzen Welt unaufhaltsam sein würde.

Damit hatte der liberale Prophet die intellektuelle Höhe einer DDR-Losung erreicht, die da lautete: »Die Ideen von Marx und Engels werden siegen, weil sie wahr sind!« Oder noch einfacher: »Den Sozialismus in seinem Lauf halten weder Ochs noch Esel auf!« Über diese beiden Losungen haben wir seinerzeit sehr gelacht, über Fukuyamas These vom Siegeslauf des Liberalismus aber wurde noch lange und ernsthaft diskutiert. Und wäre der Weltgeschichte neben anderen Kleinigkeiten nicht der islamische Fundamentalismus dazwischen gekommen, würden wir wohl heute noch über so ein fröhliches »Happy End der Geschichte« nachdenken.

Dass im Kalten Krieg von beiden Seiten gelogen wurde, was das Zeug hielt, dürfte inzwischen auch historisch belegbar sein. Dass die Lügen oder Irrtümer der westlichen Seite in ihrer Wirkung erfolgreicher waren, liegt auf der Hand. Ihr Erfolg allerdings macht sie nachträglich nicht unbedingt wahrer. Sie klangen nur häufig glaubwürdiger. Die Lügen der östlichen Seite haben außer dem Nachteil, dass sie oft plumper waren, auch den, dass sie inzwischen allesamt aktenkundig geworden sind. Dass die DDR kein demokratischer Staat war, haben wir in tausendfacher Ausfertigung schwarz auf weiß. Was es an undemokratischen Eingriffen und Zwischenfällen in der Bundesrepublik gab, ist zwar, soweit es herausgekommen ist, im Internetzeitalter auch für jedermann jederzeit nachlesbar, verblasst aber immer mehr hinter dem grellen Licht, das auf die DDR-Diktatur gefallen ist. Das, was ich heute manchmal sogar bei ernsthaften Historikern über diese DDR zu lesen bekomme, erinnert mich in seiner Schlichtheit nicht selten an das, was meine Tante Anneliese und mein Onkel Günther für ihre historische Wahrheit hielten. Das Böse muss so absolut böse sein, damit keiner auch nur auf die Idee kommt, das nicht so absolut Gute in Frage zu stellen. Die Behauptung, dass es keine Alternative gebe, war schon immer eine unwiderlegbar klingende Begründung dafür, dass am Bestehenden nichts zu ändern sei.

Die Hoffnung, dass mit dem Ende des Kalten Krieges auch das Ende der propagandistisch motivierten Lüge eingeläutet würde, hat sich in keiner Weise bestätigt. Nicht einmal die Hoffnung, dass nun der Sieger sich wenigstens nachträglich souverän zu der einen oder anderen eigenen Lüge bekennt, nachdem der Unterlegene die seinen nicht mehr leugnen kann, hat sich erfüllt. Im Gegenteil. Die wechselnden Mehrheiten sorgen heute noch dafür, dass immer neue oder alte Lügen den Anspruch erheben, solche Wahrheiten zu sein oder wenigstens zu enthalten.

Bei dem ganzen Streit geht es wie fast immer, wenn sich Historiker streiten, nur vordergründig um die Vergangenheit. Eigentlich geht es um das, was ist und was daraus werden soll. Seit der Kapitalismus seinen Widerpart Kommunismus verloren hat, hat er, ganz abgesehen von den aktuellen Krisen der Finanz- oder Realwirtschaft, viel von seinem ehemaligen Glanz eingebüßt. Ohne den tristen Osten strahlt der Westen nicht mehr halb so überzeugend. Mit dem Untergang des Kommunismus hat der Kapitalismus ja nicht nur seinen Feind verloren, sondern auch einen wesentlichen Teil seines sinnstiftenden Zusammenhalts, der nicht unwesentlich von dieser Gegnerschaft bestimmt war. Deshalb muss nun wenigstens die Leiche noch herhalten, um dem überlebt habenden System die alte Gewissheit zu verleihen, das beste aller möglichen zu sein.

Ich weiß nicht, wie das sozialistische Lager seinen Sieg überstanden hätte und bin auch sehr froh, dass ich das nicht habe erleben müssen. Aber den Sieg von Freiheit und Demokratie hatte ich mir vor 1990 zumindest souveräner vorgestellt.

Sind wir wirklich dümmer geworden?

Dass wir Ostdeutschen weitgehend unrealistische Vorstellungen von dem hatten, was uns in der Bundesrepublik erwarten würde, als wir uns ihr freiwillig und nahezu bedingungslos aufdrängten, das halten uns viele Westdeutsche mit Recht vor, wenn wir heute an der real existierenden Bundesrepublik etwas auszusetzen wagen. Mit ähnlichem Recht können wir ihnen vorwerfen, dass sie gar nicht auf die Idee kamen, mit uns gemeinsam etwas Neues zu versuchen, sondern ganz selbstverständlich davon ausgingen, dass wir das, wonach wir 1989/90 gerufen hatten, auch tatsächlich meinten. Mutig gerufen hatten zuerst nur wenige: »Wir sind das Volk!« und »Wir bleiben hier!« Erst als dem keiner mehr widersprach und die Partei praktisch selbst ihren Führungsanspruch schon aufgegeben hatte, versammelten sich riesige Menschenmassen auf allen größeren Plätzen Ostdeutschlands, um zu rufen: »Wir sind e i n Volk!« Dazu gehörte nicht mehr viel Mut, eigentlich nur noch Stimmkraft.

Mit dem Ruf von dem einen Volk war – und so hat es Helmut Kohl ja auch verstanden – die gemeinsame Währung, also die D-Mark gemeint. Die Freiheit, von der bis dahin die Rede gewesen war, hatten wir ja sozusagen gratis errungen. Da hatte uns der Westen höchstens ideell beistehen müssen. Aber Freiheit ohne D-Mark, das mussten wir schnell einsehen, bescherte uns zwar ein schönes Gefühl, aber noch lange keine Reisefreiheit, ganz zu schweigen von der freien Fahrt des freien Bürgers im eigenen Mercedes und was es sonst noch an westlichen Verlockungen gab.

In unserer Selbstüberschätzung meinten wir, die Bundesregierung in Gestalt von Helmut Kohl würde uns die D-Mark bringen und dann in Ruhe erstmal allein weitermachen lassen. Dass mit dem Westgeld nicht nur Freiheit und Demokratie, sondern auch der ganze Kapitalismus wie selbstverständlich bei uns Einzug halten würde, darüber waren wir uns bis dahin nicht im Klaren gewesen. Schließlich wussten wir, so fern wir in der DDR nicht das nur für Genossen obligatorische Parteilehrjahr besucht hatten, auch nicht wirklich, was Kapitalismus eigentlich bedeutete. So genau hatten uns das unsere Westfreunde ja nie gesagt. Mag sein, dass wir es auch gar nicht wissen wollten. Was die Partei uns davon erzählt hatte, das glaubten vermutlich nicht mal alle ihrer Mitglieder.

So kam es, dass sich viele von uns nach kurzer Euphorie über das schöne neue Geld bald wieder »belogen und betrogen« vorkamen. Wer fragte uns denn jetzt noch, wie es mit uns weitergehen sollte? Hatte nicht Schäuble seinen Einigungsvertrag allein mit sich selbst ausgehandelt und von der de Maizière-Regierung nur noch abnicken lassen? Die erste Enttäuschung darüber, dass jetzt der Westen bestimmte, was im Osten geschah, drückte sich häufig in dem hilflosen Satz aus: »Dafür sind wir nicht auf die Straße gegangen.« Nachdem die meisten Straßen, auf denen wir zuvor demonstriert hatten, umbenannt waren, geriet die ganze schöne Revolution ein wenig in Vergessenheit. Statt nach Freiheit oder D-Mark riefen die Leute jetzt verzweifelt nach der verlorenen Arbeit. Die Westdeutschen konnten sich gar nicht genug darüber wundern, wie schnell aus den Jubel-Sachsen Jammer-Ossis geworden waren, die plötzlich darüber klagten, dass sie über den Tisch gezogen worden wären. Statt dankbar zu sein für alles, was aus dem Westen kam, sahen sie in den Befreiern von gestern nur noch Besatzer, die alles platt machten, was anders war, als sie es von zu Hause gewohnt waren.

Kein Wunder also, dass die Ostdeutschen über Nacht wieder zu ihrer alten Identität zurückfanden, die unter anderem darin bestand, sich als benachteiligte Zeitgenossen murrend und meckernd in ihr fremdbestimmtes Schicksal zu fügen. Das hatte ja gleich nach dem Krieg begonnen, als sie die sowjetische Besatzungsmacht ungefragt hinnehmen mussten. Wer wäre denn damals außer den wenigen Kommunisten freiwillig bei den Russen geblieben, die aus dem zerstörten Osten alles, was noch brauchbar war, wegschleppten, weil sie selbst nichts hatten? Die Westdeutschen konnten zwar auch nichts dafür, dass sie von der anderen Seite übernommen worden waren, das kann man gar nicht oft genug wiederholen. Aber in den Jahrzehnten, die danach kamen, hatten sie, neben einem unerschütterlichen Selbstbewusstsein, auch die Überzeugung gewonnen, dass es ihre eigene Entscheidung und ihr Verdienst war, sich von Anfang an auf die richtige Seite, also auf die der westlichen Demokratien zu schlagen.

Hatten sie nicht kraft ihrer einmaligen Tüchtigkeit ein Wirtschaftswunder zustande gebracht, um das sie die ganze Welt beneidete? Im Osten dagegen fanden sie nun eine trostlose Trümmerlandschaft vor, die nur sie allein mit ihrem gewaltigen Know-how und dem dazugehörigen Kapital auf westlichen Standard bringen konnten. Kundige Wirtschaftsfachleute, vielleicht waren es auch nur Leute aus der Werbebranche, erfanden die schöne Losung vom »Aufschwung Ost« und machten sich, ohne die Einheimischen viel zu fragen, ans Aufbauwerk, indem sie zunächst mal alles, was im Weg stand, abreißen ließen, zuvörderst das, was ihren Unternehmen im Westen noch hätte Konkurrenz machen können. Die aus eben diesen Gründen bald wieder störrisch werdenden Eingeborenen waren dabei, das mussten die westlichen Fachleute leider feststellen, manchmal geradezu im Weg, wenn sie mit ihren untauglichen DDR-Erfahrungen unaufgefordert dazwischenredeten. Schließlich hatten sie in den vierzig Jahren Sozialismus allesamt entweder nichts Richtiges gelernt oder sie hatten sich – viel schlimmer noch – wegen Staatsnähe moralisch diskreditiert. Als staatsnah galten auch Mediziner, die sich nicht gescheut hatten, hohe und allerhöchste Funktionäre ärztlich zu behandeln.

Damit sich die vom Westen erbrachte Leistung für denselben auch lohnte, musste das östliche Volkseigentum, von dem niemand zu wissen schien, wem es wirklich gehörte, in rechtsstaatlichen Privatbesitz zurückgeführt werden. Zu diesem guten Zweck gründete man eine »Treuhand«, die dafür sorgte, dass der Ostbesitz möglichst reibungslos unter den westdeutschen Hammer kam. Für so manche symbolische Mark wurde so mancher Betrieb in Magdeburg oder Leipzig, dessen Schrottwert allein schon mehrere Millionen betragen konnte, an einen Investor verkauft, der es dann für entschieden mehr als eine Mark wieder an einen anderen Investor veräußerte, damit der, nachdem er alles noch Verwertbare herausgeholt hatte, irgendwann leider feststellen musste, dass da außer einem kleinen Gewinn für ihn selbst nichts mehr zu retten war.

In der DDR hatte gegolten: »Was die Partei beschloss, wird sein.« Jetzt hatte zu geschehen, was die Treuhand beschloss. So gesehen musste sich der Ostdeutsche also gar nicht grundlegend umgewöhnen, wie er später manchmal behauptete. Die Westdeutschen dagegen mussten sich unendlich viel Mühe geben, um mit dieser ewig nörgelnden Ostmentalität klarzukommen. Schließlich war man zuerst als Befreier gekommen und dann als Entwicklungshelfer geblieben. Und was man als solcher im wilden Osten an Einschränkungen hinzunehmen hatte, das war mehr als ein Verlust an Lebensqualität. Das ganze Beitrittsgebiet war doch bei ihrer Ankunft gerade mal auf dem Stand eines Entwicklungslandes, das für die Helfer nur einen Vorteil hatte: Es lag quasi vor der Haustür.

Schon das Nichtvorhandensein ordentlicher Sanitäranlagen war eine arge Herausforderung für manchen Münchner Reihenhausbesitzer, den seine Behörde ins wilde Ottendorf-Okrilla geschickt hatte, um dort die westdeutsche Bau- oder Kleingartenordnung durchzusetzen. Da musste er für Monate, manchmal auch Jahre mit den Einheimischen sanitäre Entbehrungen wie Klo auf halber Treppe teilen. War es nicht recht und billig, wenn man wenigstens den beamteten Helfern einen Zuschlag zum normalen Westgehalt zahlte? »Buschzulage« nannten das die Ossis, womit sie nicht nur ihren Sinn für Humor bewiesen, sondern auch Sinn für die Realitäten. Sie wussten, woher sie kamen – aus dem Busch.

Noch heute erzählt mancher der frühen Entwicklungshelfer gern, was für vorsintflutliche Verhältnisse er in den frühen neunziger Jahren in Brandenburg oder Sachsen vorgefunden hatte, wie heruntergekommen nicht nur die Häuser, sondern auch viele ihrer Bewohner waren. Wie viel Einfühlungsvermögen und Taktgefühl man aufbringen musste, um sie die nicht zu leugnende Überlegenheit nicht immer gleich spüren zu lassen. Es war ja auch viel Mitleid dabei, denn persönlich konnten ja die meisten Ostler nichts dafür, dass sie so waren, wie sie eben waren. Das machte den täglichen Umgang mit ihnen zwar nicht immer leicht. Aber wenn man heute zurückdenkt, dann ist man doch mit denen gut zurecht gekommen, allen Widrigkeiten und menschlichen Herausforderungen zum Trotz. Und letztlich waren die Ossis ja auch dankbar für die selbstlos geleistete Hilfe. Dass die meisten Ostdeutschen das anders in Erinnerung haben, versteht sich von selbst. Die »historische Wahrheit« liegt auch in diesem Fall bei dem, der sie gerade ausspricht.

Was sich bei dem »Wiedervereinigung« genannten Anschluss begegnete, war weder d a s Volk noch e i n Volk, es waren ziemlich gewöhnliche Leute, die in einer außergewöhnlichen Situation aufeinandertrafen, ohne im Geringsten darauf vorbereitet zu sein. Da fanden sich auch nicht immer nur westliche Sieger und östliche Besiegte, Gewinner und Verlierer gab es bald auf beiden Seiten. Mein Onkel Günther zum Beispiel zählte sich fraglos zu den Siegern, ohne im geringsten Gewinner zu sein. Gleich nach dem Mauerfall hatte er mich angerufen mit der freudigen Botschaft, dass das Gute gesiegt habe, und mit dem siegreichen Guten meinte er sich selbst natürlich auch. Er versprach sofort zu kommen, wenn er keinen Zwangsumtausch mehr zu entrichten hätte. Als dann aber der Solidaritätsbeitrag erhoben wurde, zählte er sich als westdeutscher Steuerzahler schnell zu den Verlierern, während er mich irrtümlicherweise nun für einen Gewinner hielt. Dass wir Besiegten die Solidarität mit uns selbst auch selbst zu bezahlen hatten und haben, war ihm wie vielen plötzlich verärgerten Siegern nicht klar. Zu seinen Grundüberzeugungen gehörte schließlich, dass allein der westdeutsche Steuerzahler immer und überall für alles aufzukommen hatte – zuerst hatte er die Teilung, danach die Wiedervereinigung zu finanzieren. Neben den zahlreichen »historischen Wahrheiten« gibt es eben auch die eine oder andere »ewige Wahrheit«, die über jeden Systemwechsel hinaus gültig bleibt.

Tante Annelieses Wahrheit sah von Anfang an etwas anders aus. Sie hatte schon den Mauerfall nicht als Sieg, sondern nur als Belästigung empfunden. Ihr schönes, ruhiges Westberlin war in die Hände der Ossis gefallen, mit denen sie absolut nichts zu tun haben wollte, mal abgesehen von nicht zu vermeidenden verwandtschaftlichen Beziehungen. Wenige Tage nach dem Mauerfall schrieb sie mir entsetzt: »Ich traue mich in Wilmersdorf kaum noch auf die Straße, seit deine Ostberliner hier eingefallen sind. Eure Trabants und Wartburgs rauben uns die Luft zum Atmen! Die Mauer war nicht schön. Aber seit sie weg ist, ist alles noch viel schlimmer geworden.«

Die Stimmen, die wie Tante Anneliese von Anfang an dem guten alten Westen nachtrauerten, wurden mit den Jahren immer zahlreicher. Wenn in den frühen neunziger Jahren Ostdeutsche an dem für sie neuen System etwas auszusetzen hatten, bekamen sie gewöhnlich den Vorwurf zu hören: »Ihr wollt wohl eure alte DDR wieder haben!« Nicht allzu viel später wurde es im Westen geradezu Mode, sich nach der Behaglichkeit der alten Bundesrepublik zurückzusehnen. Das allerdings waren jetzt nicht mehr Leute mit dem schlichten Gemüt meiner Tante. Die jetzt klagten, waren entweder christliche Politiker im Wahlkampf oder enttäuschte Intellektuelle in den Feuilletons der bürgerlichen Zeitungen. War früher noch die Rede von der »Brandenburger Wärmestube«, auch »Stolpes kleine DDR« genannt, so diagnostizierte man bald schon eine allgemeine Verrohung der Sitten, die da aus dem unchristlichen Osten ins christliche Mutterland herüberzuschwappen drohte. Vernachlässigte oder von der eigenen Mutter getötete Kinder wurden nun auch als Spätfolgen kommunistischer Sozialisation ausgemacht. Nicht nur der Wohlstand, auch das humanistische Selbstverständnis der Bundesrepublik schien vom Osten her bedroht zu sein.

Mancher, früher »irgendwie links eingestellte« Intellektuelle, der sich seinerzeit nur zu gern über die Provinzialität der Bonner Republik mokiert hatte, begann sich nun plötzlich nach der Weltläufigkeit derselben zurückzusehnen. Wie schön und harmonisch man da bis 1990 zusammengelebt habe, sagen jetzt oft dieselben Leute, die den Ostdeutschen bis heute vorwerfen, sich ihre DDR nachträglich schön zu reden. Die ganze aufgeklärte Bildungsbürgerlichkeit, das tolerante Miteinander droht den östlichen Bach hinunter zu gehen. Auch das Zusammenleben der unterschiedlichen Kulturen in Deutschland war doch bis 1990 problemlos verlaufen. Ausländerfeindlichkeit und Gewaltbereitschaft waren im Westen bis dahin einfach unbekannt.

Zu allem Unglück ist nun auch noch die Partei der Linken in den westlichen Bundesländern angekommen, wo sie als ungeläuterte SED-Nachfolgepartei nun wirklich nicht hingehört. Hatte man sich vom Osten nicht schon mehr als genug gefallen lassen? Sandmännchen, grünen Pfeil, Spreewaldgurke und Rotkäppchensekt hat man nahezu widerstandslos in den bundesdeutschen Alltag integriert. Selbst ein einzelner Gysi wurde und wird als Talkshow-Gast großzügig toleriert. Der ist zwar links, aber doch wenigstens unterhaltsam. Wenn aber seine Partei jetzt, nur weil sie auch im Westen von immer mehr Leuten gewählt wird, mitbestimmen will, was im vereinigten Deutschland geschieht, dann muss das bei jedem Demokraten die Alarmglocken schrillen lassen. Angesichts solcher Schmuddelkinder in der ansonsten so sauberen Parteienlandschaft bleibt dem gestandenen Altbundesbürger nur die Sehnsucht nach den – bei allem Pluralismus doch überschaubaren – Bonner Verhältnissen.

Heiner Müller hat schon kurz nach dem Mauerfall, also noch während der gesamtdeutschen Vereinigungseuphorie prophezeit: »Zehn Deutsche sind natürlich dümmer als fünf.« Er hatte gewiss nicht immer Recht mit seinen düsteren Vorhersagen. Aber zwanzig Jahre Einheit haben ihn zumindest in dem Punkt bestätigt. Was in Deutschland wirklich zusammengewachsen ist, weil es schon immer zusammengehört hat, das ist die gesamtdeutsche Dummheit, die unter Intellektuellen nicht viel seltener anzutreffen ist als beim Rest des Volkes. Auf die Frage, wer der Dümmere unter uns ist, gibt es nur eine Antwort: Wir. Aber nur gemeinsam!

Das Besondere an der deutschen Zweieinigkeit

Wir sind, da hilft kein Tag der deutschen Einheit, noch längst kein »einig Volk von Brüdern, die in keiner Not sich trennen und Gefahr …« Wenn ich mir allerdings die schöne Schweiz von heute ansehe, weiß ich auch nicht so recht, ob der Rütli-Schwur das Land wirklich viel weiter gebracht hat. Außer dem Stolz auf die Kuckucksuhr, auf das Bankgeheimnis und den Baustopp für Minarette ist man sich in der Alpenrepublik wohl nur noch in der Furcht vor Überfremdung, darunter auch der deutschen, einig. Solche Einigkeit macht das kleine Land zwar nicht sympathischer, ist aber für andere ähnlich ungefährlich wie die aktuelle deutsche Uneinigkeit. Wenn sich die Deutschen früher einmal ganz besonders einig waren, waren sie das gewöhnlich gegen den Rest der Welt, und das ist dann nicht nur für diesen Rest schlimm ausgegangen. Erst in Zeiten der Trennung waren wir uns dann vierzig Jahre unter Aufsicht unserer Besatzungsmächte auf eine ziemlich ungefährliche Art und Weise insgeheim einig – wir wollten die Spaltung überwinden, ohne dass sich wieder jemand vor uns fürchten sollte. Seit uns dieses Wunder gelungen ist, ist es mit der Einigkeit leider nicht mehr weit her. Höchstens in Momenten gemeinsamen Jubels oder Entsetzens bricht sie hier und da noch mal aus, etwa bei größeren Hochwasserkatastrophen oder wenn gerade mal wieder eine Fußballwelt- oder Europameisterschaft ansteht. Da fiebern oder spenden fast alle für kurze Zeit einig und entschlossen mit.

Während Hochwasserkatastrophen außerdem besonders geeignet scheinen, um einen aussichtslosen Wahlkampf in letzter Minute doch noch zu gewinnen, sind die Zeiten von Fußballmeisterschaften gewöhnlich am besten geeignet für die Ankündigung von allerlei Sozialabbau, den man heute verharmlosend mit Steuer- oder Gesundheitsreform umschreibt. Nicht jedes Hochwasser allerdings ist schlimm genug und nicht jede Fußballmeisterschaft geht für uns gut genug aus, um uns für längere Zeit trotz alledem oder gerade deshalb zueinander finden zu lassen. Die einzigen Götter, auf die wir uns nach den erschreckenden Erkenntnissen über gewisse Vorkommnisse in den christlichen Kirchen noch einigen können, sind Wetter- und Fußballgott. Ihr Ansehen ist in Ost und West etwa gleich hoch. Sie verkörpern sozusagen die letzten, alle Deutschen noch verbindenden Werte. Darüber hinaus gibt es rein ideell nicht mehr viel Gemeinsames.

Mag sein, dass sich die Deutschen auch früher nicht so viel besser verstanden haben. Es hat ja, anders als bei anderen Völkern, sehr lange gedauert, bis sie sich überhaupt in einem gemeinsamen Staatswesen zusammenfanden. Aber damals gab es so viele kleine deutsche Staaten, dass sich die gegenseitige Abneigung, beziehungsweise Feindschaft auf viele Schultern verteilen ließ. Heute haben wir nur noch Ost gegen West, auch wenn Nord und Süd sich nicht immer grün sind. Mögen sich die westlichen Bundesländer seit ewigen Zeiten schon über den Bundesfinanzausgleich spinnefeind sein, daran hat man sich gewöhnt und trägt die Konflikte juristisch aus. Auch die Feindschaft zwischen Düsseldorf und Köln oder Leipzig und Dresden ist ein alter Hut, über den man genauso lächelt wie über so vieles, was deutscher Kleinkriegs-Alltag ist. Über den Ost-West-Konflikt wird kaum gelächelt. Den nehmen beide Seiten ernst, bitter ernst, auch wenn er für Außenstehende manchmal noch so komisch aussehen mag. Hier geht es weniger um Juristisches, nicht mal unbedingt nur um Materielles, auch wenn die einen meinen, zu viel für die anderen zahlen zu müssen, und die anderen dagegenhalten, dass ihnen nach so vielen Jahren der Entbehrung einfach mehr zustehe. Aber dieser Teil der Auseinandersetzung wird ja wie das ganze Bundesfinanzausgleich genannte Gezänk ums Geld parlamentarisch beziehungsweise juristisch ausgetragen.

Was den Ost-West-Konflikt noch heute so besonders macht, ist seine Unausgesprochenheit. Man kann ihn nicht auf einen einfachen Nenner bringen, nicht mal ausmachen, worin er im Einzelnen besteht und ob es ihn in zwanzig Jahren noch geben wird. Heute rumort er irgendwo unter der Oberfläche. Seine Existenz wird zwar offiziell immer mal energisch bestritten, aber dann taucht er – meist gänzlich unerwartet – wieder auf, wo man ihn gar nicht vermutet hatte, mit Vorliebe in der eigenen Familie. Manchmal wird er auch von ratlosen Landespolitikern benutzt, etwa wenn es um die Stimmung in Hessen oder Nordrheinwestfalen geht. Es ist schließlich viel leichter, den nun auch immer mehr verarmenden Ruhrgebietsbewohnern zu sagen, dass ihr Geld in dubiosen Abwasseranlagen Sachsen-Anhalts versickert ist, als zuzugeben, dass es in landeseigenen Kloaken hinunter gespült wurde.

Davon abgesehen aber verkünden Politiker in gewissen Zeitabständen, mindestens an jedem 3. Oktober, dass das Gerede über den angeblichen Ost-West-Gegensatz endlich aufhören müsse, weil die innere Einheit doch schon viel weiter fortgeschritten sei, als manche Miesepeter meinen. Aber nach jeder ausformulierten Festrede des gerade amtierenden Bundespräsidenten geht dann das unartikulierte Flüstern draußen im Lande weiter. Natürlich wird kaum ein Vorwurf offen ausgesprochen. Es ist ein bisschen wie mit dem viel zitierten Migrationshintergrund, aus dem ja auch keinem ein Vorwurf gemacht werden soll, obwohl natürlich jeder weiß, dass so ein Hintergrund für den Betroffenen nicht gerade von Vorteil ist.

Ähnliches gilt eben auch für den ostdeutschen Hintergrund. Man macht uns keine Vorwürfe dafür, dass wir noch nicht so weit integriert sind, gesteht hier und da auch Versäumnisse bei der Eingliederung ein. Irgendwann aber stellt man dem Ostdeutschen dann doch immer wieder die eine, alles entscheidende Frage, nämlich ob er in der Bundesrepublik angekommen sei, und das kann ja nur heißen, ob er seinen demokratischen Rückstand endlich aufgeholt hat? So etwas fragt man keinen noch so zurückgebliebenen Bauern in Ostfriesland oder Nordrhein-Westfalen. Da muss sich die Politik viel mehr fragen lassen, ob sie bei ihren Bürgern schon angekommen ist. Der Brandenburger oder Thüringer aber soll sich immer wieder auf den Weg dahin machen, wo die Politiker ihn sehen möchten – in einer Konsensgesellschaft, die alles verträgt, nur nicht in Frage gestellt zu werden.

Wir sind enttäuscht

Was uns mehr denn je vereint, ist die gegenseitige Enttäuschung. Die Anzahl der Gründe für solche Enttäuschung dürfte in der Summe auf beiden Seiten gleich sein. Welche Langzeitfolgen sie bei wem hinterlassen hat, ist auch heute noch nicht absehbar. Dass der Ossi ein bisschen zurückgeblieben war, wusste man, das war also für den Wessi zunächst kein Grund, besonders enttäuscht zu sein. Im Gegenteil, das erregte eher sein Mitleid und viel guten Willen, den Zurückgebliebenen beim Aufholen schnell zu helfen. Was die mitunter peinlichen Äußerlichkeiten ihrer Erscheinung betraf, so erwiesen sich die Neubundesbürger als lernfähig, schon weil sie bald keinen Wert mehr darauf legten, als solche überall erkannt zu werden. Die westliche Kleiderordnung wurde innerhalb weniger Monate problem- und widerstandslos übernommen. Die Kittelschürze, der Anorak und die stone-washed Jeans, mit denen der Ossi gleich nach dem Mauerfall so viel Aufsehen erregt hatte, verschwanden fast ganz aus dem Straßenbild. Der Jogginganzug, die Leggins und das Hawaiihemd setzten sich neben anderen Feinheiten westlicher Sport- und Freizeitkleidung von Kap Arkona bis Plauen durch. In der Lust am Reisen und der Liebe zum Auto überholte der Obersachse den Niedersachsen sogar. Nur in der Art zu denken schien die Annäherung trotz gewisser Anfangserfolge mit der Zeit immer mehr nachzulassen. Das gehörte zu den ersten größeren Enttäuschungen auf westlicher Seite.

Schließlich war man im Osten doch unter anderem für die Freiheit der Andersdenkenden auf die Straße gegangen. Dass mit diesem anderen Denken die westliche Denkungsart gemeint war, davon hatte man in Bonn und München doch selbstverständlich ausgehen können. Umso enttäuschter war man jetzt, da man feststellen musste, dass nicht nur die Kommunisten, sondern auch deren anders denkende Kontrahenten, die Bürgerrechtler, ziemlich anders dachten, als sich das der westliche Normaldenker so gedacht hatte. Auf kleine Unterschiede in Geschmacksfragen und eine gewisse Unbeholfenheit im mündlichen Ausdruck war man ja gefasst, aber nicht auf so grundsätzlich andere Auffassungen darüber, wie das mit der Einheit laufen sollte.

Ausgerechnet die Bürgerrechtler weigerten sich von Beginn an, die Alternativlosigkeit westlicher Vorstellungen von einem schnellen und bedingungslosen Anschluss der DDR an die Bundesrepublik einzusehen. »Kein Anschluss unter dieser Nummer!« riefen sie, obwohl sie doch wissen mussten, dass sie damit nicht nur die Westdeutschen enttäuschten, sondern ihre eigenen Landsleute geradezu vor den Kopf stießen. Damit bewiesen ausgerechnet die Andersdenker von früher, dass sie jetzt nicht nur anders als die meisten, sondern einfach falsch dachten. Einige von ihnen haben diesen fundamentalen Irrtum wenig später eingesehen und entsprechend umgedacht, um nach dem 3. Oktober 1990 nicht ganz von der politischen Bildfläche zu verschwinden. Andere sind unbelehrbar geblieben und müssen sich damit abfinden, nun keine große Rolle mehr zu spielen. Ihre Enttäuschung ist verständlich, aber schließlich waren sie es zuerst, die die große Masse der Anderen enttäuscht hatten.

Nur kurze Zeit später begannen nun aber viele von denen, die anfangs noch richtig, also wie die Mehrheit gedacht hatten, langsam umzudenken, weil sie enttäuscht festgestellt hatten, dass man im Westen zwar alles denken, aber kaum etwas ändern konnte. Und darüber regen sie sich jetzt schon wieder genauso auf wie damals in der DDR, wo das noch verboten war. Dass die Ossis 1990 so dumm waren, wie es sich ja erst später herausgestellt hat, das verzeihen ihnen viele Wessis inzwischen. Aber dass sie nicht aufhören, über ihre eigene Blödheit zu klagen, das nervt nur noch. Wer hatte denn gerufen: »Helmut, nimm uns an die Hand und führ uns ins gelobte Land!« Das waren doch die Ober- und nicht die Niedersachsen.

Außer Leuten wie meiner Tante Anneliese war ja nicht so vielen Westdeutschen schon beim Mauerfall klar, was da aus dem Osten auf sie zukommen würde. Für meine Tante und ihr Kaffeekränzchen war es schon immer unbegreiflich gewesen, wie wir eine russisch-kommunistische Herrschaft auf deutschem Boden überhaupt hatten hinnehmen können. Sie jedenfalls hätte nie mit sich machen lassen, was wir nahezu widerstandslos mit uns geschehen ließen. Gerade nach der Nazidiktatur, von der sich – für meine Tante jedenfalls – erst im Nachhinein herausgestellt hatte, wie schrecklich sie war, hätte sie keine zweite Diktatur in Deutschland mehr ertragen. Dass meine Mutter und wir Kinder persönlich nichts für das viele Unrecht konnten, das wir uns haben antun lassen, hat sie zwar hier und da auch gesagt. Aber ein bisschen Verachtung für unseren unterlassenen Widerstand klang doch immer durch. Sie dermaßen enttäuscht zu haben, tat uns zwar leid, aber unsere Zuneigung litt ein bisschen unter ihrer Enttäuschung.

Onkel Günther im fernen Mannheim sah das etwas differenzierter. Von den sogenannten Bürgerrechtlern hatte er nie viel gehalten. Die konnten ihn gar nicht enttäuschen. Schließlich waren sie ihm schon äußerlich zuwider, weil sie ihn allzu sehr an die ungewaschenen Achtundsechziger erinnerten, die einst sogar in seinem ruhigen Mannheim für Aufruhr gesorgt hatten. Aber als er dann im Fernsehen die vielen glücklichen Menschen auf der Berliner Mauer sitzen und Sekt trinken sah, war er doch regelrecht ergriffen. Über meinen Trabant hatte er damals in Ostberlin nur gespottet, aber als er nun diese putzigen Kleinwagen aus Plastik in Kolonnen an den Grenzposten vorbei bis zum Berliner Kudamm rollen sah – wohlgemerkt im Fernsehen –, da fand er das kleine Autochen und die jubelnden Menschen darin geradezu rührend. Von diesen Fernsehbildern hat er mir am Telefon noch tagelang vorgeschwärmt. Seine Haltung zur östlichen Fahrzeugproduktion änderte sich erst wieder, als die süßen kleinen Fernsehautos auch auf Mannheims Straßen rollten und mit ihrem Gestank und Geknatter sein Umweltbewusstsein beleidigten. Mit ihnen gemeinsam im Stau stehen zu müssen, war für ihn als Mercedesfahrer geradezu unerträglich. Aber das alles hielt er noch für eine vorübergehende Belästigung. Seine ganz große Enttäuschung über die Ostdeutschen allgemein setzte erst ein, als er jeden Tag in der Zeitung lesen musste, wie viele Milliarden von seinen Steuergroschen in den Osten flossen, ohne dass auch nur eine Mark davon zu ihm zurückgeflossen wäre. Das ließ ihn zeitweise sogar an der Weisheit seines, nach Adenauer zweiten Wunschkanzlers Helmut Kohl zweifeln. Wie so viele Bundesbürger hatte er von nun an den Glauben verloren, dass die Einheit außer dem Wegfall der Kontrollen auf den Transitstrecken und des Zwangsumtauschs für ihn noch etwas Gutes bringen könnte. Und so oft kam er ja nicht nach Berlin.

Zu den enttäuschenden Erkenntnissen der Ostdeutschen hatte schon Anfang der neunziger Jahre gehört, wie viele Westdeutsche die Unkenntnis der Ostdeutschen nur zum eigenen Vorteil ausgenützt hatten, zum Beispiel beim Handel mit Gebrauchtwagen oder dem Verkauf von Versicherungspolicen, gar nicht zu reden von ihren wieder entdeckten Besitzansprüchen auf Omas Garten und Opas Waldgrundstück, von deren Existenz sie bis dahin gar nichts gewusst hatten. Hinzu kam, dass viele Wessis, mal abgesehen von ihrer Art sich selbst darzustellen, gar nicht so überlegen waren, wie sie meinten. Ganz allgemein war es eine herbe Enttäuschung, mit der Zeit feststellen zu müssen, dass auch in der Freiheit nur mit Wasser gekocht wurde und nicht immer mit sauberem. Was zum Beispiel richtige Korruption war, davon hatte man im Osten gar keine Vorstellung gehabt. Ja, wir Leichtgläubigen hatten allen Ernstes geglaubt, dass da, wo die besseren Autobahnen und Autos gebaut werden, auch die bessere Moral herrscht. Dieser Meinung waren und sind viele Westdeutsche im Gegensatz zu den meisten Ostdeutschen heute noch.

Als Beweis für ihre moralische Überlegenheit genügt ihnen ein kleiner Hinweis auf die, sie jedenfalls immer aufs Neue schockierenden, Enthüllungen über die Staatssicherheit und ihre hunderttausend Spitzel. Auch Onkel Günther hat mich oft ermahnt, mir über mein eigenes Leben nichts vorzumachen. Plötzlich fiel ihm etwas ein, woran ich mich partout nicht erinnern konnte, nämlich dass wir ihn bei unseren abendlichen Diskussionen immer wieder aufgefordert hätten, leiser zu reden. Das habe er damals nicht weiter ernst genommen, aber jetzt wisse er, dass wir Angst vor den Nachbarn haben mussten, weil die Wände im Osten Ohren hatten. Meine Erklärung, dass wir vielleicht manchmal leise gesprochen hätten, weil die Kinder im Nebenzimmer schliefen, ließ er nicht gelten. »Geflüstert habt ihr nur aus Angst vor den Nachbarn. Bei euch konnte man doch den eigenen Verwandten nicht trauen.«

Nachdem er dann »Das Leben der Anderen« im Kino gesehen hatte, wusste er endgültig Bescheid, wie unsere Wirklichkeit in der DDR ausgesehen hatte. Geahnt hätte er das schon immer, sagte er, aber so ein Filmdokument sei doch der untrügliche Beweis für die Richtigkeit seiner Ahnungen. Ich habe ihm nicht gesagt, wie enttäuscht ich war über so viel Kinderglauben, den er mit so vielen Bundesbürgern nicht nur in Mannheim geteilt hat.

Dass ich selbst nichts mit der Stasi zu tun hatte, glaubte mir mein Onkel auch noch, nachdem er den Film gesehen hatte. Er wisse ja gar nicht, fügte er hinzu, wenn die Rede mal wieder darauf kam, wie er so eine Enttäuschung in der eigenen Familie verkraftet hätte. Aber von Moral im Osten allgemein wollte er von nun an überhaupt nichts mehr hören. Auch dass wir 1989 wirklich auf die Straße gegangen wären, um unsere Regierung zu stürzen, nur weil sie korrupt war und nicht aufhören wollte, uns zu belügen, glaubte Onkel Günther nicht mehr. »Wenn es danach ginge, müsste man ja fast jede Regierung dieser Welt stürzen«, meinte er geradezu herablassend und fügte hinzu: »Worum es wirklich ging, das hat man doch gesehen, als die Mauer gefallen war. Da habt ihr tapferen Revolutionäre eure ganze Moral vergessen und seid in den Westen gekommen, um euch das Begrüßungsgeld auszahlen zu lassen. Um was anderes ist es euch doch nie gegangen.« Als ich ihm sagte, dass ich mir das Geld zum Beispiel gar nicht abgeholt hätte, meinte er nur mitleidig: »Schön dumm von dir.« Und ich musste ihm schließlich sogar Recht geben, als er meinte, dass die Zahl derer, die sich kein Begrüßungsgeld abgeholt haben, kaum größer gewesen sein dürfte als die Zahl aller haupt- und nebenamtlichen Stasi-Mitarbeiter zusammen. Manchmal konnte mein Onkel auch witzig sein. Als ich ihm erwiderte, dass ich mir sogar vorstellen könne, dass die Stasileute zu den Ersten gehörten, die sich ihre hundert Westmark auszahlen ließen, grinste er wieder und sagte: »Das hat ihnen vielleicht Mielke noch persönlich befohlen, um dem Klassenfeind auch in letzter Minute eins auszuwischen.« Wie gesagt, ganz humorlos war Onkel Günther im Gegensatz zu Tante Anneliese nicht.

Mir allerdings war schon kurz nach dem Mauerfall der Humor weitgehend abhanden gekommen. Denn nun war ich enttäuscht von meinen eigenen Landsleuten, die meiner Meinung nach wirklich für die Freiheit und nicht fürs Geld auf die Straße gegangen waren. Und es stimmte ja, das Westgeld und der ganze westliche Wohlstand hatte zunächst für die, die 1989 den Aufstand in Leipzig, Plauen und Ostberlin geprobt hatten, noch gar keine Rolle gespielt. Darum ging es erst, als die Mauer gefallen war und man frei, aber mittellos vor den Kaufhäusern des Westens stand. Jetzt wollten die meisten ganz schnell das richtige Geld in die Hand bekommen, damit sie an der Freiheit des Konsums und Reisens auch teilnehmen konnten. Aber mit dem richtigen Geld, das sie dann in der Hand hielten, kam auch schon die nächste Enttäuschung für viele. Sie mussten ebenso schnell zur Kenntnis nehmen, wie ungerecht es verteilt ist und dass man gerade in der Freiheit nichts geschenkt kriegt.

Dass Leistung sich lohnen müsse, damit waren und sind fast alle nach den schlechten Erfahrungen mit der sozialistischen Planwirtschaft einverstanden. Schließlich war die DDR ja auch deshalb so heruntergekommen, weil es sich dort nicht lohnte, besser zu arbeiten als der Kollege nebenan, der den gleichen Lohn für ungleich schlechter getane Arbeit bekam. Jetzt mussten sie aber erleben, dass sie für gleiche Arbeit viel weniger Lohn bekamen als ihre westdeutschen Kollegen. Dass der Kapitalismus auf andere Art genauso ungerecht sein konnte wie dieser sogenannte Sozialismus mit seiner Gleichmacherei, war keine schöne Entdeckung, sondern eine bleibende Enttäuschung. Und die Erfahrung, dass man sich mit moralischen Argumenten gegen soziale Ungerechtigkeit nur noch lächerlich macht, weil die große Masse der Altbundesbürger sich mit diesem System längst abgefunden zu haben scheint, ist auch nicht gerade ermutigend.

Die hochgerüstete Staatsgewalt im Osten hatten sie mit dem Ruf »Keine Gewalt!« und ein paar brennenden Haushaltskerzen in der Hand besiegt. In der Bundesrepublik verpuffte dann jeder noch so laute Widerstand. Das kann auch viele Westdeutsche aufregen, aber sie wissen, anders als manche enttäuschten Neubundesbürger, schon viel länger, dass, wer sich aufregt, nur kürzer lebt. Schließlich fehlt ihnen die Erfahrung einer siegreichen Revolution, an die sich der eine oder andere im Osten noch erinnert, weil er dabei war oder zumindest hinter der Gardine zugesehen hat. Auch wenn er kaum zu hoffen wagt, ähnliches noch einmal zu erleben, spurlos ist so eine Erfahrung nicht an ihm vorbei gegangen. Wer seinen Kaiser einmal nackt gesehen hat, misstraut auch den besser Gekleideten.

Dass Arbeiter und Angestellte, ja selbst Beamte in Frankfurt an der Oder immer noch, also über zwanzig Jahre nach dem Beitritt zum Grundgesetz, schlechter bezahlt werden als ihre Kollegen in

Frankfurt am Main, gehört zu den tiefsitzenden Enttäuschungen der Ostdeutschen, die sich schon deshalb als Bürger zweiter Klasse empfinden. Aber wenn man bedenkt, wie lange sich die Frauen in der Bundesrepublik schon damit abfinden müssen, zweitklassig entlohnt zu werden, dann hat auch der Ost-West-Abstand gute Aussicht auf Bestand. An bestimmte Dinge muss man sich nur gewöhnen, um sich schließlich mit ihnen abzufinden. Und Enttäuschungen gehören nun mal dazu, wenn sich zwei zusammentun.

Von deutschem Stolz

Es ist keine speziell deutsche Eigenheit, auf etwas stolz zu sein, wofür man selbst gar nichts kann. Auf eine siegreiche Fußballnationalmannschaft ist noch jeder Mann und jede Frau stolz, gleich welcher Nation sie angehören. Er oder sie mögen im übrigen Leben noch so unsportlich sein und ganz und gar unpatriotisch denken, auf den Tribünen der Fußballstadien dieser Welt beziehungsweise auf dem Sofa vor den Fernsehübertragungen in den heimischen Wohnzimmern können auch ganz überzeugte Kosmopoliten zu tobenden Nationalisten werden, die von keines Gedankens Blässe mehr angekränkelt sind. Stolz ist fast immer irrational und drückt viel öfter eine vage Sehnsucht aus, als aus einer begründeten Überzeugung zu kommen. Ein alter Jude, befragt, ob er denn stolz sei, ein Jude zu sein, gab die für ihn einzig richtige Antwort: »Nun, wenn ich nicht stolz bin, ein Jude zu sein, bin ich auch einer. Also bin ich schon lieber stolz drauf.« Dass jemand stolz darauf ist, sich mit etwas abzufinden, was er nicht ändern kann, ist eine äußerst intelligente Art von Stolz, die an Lebensweisheit grenzt.

Deutscher Stolz ist gewöhnlich aus anderem Holz geschnitzt. Er kommt nur selten aus reinem Herzen, viel öfter aus der Unfähigkeit, sich mit der eigenen Gewöhnlichkeit oder Schwäche abfinden zu können. Mein Onkel Günther, der vermutlich nie unter die Motorhaube seines Wagens geschaut hat und nur vorwärts in sehr große Lücken einparken konnte, war besonders stolz auf die Qualität der deutschen Autoproduktion allgemein und auf seinen alten Mercedes ganz besonders. Gerade dass er schon so alt war und noch immer fuhr, war ja das Besondere. »Made in Germany« war für ihn ein Qualitätssiegel, auf das er nichts kommen ließ. »Unsere Autos macht uns Deutschen keiner nach!« Das war einer von seinen Standardsätzen. Über die japanischen, italienischen oder französischen Autos konnte er nur lächeln, über die ostdeutschen nicht mal das. »Du kannst ja nichts dafür«, meinte er voller Mitleid, als ich ihm in Ostberlin stolz meinen ersten Trabant de lux vorführen wollte. Ja, ich gestehe, auch ich war ein kleines bisschen stolz auf meinen fahrbaren Untersatz, den wir im Osten liebevoll »zwei Zündkerzen auf Rädern« nannten. Ich sagte mir, an den Ausspruch des alten Juden denkend: »Auch wenn ich nicht stolz darauf bin, einen Trabant zu fahren, bleibe ich ein Trabantfahrer, also bin ich schon lieber stolz darauf.«

Nach dem kurzen Jubel über den Mauerfall und dem vorübergehenden Stolz auf den ersten gebrauchten Westwagen blieb für uns Ostdeutsche kaum noch ein Grund, auf irgendetwas Benennbares stolz zu sein. Aus Mangel an Selbstvertrauen besannen sich viele darauf, dass sie jetzt auch als Sachsen oder Brandenburger wieder richtige Deutsche sein durften. Der Stolz darauf äußerte sich bei manchen Neupatrioten zuerst in dem Ruf: »Ausländer raus!« Solche Art, seinen Stolz zu äußern, war im Westen zwar nicht unbekannt, aber so laut und auf Sächsisch gebrüllt, stieß er besonders ab. Viele Menschen in Ost und West bekamen es mit der Angst zu tun, nicht nur um den guten Ruf Deutschlands in der Welt, sondern auch vor solchen Landsleuten, die ihr Deutschsein auslebten, indem sie Ausländer jagten und Asylbewerberheime anzündeten.

Nun taten die Münchner etwas, was ihnen die Leipziger im Herbst 1989 vorgemacht hatten – sie gingen mit brennenden Kerzen auf die Straßen, um dem Spuk gewaltlos zu begegnen. Das Münchner Beispiel machte Schule, und ganz langsam begann sich die Einsicht durchzusetzen, dass man auf dieses Deutschland erst dann wieder stolz sein könne, wenn es sich zumindest nicht ausländerfeindlicher gebärde als andere Länder. Das scheint inzwischen gelungen, Deutschland ist auch für Ausländer, die man als solche erkennt, nicht mehr gefährlicher als irgendein anderes west- oder mitteleuropäisches Land. Das ist ein Trost, aber kein Grund, besonders stolz zu sein. Mit unserem nationalen Selbstverständnis haben wir darüber hinaus immer noch Probleme, die anderen Völkern unbekannt zu sein scheinen.

Ich kenne viele Franzosen, die ganz selbstverständlich stolz darauf sind, Franzosen zu sein und sich nur darüber wundern können, dass so viele Deutsche es noch immer nicht fertigbringen, solchem naiven Stolz normal Ausdruck zu verleihen. Gewiss, unsere Geschichte bietet nicht allzu viel Anlass zu übermäßigem Stolz. Aber die französische, englische oder US-amerikanische Geschichte hat nicht so viel weniger dunkle Kapitel als die deutsche. Zu unseren nationalen Eigenheiten gehört wohl, dass wir uns entweder für alles oder für gar nichts zu schämen bereit sind. Unsere Neigung zum Grundsätzlichen macht es uns schwer, so locker wie andere von der eigenen Nation zu reden. In unseren Augen sind wir entweder die Besten oder die Schlimmsten. Halbe Sachen mögen wir einfach nicht.

Die intelligenteren Westdeutschen hatten sich nach langem Hin und Her schließlich auf einen harmlosen Verfassungspatriotismus geeinigt, also auf den Stolz, das beste oder wenigstens eines der besten Grundgesetze der Welt zu haben. Die weniger Anspruchsvollen waren schon vorher einfach auf ihren Wohlstand stolz, den sie dem Rest der Welt voraushatten, auf die Härte ihrer D-Mark, die besseren Autos, überhaupt, auf das beste Wirtschaftswunder aller Zeiten. Vor den Ostdeutschen, mit denen sie ja den schlimmsten Teil deutscher Geschichte gemeinsam zu verantworten hatten, mussten sie kein schlechtes Gewissen haben wie etwa den Polen oder Tschechen gegenüber. Ja, sie waren seit 1990 sogar ganz besonders stolz darauf, diesen finsteren Teil der deutschen Vergangenheit viel besser bewältigt zu haben als wir mit unserem »verordneten Antifaschismus«. Sie hatten zwar erst viel später mit dem großen Aufwasch begonnen, aber nachdem die meisten Täter tot oder in Pension waren, haben sie die ganze nationalsozialistische Vergangenheit so lückenlos und vorbildlich aufgearbeitet, dass sie auch darauf nur noch stolz sein konnten.

Die deutsche Einheit brachte einen ungeahnten Ausbruch westdeutschen Stolzes hervor, der allem galt, was die eigene Vergangenheit, Gegenwart und Zukunft betraf. Die Westdeutschen waren plötzlich in einem Maße mit sich im Reinen, dass wir beschämten Ostdeutschen jahrelang damit beschäftigt waren, uns nur noch zu rechtfertigen für unser unerklärliches Versagen. Auch der größte Ostdeutsche konnte zum kleinsten Westdeutschen nur noch neidisch emporblicken. Dass sie im Recht waren, das hatten sie uns ja auch vorher schon immer mal zu verstehen gegeben, aber das Ausmaß ihres Rechthabens nahm jetzt Formen an, die uns nach und nach sprachlos machten.

Stolz war seit jeher im Osten weniger verbreitet als im schon immer selbstgewissen Westen. Was hätte es bei uns auch für Anlässe geben sollen, auf die wir uns nach dem Beitritt noch etwas einbilden konnten? Unsere Sportidole etwa? Die waren doch, auch das mussten wir uns ein für allemal sagen lassen, im Gegensatz zu den weniger erfolgreichen Westsportlern, allesamt gedopt. Der Radrennfahrer Täve Schur, der in frühen Jahren die Friedensfahrt gewonnen hatte, war vielleicht noch »sauber«, obwohl das, nach dem was dann bei der Tour de France über den Radsport ganz allgemein so herausgekommen ist, auch nicht mehr sicher sein kann. Nichts im Osten schien wirklich so gewesen zu sein, wie wir es erlebt hatten. Wir mussten uns schon die Frage gefallen lassen, ob wir nicht alle, auch die Parteilosen, der Einheitspartei irgendwie angehört hatten, und sei es als stille Teilhaber.

Auch die wenigen »oppositionellen« Schriftsteller, die es zuvor sogar im Westen versehentlich zu Ansehen gebracht hatten, entpuppten sich doch fast ausnahmslos als letztlich angepasste Staatsdichter. Die berühmtesten unter ihnen, Christa Wolf und Heiner Müller, hatten sogar mit der Stasi geredet. Gut, Christa Wolf war damals noch ein junges Mädchen, das kurze Zeit an den Kommunismus geglaubt hatte, und Heiner Müller, von dem bekannt war, dass er schon längst an gar nichts mehr glaubte, hat sich in solchen Gesprächen unter anderem für Schriftstellerkollegen eingesetzt, die sonst in Schwierigkeiten mit den Behörden gekommen wären. Aber IM bleibt IM und zwar lebenslang. Das Einzige, worauf ein Ostdeutscher nach 1989 noch stolz sein durfte, war seine Reue. Oder der Umfang der Akten, die die Staatssicherheit über ihn als Opfer angelegt hatte.

Als wir in sehr frühen, sozialistischen Zeiten einmal von der eigenen Regierung zu »Siegern der Geschichte« erklärt wurden, hatte uns das eher verlegen als stolz gemacht. So etwas klang in unseren Ohren einfach lächerlich, angesichts der eindeutigen Überlegenheit des »zum Untergang verurteilten kapitalistischen Systems«. So schön, sagten wir damals, möchten wir auch mal untergehen. Dass in unserer Regierung keine ehemals hohen Nazis gesessen hatten wie im Westen, darauf waren wir nicht stolz. Das fanden wir in unserer Einfalt nur selbstverständlich. Dass im Westen dafür die besseren Fachleute in Wirtschaft und Regierung das Sagen hatten, mussten wir zur Kenntnis nehmen, auch wenn wir über manche von ihnen Dinge wussten, die man nicht einfach als kommunistische Propaganda abtun konnte. Aber Stolz auf Fehler, die woanders gemacht wurden, konnten wir angesichts der offensichtlichen Fehler und Unsäglichkeiten im eigenen Land nicht entwickeln. Je mehr bei uns vom stolzen und glücklichen DDR-Bürger die Rede war, desto mehr schämten wir uns für solche Propaganda. Wenn wir ins Ausland kamen, egal ob in den Westen oder in den Osten, versuchten wir unsere Herkunft eher zu verschweigen als damit anzugeben. Ich sagte, wenn ich gefragt wurde, woher ich käme, am liebsten nur: »Aus Berlin«. Immer in der Hoffnung, dass mein Gegenüber nicht nach dem Stadtteil fragen würde.

Einer der wenigen Momente ehrlichen, wenn auch absolut irrationalen Stolzes, an den ich mich noch gut erinnern kann, war das

Sparwasser-Tor im Vorrundenspiel bei der Fußballweltmeisterschaft 1974 in Hamburg. Damals jubelte ich vermutlich mit einer überwältigenden Mehrheit der Ostdeutschen. In den Jubel mischte sich bei mir allerdings auch die reine Schadenfreude, denn ich freue mich schließlich fast immer, wenn ein Großer vom Kleinen eins auf die Nase bekommt. Auf jeden Fall habe ich mich für diese DDR unvergleichlich viel öfter geschämt, als dass ich stolz war.

Es bedurfte erst der Hilfe eines Westfreundes, dass ich erkannte, auch für uns Ostdeutsche gab und gibt es trotz aller Zurückgebliebenheit einen wunderbaren Grund, stolz zu sein – unsere Witze. Ein paar davon, meine ich, sogar selbst erfunden zu haben. Nein, es war eben doch nicht alles schlecht in der DDR, die Witze über das Schlechte zumindest waren gut. Mochten bei uns die schlechtesten Autos gebaut worden sein, unsere eigenen Witze darüber waren trotzdem die besten. Auch unsere Mikroelektronik, von der wir unter anderem sagten, sie sei nicht klein zu kriegen, brachte mehr gute Witze hervor als die ganze Bundesrepublik in ihrer langen Geschichte über sich. Natürlich hatten die Westdeutschen auch ihre Witze. In denen machten sie sich allerdings seltener über sich selbst lustig als über andere. Mit Vorliebe haben sie schon immer über uns gelacht, »den dämlichen Rest«, wie wir uns selbst nannten angesichts der vielen, die in den Westen gegangen waren und immer weiter gingen. Aber, so gern dort über uns gespottet worden ist, was war das schon gegen das, was wir selbst über uns erzählten. Da fragten wir zum Beispiel nach den drei mächtigsten Staaten der Welt, die mit U begannen. Die stolze Antwort lautete: »USA, UdSSR und Unsere Deutsche Demokratische Republik«. Mochten wir vieles nicht so gut können wie die Westdeutschen, über uns selbst lachen konnten wir schon immer viel besser als sie über sich. Ohne diese Fähigkeit hätten wir wohl weder die vierzig Jahre DDR noch die folgenden zwanzig Jahre Bundesrepublik überlebt, ohne noch größeren Schaden zu nehmen.

Es kann noch lange dauern, bis alle Deutschen in Stolz und Scham auf Dauer einmal vereint sind. Immerhin, ein paar solcher glücklichen Momente durften wir in den letzten Jahren schon erleben, in denen Ost- und Westdeutsche gemeinsam auf ganz einfache, aber beglückende Art stolz waren und sich dafür gar nicht schämen mussten. Da wurden wir nämlich von keinem Anderen gefürchtet oder bewundert. Wir wurden – wann hat es das in der jüngeren deutschen Geschichte schon mal gegeben? – einfach nur gern gehabt vom Rest der Welt, weil wir alle zusammen stolze und glückliche Gastgeber für die oder jene friedliche und faire internationale Sportveranstaltung waren. Das sage ich voller Stolz als einer, der sich für Sport nie besonders interessiert hat.

Selbst die deutsche Art, Fußball zu spielen, wird seit kurzem nicht mehr gefürchtet oder verspottet, sondern geradezu geliebt. Dass wir es einmal so weit bringen würden, noch dazu zusammen, das hatten wir seit dem in der ganzen Welt bejubelten Mauerfall nicht mehr erlebt. Fraglich bleibt allerdings, ob die anderen Völker die neue deutsche Art Fußball zu spielen so gern haben, obwohl oder weil wir nicht schon wieder Weltmeister geworden sind.

Die deutsche Toleranz und ihre Querdenker

Es gibt in unserer Sprache viele Fremdwörter, für die es keine deutsche Entsprechung gibt. Das schöne Wort Toleranz gehört dazu. Ähnliches gilt für das nicht minder schöne Wort Zivilcourage. Beide Eigenschaften waren früher unter den Deutschen ganz und gar nicht verbreitet. Im Gegenteil. Deutschland war über lange Zeit ein Polizeistaat, autoritär wie kaum ein anderer in Europa. Ja, man sagte sogar, in anderen Ländern gebe es Kasernen, Deutschland aber sei eine. Das hat sich zum Glück grundlegend geändert. Die Bundeswehr darf höchstens zu Auslandseinsätzen ausrücken. Noch verbietet das Grundgesetz jeden Einsatz im Inland, und es ist zu hoffen, dass das Bundesverfassungsgericht keinem Innenminister erlauben wird, das zu ändern. Unsere Polizei muss sich inzwischen öfter von irgendwelchen Chaoten verprügeln lassen, als dass sie selbst zuschlagen darf. Ein ungekanntes Maß an Toleranz hat sich – abgesehen von bestimmten Rechts- oder Linksaußenseitern – unter den Deutschen ganz allgemein durchgesetzt. Mag es an Zivilcourage in unserem Land auch noch fehlen, Toleranz hat in der Bundesrepublik einen so hohen Stellenwert erreicht, dass sie manchem schon auf die Nerven geht.

Etwa wenn deutsche Eltern es hinnehmen müssen, dass ihr deutsches Kind ausgerechnet im Prenzlauer Berg, dem tolerantesten von allen Berliner Bezirken, mit kleinen Türken, die da gar nicht hinpassen, in eine Klasse gehen soll. Reicht es nicht, dass man kleine Engländer, Franzosen oder Italiener als Mitschüler toleriert, also duldet, wie das auf Deutsch heißt? Man hat auch in dieser feinen Gegend nichts gegen einen türkischen Gemüsehändler, vorausgesetzt er bietet ausschließlich Obst und Gemüse aus biologischem Anbau an. Gewisse Standards müssen bei der

Höhe der Miete, die man dort zu zahlen hat, einfach eingehalten werden. Toleranz ja, aber da, wo sie wirklich gebraucht wird, in solchen Problembezirken wie Neukölln oder Kreuzberg und Friedrichshain. Da geht es doch längst nicht so friedlich zu wie am schönen Kollwitzplatz, wo man sich mit seinen europatauglichen Ausländern problemlos arrangiert hat und gegenseitig Toleranz übt.

Andere wiederum halten die ganze, nur »so genannte« deutsche Toleranz für reine Augenauswischerei. Sie komme bei vielen nur aus Gleichgültigkeit oder Bequemlichkeit. Auch das ist natürlich, wenn man das nötige Verständnis für abweichende Meinungen aufbringt, nicht ganz von der Hand zu weisen. Denn selbstverständlich kann man in unserer aufgeklärten Gesellschaft auch manche weniger schönen Dinge tolerieren, weil sie einem im Grunde sowieso egal sind, zum Beispiel was der Nachbar denkt. Das hat eine funktionierende Demokratie jeder Diktatur voraus. Sie muss nicht alles ernst nehmen, was so gesagt oder geschrieben wird. Auch über manchen lautstarken Protest, der für einen Diktator gefährlich werden könnte, kann sie ungerührt hinwegsehen.

Protest gehört in der Demokratie zum Alltag. Bei Demonstrationen läuft die Polizei gewöhnlich ruhig mit und sorgt dafür, dass keiner zu Schaden kommt, beziehungsweise solchen nicht anrichtet. In letzter Zeit hat sie aber vor allem zu verhindern, dass der Protest mit dem Gegenprotest in Berührung kommt, weil das in der Regel zu gewaltsamen Auseinandersetzungen, also praktizierter Intoleranz führt. Unsere Polizisten sind vermutlich die, die am meisten unter dem hohen Gut unserer Demonstrationsfreiheit zu leiden haben. Sie werden nicht selten bei dem Versuch, die Gewaltbereiten beider Seiten zu trennen, von diesen gemeinsam verprügelt.

Neben solchen, meist weltanschaulich motivierten Protestveranstaltungen gibt es inzwischen die absurdesten Willenskundgebungen. Bei manchen versteht man gar nicht mehr, wofür oder wogegen sie sich richten. Persönlich würde ich mich nicht wundern, wenn Arbeitslose, nur um überhaupt noch wahrgenommen zu werden, auf die Straße gingen und mit Streik drohten, oder wenn Hartz IV-Empfänger aus Verantwortung für das Gemeinwohl gegen die Erhöhung ihrer gesetzlich zustehenden Unterstützung protestierten. Darüber könnte man sogar lachen, weil es auf erfrischende Art absurd wäre. Aber tolerieren, man könnte auch sagen hinnehmen, muss man heute nahezu jeden Protest.

Die meisten von uns betrachten unsere eingespielte Demonstrationskultur, wenn sie sich nicht gerade unter dem eigenen Fenster abspielt, zumindest mit Nachsicht. Wer allerdings als Autofahrer durch so einen Protestmarsch an seiner freien Fahrt gehindert wird, verliert schnell die Geduld. Selbst wenn er mit den Forderungen der Demonstranten sympathisiert, vermag er nicht einzusehen, warum sie gerade heute und hier auf die Straße gehen müssen. Können sich die Leute denn nicht anderswo versammeln, wo sie wenigstens den Verkehr nicht behindern? Freie Fahrt für freie Bürger ist schließlich auch ein hohes Gut in unserer Demokratie.

Früher, als Deutschland noch nicht so tolerant war wie heute, gab es hier und da sogar von Seiten des Staates Versuche, Proteste, ja sogar Revolutionen ausschließlich im Saal stattfinden zu lassen. Aber solche Einschränkungen lässt unser Rechtsstaat natürlich nicht zu. Auch wenn es um den noch so gefährlichen Kampfhund geht, sein freies Herrchen hat das Recht, mit ihm gemeinsam gegen den Maulkorbzwang auf die Straße zu gehen. Denn den meisten Protestierern geht es inzwischen, da machen auch die Vermummten keine Ausnahme mehr, ums Sehen und Gesehenwerden. Aber nur, wer dabei anständig Randale macht, erregt ausreichende Aufmerksamkeit, um mit seinem Anliegen auch ins Fernsehen zu kommen. Das haben nicht nur die Neonazis, deren Aufmärsche wir ja auch tolerieren müssen, längst erkannt. Außer solchen demonstrativen Straßenkämpfen gibt es auch künstlerisch gestaltete Formen des Protestes. Eine beliebte Art des satirischen Protestes, in Deutschland seit mehr als hundert Jahren Kabarett genannt, fand und findet zur Genugtuung von Autofahrern und Polizisten so gut wie ausschließlich in geschlossenen, meist kleineren Räumen statt, wo man weder den Verkehr behindert, noch polizeilichen Schutz in Anspruch nehmen muss. Vom Kabarett fühlt sich gewöhnlich keiner belästigt, denn dahin kommen sowieso nur Leute, die mit Recht erwarten dürfen, ihre ganz individuelle eigene Meinung zu hören. Darunter auch manches, was sie zwar selbst denken, aber so direkt lieber doch nicht aussprechen möchten. Denn die überwiegende Mehrheit der Kabarettbesucher gehört zu den bildungsnahen Schichten, die noch etwas zu verlieren haben, und sei es nur eine bestimmte Position. Für sie sind bei aller herrschenden Toleranz im Allgemeinen all zu provokante Meinungsäußerungen, schon weil ein Chef sie hören könnte, einfach nicht angebracht. Künstler hingegen, die keinen über sich dulden und nicht für öffentlich-rechtliche Anstalten arbeiten, müssen heutzutage keine Angst mehr haben, auf offener Bühne Dinge auszusprechen, die sich kein Angestellter der öffentlichen Verwaltung zu äußern wagte.

Nicht einmal die katholische Kirche erhebt im Moment so entschieden Einspruch wie früher, wenn man im Kabarett mal etwas Lästerliches über den Papst oder einen seiner zahllosen Stellvertreter gesagt hat. Das konnte bis vor kurzem noch als Gotteslästerung verfolgt werden, weil zwischen dem Chef oben und seinen Stellvertretern unten kein Unterschied gemacht werden sollte. Die Kirche jedenfalls hat gegenwärtig so viele eigene Probleme mit sich und ihren Würdenträgern, dass sie allen Grund hätte, öffentliche Kritik an gewissen innerkirchlichen Zuständen nicht nur zu tolerieren, sondern selbst zu üben. Das aber lässt ihr Glaube bisher noch nicht so richtig zu.

Die weltlichen Instanzen lassen inzwischen so gut wie jede verbale Kritik an sich einfach abprallen. Sogar Morddrohungen gegen Politiker scheinen nicht mehr verboten zu sein, wenn sie als künstlerische Darbietung auf einer Bühne ausgesprochen werden. Als Christoph Schlingensief 1996 für die Volksbühne sein Praterspektakel unter die Losung »Tötet Helmut Kohl!« stellte, wollte er offensichtlich bewusst provozieren, um eine größere Aufmerksamkeit für sich und seine Inszenierung zu erzielen. Aber das scheiterte schließlich daran, dass sich über dieses »Zweites surrealistisches Manifest« genannte Kunststück einfach keiner mehr aufgeregt hat. Nicht mal Kohl selbst hat nach der Justiz gerufen. Damit war nicht nur klar, dass der Kanzler ein dickes Fell hat, er hat auch zu verstehen gegeben, was er von der ganzen Kunst hält: nichts. Er und die meisten anderen Politiker bei uns haben erkannt, wenn man die Künstler, wie andere Irre auch, einfach in die Narrenfreiheit entlässt, dann hat man auch nichts von ihnen zu befürchten. Sie ernst zu nehmen, hieße ja, nicht nur intolerant zu sein, sondern auch dumm. So etwas überlassen in Toleranz geübte deutsche Demokraten den immer noch intoleranten Russen mit ihrer »gelenkten Demokratie«. Wie wir aus dem Fernsehen und der Presse wissen, handelt sich der russische Staat mit seinen Angriffen auf die künstlerische Freiheit immer wieder Ärger mit aufsässigen Künstlern und Schriftstellern ein, von denen sonst weder die russische noch die westliche Öffentlichkeit je etwas erfahren hätte. Unsere Politiker haben es nicht nötig, ihre Demokratie zu lenken, sie läuft ja ungelenkt viel reibungsloser.

In der alten DDR zum Beispiel, wo es noch viel weniger Toleranz gegeben hat als im heutigen Russland, hatten Bürgerrechtler mit einem Satz wie dem von Rosa Luxemburg über die Freiheit des Andersdenkenden noch eine ganze Revolution lostreten können. Dass man diesen Ausspruch im Westen überhaupt gekannt hatte, bevor er im Osten zur Waffe der Bürgerrechtler wurde, kann man getrost bezweifeln. Anders zu denken, gehörte in der Bundesrepublik damals längst zum guten Ton. Andersdenker wurden zwar nicht immer gleich wahrgenommen, aber bestraft wurden sie auch nicht gleich. Wer allerdings nicht nur »normal anders«, sondern »ganz anders« gedacht hat, also zum Beispiel so radikal wie Rosa Luxemburg, der konnte sich in der Bundesrepublik zumindest zeitweise manchen Berufswunsch nicht erfüllen. Auch die Luxemburg wäre, hätte sie sich in den siebziger Jahren dort um ein Lehramt oder auch nur um einen Briefträgerposten beworben, vermutlich unter das Berufsverbot gefallen. Heute stünde sie, wie ihre kleine harmlose Wiedergängerin Sarah Wagenknecht, höchstens noch unter vorsorglicher Beobachtung durch den Verfassungsschutz. Schließlich stand sie bestimmt nicht auf dem, was wir die FDGBO nennen, unsere freiheitlich-demokratische Grundordnung, und damit würde sie auch jetzt noch an gewisse Grenzen unserer Toleranz stoßen. Da sie aber schon so viel länger tot ist, als es den Verfassungsschutz gibt, hat sie dort sicher keine Akte und kann als harmlos, weil längst gestorben, toleriert werden. Ihre »Briefe aus dem Gefängnis« liest man ja immer wieder gern.

Neben so radikal anders Denkenden wie Luxemburg, Liebknecht oder, na sagen wir mal kühn, dem auch nicht mehr ganz jungen Lafontaine, gibt es in Deutschland längst viel mehr völlig normal anders Denkende wie etwa Friedrich Merz oder Wolfgang Clement. Die beiden zeichnen sich dadurch aus, dass sie jetzt ganz anders denken und schreiben, als sie früher gehandelt haben. Das dulden ihre ehemaligen Wähler nicht nur, sie lesen sogar ihre Bücher und fragen sich höchstens erstaunt, warum sie das, was sie jetzt plötzlich als anders Denkende fordern, als Politiker früher nicht getan haben. Sie waren schließlich lange genug an der Macht, um zu verhindern, dass alles so falsch läuft, wie es schon gelaufen ist, als sie es noch hätten verhindern können. Wir haben ein solches Maß an Toleranz in der Bundesrepublik, dass jeder Scharlatan, der mal so eine verrückte Idee hat wie der Merz damals mit seiner Steuererklärung auf dem Bierdeckel, damit rechnen kann, nicht nur toleriert zu werden, sondern als erfrischender

Querdenker zu gelten. In der Bundesrepublik wimmelt es geradezu von solchen Querdenkern, die sich dadurch auszeichnen, dass sie im richtigen oder falschen Moment etwas aussprechen, was schon längere Zeit keiner mehr gesagt hat und deshalb in Vergessenheit geraten ist. Also wenn Norbert Blüm, um mal ein Beispiel zu konstruieren, heute noch mal verkünden würde, was schon lange niemand mehr gesagt hat, nämlich: »Die Rente ist sicher«, dann wäre das absolut anders gedacht, als die große Mehrheit des Volkes heute noch zu denken wagt. Für Blüm würde das nicht nur bedeuten, dass sein Name endlich wieder auf den Titelseiten unserer großen Zeitungen genannt würde, für ein paar Tage würde auch er als Querdenker in die Geschichte eingehen. Der nicht zu leugnende positive Aspekt so einer verblüffenden Denkleistung wäre, dass Millionen Rentner für ein paar Tage wieder Hoffnung schöpfen könnten, bevor sie im neuen Querdenker Blüm enttäuscht nur den alten, sozialen Pausenclown der Kohl-Ära wiedererkennen würden.

Ähnlich erging es ja wirklich im Jahre 2009 Millionen Wählern mit der FDP und ihrem Traumvorsitzenden Guido Westerwelle. Der hat mit einer nicht weniger absurden Behauptung ganze sechzehn Prozent Wählerstimmen gewonnen, indem er Steuersenkungen versprach, von denen jeder nicht ganz so quer Denkende wusste, wissen musste, dass sie keinesfalls umzusetzen wären, weil Staat, Länder und Kommunen bis über beide Ohren in Schulden steckten und stecken. Vier schlichte Wörter reichten aus, dass diesen Wählern für kurze Zeit Spucke und Verstand wegblieben: »Mehr Brutto vom Netto!« Er hätte auch sagen können. »Mehr Käse vom Kuchen!« Die deutschen Wähler wollen es offensichtlich kurz und knackig. Nach der Wahl allerdings dauerte es nur Wochen, bis dieses Wahlvolk aus seiner selbstverschuldeten Unmündigkeit erwachte und in seinem neuen Außenminister den alten Spaßmacher aus dem Guidomobil wiedererkannte, dessen finanz- und wirtschaftspolitische Kompetenz nicht über seine Sprachkenntnisse hinauszugehen scheint. Schon seine frühere Querdenkerleistung über die spätrömische Dekadenz unserer Hartz IV-Verschwender zeugte von einem historischen Wissen, das er nicht im Geschichtsunterricht erworben haben konnte. Um auf so einen Vergleich zu kommen, muss er noch einen zweiten oder dritten Bildungsweg absolviert haben.

Wie viel Toleranz wird der schlicht geradeaus denkende Bundesbürger in den nächsten Jahren noch aufbringen müssen, um sich alles, was ihm seine politischen kreuz und quer Denker einbrocken, ruhig gefallen zu lassen!? Natürlich sind sie selber schuld. Sie haben einfach nicht mitgedacht, als Westerwelle ihnen nur mal was vorgedacht hat. Aber sie haben sich im Gegensatz zu ihm und anderen gewählten Politikern doch nicht straffällig gemacht, indem sie einen Meineid geleistet hätten. Die Politiker nämlich haben geschworen, Schaden vom deutschen Volk abzuwenden, und nicht, immer wieder anzurichten.

Ich gestehe, im Moment geht mir die von uns allen geübte Toleranz mit solchen Politikern nicht nur auf die Nerven, sie geht mir entschieden zu weit. Aber die Zivilcourage, zum Aufstand aufzurufen, habe ich auch nicht. Denn wer weiß, was bei der nächsten Revolution herauskommt? Dass es beim letzten Mal im Osten nicht ganz schief gegangen ist, muss ja nicht heißen, dass es so kurz danach gleich noch mal klappt.

Eure Träume, unsere Träume

Einer der größten Fehler der Kommunisten dürfte gewesen sein, dass sie versprachen, die Menschen glücklich zu machen. Das westliche Versprechen, »Wohlstand für alle« zu schaffen, klang zwar auch nicht realistisch angesichts der Ruinen, auf denen alle Deutschen noch lange nach dem Krieg saßen. Aber unter Wohlstand konnte man sich doch noch etwas vorstellen, während die kommunistische Glücksverheißung irgendwie nach Wolkenkuckucksheim klang. Das Wohlstandsversprechen im Westen wurde sogar schneller eingelöst als erwartet, während das Glück im Osten, je länger es versprochen wurde, in immer größere Ferne zu rücken schien. Ja, die meisten Westdeutschen wurden mit ihrem relativen Wohlstand viel glücklicher, als es die Ostdeutschen mit ihrem verordneten Traum von der glücklich machenden Gesellschaftsordnung je werden sollten.

Anfangs, als es allen Deutschen nach dem Krieg noch gleich schlecht ging, träumten wir gemeinsam nur davon, dass es uns einmal wieder besser gehen würde. Diese Träume waren zuerst fast ausnahmslos materieller Art. Ich jedenfalls erinnere mich, damals als Kind nur vom Essen geträumt zu haben, ja ich wäre wohl bereit gewesen, »vom Brot allein« zu leben, wenn mir das einer in jenen »Kohlrübenjahren« angeboten hätte. Wer unter solchem Hunger litt wie die meisten Deutschen nach dem Zweiten Weltkrieg, kam nicht so schnell wieder auf große Ideen, vor allem deshalb nicht, weil sie sich gerade von einer sogenannten Idee wie der vom »Tausendjährigen Reich« hatten verabschieden müssen. Jetzt wollte die ganz große Mehrheit mit Ideen – wenn überhaupt – nur noch zu tun haben, wenn etwas Essbares damit verbunden war. Auch die Westdeutschen begannen sich für die demokratischen Ideale ihrer amerikanischen Besatzer erst zu interessieren, als mit Hilfe der Care-Pakete ihr schlimmster Hunger gestillt war. Nachdem sie dem Inhalt dieser Pakete entnommen hatten, was es bei den Amerikanern so alles zu essen gab, begannen sie, in den Besatzern umgehend ihre Freunde und Vorbilder zu erkennen. Sie träumten ab sofort davon, einmal genauso gut zu leben wie diese wohlhabenden Leute jenseits des Atlantiks. Dafür war man gern bereit, deren Ideen von Freiheit und Demokratie mit in Kauf zu nehmen. Nach dem Fressen kam sozusagen gerade noch rechtzeitig die Moral. Von dieser Reihenfolge hatte der Kommunist Brecht schon in seiner »Dreigroschenoper« singen lassen, ohne eine Mehrheit der eigenen Genossen davon überzeugen zu können.

In der sowjetischen Besatzungszone sah es zur selben Zeit ganz anders aus. Wer wäre hier darauf gekommen, von russischer Lebensart zu träumen? Dazu boten die Soldaten der Roten Armee keinen Anlass. Die Besatzer waren ja genauso arm wie wir und nahmen uns hungernden Ostdeutschen – so sahen wir das – nicht nur das Brot, sondern auch die wenigen nicht zerstörten Maschinen, selbst die Eisenbahngleise weg. Da half keine noch so schön klingende Idee vom Glück in einer sozialistischen Zukunft. Das sowjetische Vorbild bescherte höchstens Albträume. Wenn man damals im Osten überhaupt noch träumte, dann davon, dass die Russen möglichst bald wieder abziehen würden und wir von den Amerikanern die gleichen schönen Fresspakete geschickt bekämen wie unsere Landsleute im Westen. Die wenigen bekennenden deutschen Kommunisten konnten noch so schwärmen von einem angeblichen Sowjetparadies. Der Garten Eden lag für die unterernährten Ostdeutschen drüben im Wirtschaftswunderland, wo schon Milch und Honig zu fließen begannen, als wir unser Brot noch auf Lebensmittelkarten zugeteilt bekamen.

Die frühzeitig einsetzende Fluchtbewegung von Ost nach West galt viel weniger der Freiheit als dem dort vermuteten Wohlstand.

Auch wenn dort noch längst nicht alles so schön war, wie wir uns das aus der Ferne vorstellten, besser als bei uns war es allemal, und die Aussicht, dass sich das in absehbarer Zeit ändern würde, bestand nicht. Denn je mehr Facharbeiter, Ingenieure und Ärzte aus dem Osten weggingen, desto schlechter wurde die wirtschaftliche Lage. Als dann, um den Exodus aufzuhalten, die Mauer gebaut worden war und man nicht mehr so leicht die Seiten wechseln konnte, begannen die – in doppelter Hinsicht – Zurückgebliebenen, sich zwangsläufig an die Verhältnisse zu gewöhnen. Da man jetzt keine Wahl mehr hatte, entschied man, sich da einzurichten, wo man sowieso nicht weg konnte und das Beste daraus zu machen.

Zu essen gab es irgendwann auch im Osten genug, und der eine oder andere begann sogar zu hoffen, dass vielleicht doch etwas werden könnte aus diesem Traum vom Glück in einer sozialistischen Gesellschaft. Zwar beneidete man nach wie vor die Westdeutschen um ihren Wohlstand, aber man hatte immerhin seinen sicheren Arbeitsplatz, die Familie und Arbeitskollegen, die keine Konkurrenten waren und mit denen man so schön einträchtig auf die Verhältnisse in der DDR schimpfen konnte. Viele hatten inzwischen auch einen Kleingarten, den sie liebevoll »Datsche« nannten, auch wenn sie sonst mit den Russen und ihrer Sprache nicht viel im Sinn hatten. Aus der Politik konnte man sich zu Hause und im Garten heraushalten. Wenn es die Karriere erforderte, trat man zur Not auch in die Partei ein. So mancher Sachse oder Brandenburger wurde Genosse und blieb es, selbst wenn er den Glauben verloren oder nie besessen hatte, wie mancher Rheinländer oder Bayer als Atheist in der Kirche blieb, weil das eben dazu gehörte, wenn man dazugehören wollte.

Jetzt konnte es sogar geschehen, dass auch Parteilose mal mit ihren Westverwandten in Streit gerieten, wenn diese zu Besuch kamen und allzu sehr von ihrem freien Leben im Wohlstand, von ihren immer schickeren Autos und den wunderbaren Auslandsreisen schwärmten. Man wusste ja, was sie denen im Osten so alles voraushatten. Aber dass sie einem das immer wieder aufs Butterbrot schmierten, machte so manches Familientreffen im ostdeutschen Wohnzimmer zur Geduldsprobe. Natürlich versuchte man, die aufkommenden Meinungsverschiedenheiten möglichst nicht auszutragen, schließlich hatte ja ein Westbesuch nicht nur ideellen Wert. Die mitgebrachten Kleinigkeiten – mochten sie im Westen noch so billig gewesen sein – waren im Osten schon deshalb wertvoll, weil sie im sozialistischen Handel nur schwer oder gar nicht zu haben waren. Erst als sich die Ostdeutschen das alles selbst kaufen konnten, was sie zu entbehren gemeint hatten, erkannten sie, was sie so alles gar nicht brauchten. Hätten sie einander in Zeiten der Trennung besser zugehört, wäre ihnen manche Überraschung nach der Vereinigung erspart geblieben.

Den Traum vom goldenen Westen bewahrten sich viele, auch wenn sie sich im Osten längst eingerichtet und damit abgefunden hatten, erst als Rentner mal rüber zu dürfen. Von einer Westreise zu träumen, konnte manchmal sogar schöner sein, als sie dann in Wirklichkeit zu erleben. So willkommen, wie der Cottbusser gedacht hatte, war er ja durchaus nicht immer im schönen München oder Düsseldorf, besonders als dann in den achtziger Jahren diese Besuche in »dringenden Familienangelegenheiten« ihren Seltenheitswert verloren hatten. Allzu häufiges Treffen dort konnte, wie zuvor häufiger Westbesuch im Osten, auf das Zusammengehörigkeitsgefühl eher belastend wirken. Dass drüben so vieles besser war, das gab man ja noch zu, aber hüben war eben auch nicht mehr alles so absolut schlecht. Es konnte durchaus vorkommen, dass man sich angegriffen fühlte, wenn Westonkel oder -tante etwas herablassend das gleiche am Osten auszusetzen hatten, was man daheim selbst bemängelte. Mancher musste nicht erst in die Bundesrepublik eingemeindet werden, um festzustellen, dass in der DDR nicht alles so schlecht war, wie es im Westen gemacht wurde.

Ich weiß, wovon ich spreche. Meine Westberliner Tanten haben mir so oft und ausführlich geschildert, wie schrecklich es da aussah, wo ich herkam, dass ich manchmal sogar erleichtert wieder dorthin zurückgekehrt bin. Ihnen zu widersprechen, wäre aussichtslos gewesen. Meinen Mannheimer Onkel habe ich hier und da schon mal leise korrigiert, wenn er mir mitteilte, aus welcher Hölle ich kam. Für ihn gehörte neben der Unterdrückung der Meinungsfreiheit die kommunistische Gleichmacherei zum Schlimmsten überhaupt. Dass die eignen Sozis damals auch zur Gleichmacherei neigten, ließ er natürlich nicht unerwähnt. So konnte es passieren, dass ich ihm gegenüber nicht nur die DDR in Schutz nahm, sondern auch seine sozialdemokratische Bundesregierung, für die er ja nichts konnte, weil er sie keinesfalls gewählt hatte. Wenn ich das, was für ihn Gleichmacherei war, beschönigend soziale Gerechtigkeit nannte oder gar von einer relativ gerecht verteilten Armut im Osten sprach, konnte er auch mal laut werden. Das wiederum reizte mich, als ich älter geworden war, ihm gegenüber auch Dinge zu verteidigen, an die ich selbst eigentlich nicht so recht glaubte, mir von ihm aber einfach nicht sagen lassen wollte.

Es war die Selbstgewissheit, die mein Onkel mit so vielen Westdeutschen teilte und die mich wie viele Ostdeutsche dazu brachte, ihm zu widersprechen. Wenn er gut aufgelegt war, nannte er mich dann manchmal großzügig einen »unverbesserlichen linken Träumer«. Und so ganz Unrecht hatte er damit wohl auch nicht. Den Traum vom »Dritten Weg« haben viele Ostdeutsche, die inzwischen beide Systeme kennen gelernt haben, im Gegensatz zu den Klassenkämpfern auf beiden Seiten auch heute noch nicht ganz aufgegeben. In der DDR galt er als konterrevolutionärer Irrweg, der vom Westen zu dem einzigen Zweck erfunden worden sei, den Sozialismus zu schwächen. Für unsere Realdemokraten von heute ist der Untergang des Realsozialismus Beweis genug dafür, dass es zu dem, was nun mal ist, wie es ist, keine

Alternative geben kann. Wer trotzdem noch an eine andere, dritte Möglichkeit glaubt, darf das zwar überall sagen, weil man in der Demokratie nun mal alles sagen darf. Aber er macht sich damit hoffnungslos lächerlich und bleibt ein »ewig Gestriger«. So wurden Leute, die früher an der alleinigen Richtigkeit des realsozialistischen Weges gezweifelt hatten, in der DDR auch schon genannt.

Es hat noch keinen Beweis gegeben, dass so ein dritter Weg auf Dauer erfolgreich sein könnte, sagen die »ewig Heutigen«. Das stimmt leider. Beide Versuche im vergangenen Jahrhundert sind gescheitert, bevor sie etwas hätten beweisen können. Der Prager Frühling wurde 1968 gewaltsam beendet durch den Einmarsch der Truppen des Warschauer Paktes, und Allendes Versuch, Demokratie und Sozialismus in Chile miteinander in Einklang zu bringen, wurde nur fünf Jahre später durch die CIA und den von ihr initiierten Putsch der chilenischen Armee unter Pinochet niedergeschlagen. Das wirkliche Problem des dritten Weges ist, dass er keinesfalls gewaltsam erzwungen werden kann. Aber darauf, dass der Kapitalismus, wenn er so weitermacht, in absehbarer Zeit an sich selbst scheitern könnte, besteht nicht ganz unbegründete Hoffnung. An nichts anderem als an sich selbst ist schließlich auch das gescheitert, was man fälschlicherweise Sozialismus genannt hat. Es gibt also keinen Grund, überhaupt nicht mehr zu träumen!

Das letzte Gefecht

Der Kalte Krieg war ganz wesentlich ein Kampf um Worte und Symbole. Dass man die DDR so lange nicht bei ihrem unrechtmäßigen Namen nennen sollte, ohne sie in Anführungszeichen zu setzen oder zur »so Genannten« zu degradieren, war ja nicht das einzige vom Westen geführte Wortgefecht. Die Bundesrepublik Deutschland verbat sich auch die, aus welchem Grund auch immer, als diskriminierend empfundene Abkürzung »BRD«. Im Gegenzug verbat sich die DDR, ihren Teil Berlins bei seinem geographisch korrekten Namen Ostberlin zu nennen. »Berlin, Hauptstadt der Deutschen Demokratischen Republik« sollte das Ungetüm heißen. Der andere Teil, im Osten auch »Berlin West« genannt, wurde sogar zu einer »besonderen politischen Einheit« hochstilisiert. Solche irrwitzig anmutenden Sprachregelungen wurden im Westen weniger streng befolgt und manchmal auch eher aufgegeben als im Osten. Der Stärkere kann eben auch mal der Klügere sein und nachgeben, ohne sich etwas zu vergeben.

Im Westen nannte man solche Großzügigkeit lange Zeit gern Verrat an deutschen Interessen. Als so ein Verrat wurde zum Beispiel der Verzicht der Brandt-Scheel-Regierung angesehen, länger vom »unveräußerlichen Anspruch auf die deutschen Ostgebiete« zu sprechen, weil die längst zu Polen oder zur Tschechoslowakei gehörten. Im Osten spielte man solche Einsicht als »längst fällige Anerkennung der politischen Realitäten in Europa« herunter, ohne seinerseits zu ähnlicher Anerkennung unerwünschter Realitäten fähig zu sein. Westberlin blieb bis zum Schluss »kein Bestandteil der Bundesrepublik«, auch wenn das an der realen Zugehörigkeit des Stadtteils nichts änderte. An dieser Formel hielten Partei- und Staatsführung selbst dann noch fest, als aus dem

»Pfahl im Fleische des Sozialismus«, wie sie Westberlin früher genannt hatten, ein gern genutztes Einkaufsgebiet für die Mitglieder des Politbüros und ihrer Familien geworden war. Die hohen Genossen gingen da zwar nicht selbst einkaufen, waren aber durch die Kataloge der Versandhäuser genau informiert über das Warenangebot im Feindesland und schickten ihre »Kundschafter des Friedens« regelmäßig auf Einkaufstour ins feindliche Ausland. Zu den Aufgaben der Staatssicherheit gehörte eben nicht nur die zuverlässige Überwachung des Volkes, sondern auch die ebenso zuverlässige Versorgung der Führung.

Im durchaus nicht immer viel klügeren Westen besteht man heute noch darauf, dass der ehemalige Gänsefüßchenstaat nicht nur eine Diktatur war, sondern auch ein »Unrechtsstaat«. Nun hat bis heute noch keiner so genau definiert, bei wie viel Unrecht ein Unrechtsstaat anfängt, einer zu sein, beziehungsweise wie viel Unrecht ein Rechtsstaat gerade noch verträgt, um einer zu bleiben. Aber solche Einzelheiten spielen keine Rolle im Kampf um die »historische Wahrheit«. Von der war schon in einem anderen Kapitel die Rede, aber manche Frage bleibt eben ungelöst, auch wenn man die einzig richtige Antwort längst gefunden zu haben meint. »Unrechtsstaat« als Kampfbegriff in der Ost-West-Auseinandersetzung ist so neu nicht und nicht mal eine originale Erfindung des Westens. Auch die Bundesrepublik wurde, daran erinnere ich mich noch genau, früher als »kapitalistischer Unrechtsstaat« bezeichnet und zwar genau dort, wo man heute das absolute Unrecht ausgemacht hat. Wenn zwei dasselbe sagen, kann es durchaus der gleiche Unsinn sein.

Das Vokabular war auf beiden Seiten des Eisernen Vorhangs fast immer austauschbar. Sprachlich waren beide Systeme einander durchaus gewachsen. Da wurde der Sowjetimperialismus wechselseitig mit dem US-Imperialismus als menschenverachtend entlarvt. Die Nato-Kriegstreiber sahen sich konfrontiert mit den aggressiven Kräften des Warschauer Pakts, und beide Seiten bestanden auf einem militärischen Gleichgewicht, das der eine mit der Stationierung von SS 20- und der andere mit Pershing 2-Raketen zu ausschließlich friedlichen Zwecken aufrecht zu erhalten vorgab. Der Aggressor war immer der andere. Zwischenzeitlich besetzten mal die Amis, mal die Russen ein kleineres Land, wenn es sich ihrem Einfluss entziehen wollte, obwohl es sich im jeweils beanspruchten Interessengebiet befand. Friedenserhaltende Maßnahmen nannte das der jeweilige Besetzer, was der Gegner regelmäßig als nicht hinnehmbaren Bruch des Völkerrechts geißelte. Die Fronten waren klar. Für den einen verliefen sie zwischen dem sozialistischen Lager des Friedens und dem aggressiven Lager des Monopolkapitalismus, für den anderen zwischen den freien Völkern einer freien Welt und dem kommunistischen Unrechtssystem. Nur darüber, dass beide Systeme unvereinbar miteinander seien, war man sich bis zum Schluss einig.

Bei seinem ersten und letzten Staatsbesuch in der Bundesrepublik im September 1987 brachte Erich Honecker diese Unvereinbarkeit noch einmal in der von ihm gewohnten sprachlichen Schönheit auf den Punkt. Er sagte, dass Sozialismus und Kapitalismus einander wie Feuer und Wasser ausschließen würden. Dem hat damals in Bonn meines Wissens niemand widersprochen, obwohl das Wort Kapitalismus gerade bei Kapitalisten schon lange nicht mehr in Gebrauch war. Diese für manche Ohren hässlich oder altmodisch klingende Bezeichnung war im Kampf um die schöneren Worte längst durch die »soziale Marktwirtschaft« ersetzt worden. Ludwig Erhard hatte sie erfunden und ist bekanntlich als Vater derselben in die Geschichte der Bundesrepublik eingegangen.

Dass Honecker als Staatsgast den Kapitalismus noch bei seinem längst abgelegten Namen genannt hat, war zwar unhöflich. Aber man sah es ihm nach, denn bei dem anschließenden Empfang in der Villa Hügel, einer Kultstätte des klassischen Kapitalismus, kam es dann – so stand es damals sogar im »Neuen Deutschland«

geschrieben – zu mehreren »Stunden angeregter Gespräche mit Persönlichkeiten«. Dass es sich dabei fast ausschließlich um solche des Monopolkapitals gehandelt hatte, stand nicht im SED-Zentralorgan. Die kapitalistischen Persönlichkeiten jedenfalls nahmen Honecker seine kommunistische Wortwahl offensichtlich nicht weiter übel, weil sie ihn als Staatsmann zu schätzen wussten, der auch den öffentlich geschmähten Klassenfeind als innerdeutschen Geschäftspartner nicht direkt zu verachten schien. Im Gegenteil. Man schätzte einander schon lange »zum gegenseitigen Vorteil«. Die Wortgefechte waren für eine Öffentlichkeit bestimmt, die noch an so was wie Feuer auf der einen und Wasser auf der anderen Seite glaubte. Wenn man bei so festlichen Empfängen unter sich war, stieß man gelegentlich sogar mit einem Gläschen Feuerwasser an.

Schon zwei Jahre nach Honeckers Besuch war das Feuer des Sozialismus in der DDR erloschen, ohne dass ein Kapitalist beim Löschen hätte helfen müssen. Die Herren, die die anregenden Gespräche mit unserem Staatsratsvorsitzenden in der Villa Hügel geführt hatten, begaben sich schon bald nach erfolgter Revolution in die von uns für sie befreiten Gebiete. Manche kannten sich da schon ziemlich gut aus, schließlich hatten sie sich vom nun gestürzten Staatschef Honecker immer mal einladen lassen müssen, zu allerlei Jagdausflügen zum Beispiel. Davon, wie gut man sich mit ihm und den anderen kommunistischen Machthabern einst verstanden hatte, konnte natürlich keine Rede mehr sein. Die Verhältnisse hatten sich geändert. Aus den Partnern von gestern waren wieder die Feinde von vorgestern geworden, auf die man sich ja nur zum Schein und zum Jagen eingelassen hatte. Das wirtschaftliche Interesse am Osten nahm jetzt ganz andere Formen an, ging es doch fortan nicht mehr um den gegenseitigen, sondern nur noch um den eigenen Vorteil. Die Geschäfte konnte man jetzt, ohne auf die Vermittlung eines Honecker oder Mittag angewiesen zu sein, einfach mit sich selbst abwickeln.

Das gesamte Territorium der dahin gegangenen DDR war mit Hilfe der Treuhand zu einem in Parzellen aufgeteilten Jagdgebiet geworden. Jetzt kam man nicht mehr nur auf Besuch, um mit den Waidgenossen von einst kapitale Hirsche zu schießen und dabei gemeinsame Geschäfte zu besprechen. Nun kam man, ohne auf irgendjemandes Einladung angewiesen zu sein, als rettender Alteigentümer oder Investor und brachte das dringend benötigte Kapital, nicht etwa um es hier zu lassen, wie die anfangs so gastfreundlichen und dankbaren Ostdeutschen gehofft hatten, sondern um es zu vermehren und anschließend dahin mitzunehmen, wo es sich wiederum zu vermehren versprach. Ein Ende der Profitmaximierung schien bei der unaufhaltsamen Osterweiterung nicht in Sicht. Auch Peking war keine verbotene Stadt mehr für den Kapitalkreislauf. Aus der Gegend um den »Platz des Himmlischen Friedens« wurde ein ganz irdischer Handelsplatz.

Dass dabei das Soziale an der Marktwirtschaft weitgehend verloren gehen musste, war nur eine logische Konsequenz der Globalisierung. An die Stelle der sozialen trat jetzt endgültig wieder die von solchen Zwängen befreite »freie Marktwirtschaft«. Die Zeit der erzwungenen sozialen Zugeständnisse war zu Ende. Schließlich hatten die Unternehmer sie ja nur in Kauf nehmen müssen, weil sie in der Systemauseinandersetzung eine bessere Figur machen mussten, um zu beweisen, dass der Kapitalismus nicht nur das effektivere, sondern auch das menschlichere System war.

Die gewerkschaftliche Mitbestimmung durfte man in Deutschland aus verfassungsrechtlichen Gründen zwar noch nicht abschaffen, aber sie konnte, wie sich bald herausstellte, viel weniger störend sein, wenn man seine Betriebsräte nicht ausschloss von gewissen Vergünstigungen, ihnen auch mal eine Sonderzahlung gewährte oder sie mitnahm auf eine der auch von ihnen begehrten Lustreisen. Manche Gewerkschaftsfunktionäre hatten ja inzwischen einen eigenen Sinn entwickelt für das Schöne und Gute am Leben im Kapitalismus. Die wirkungsvollste Art, sich auch die Belegschaft gefügig zu machen, ist und bleibt allerdings die schlichte Ankündigung, notfalls Arbeitsplätze abzubauen oder ins Ausland zu verlegen. Damit ist schon manche Lohnforderung erfolgreich vom Tisch gewischt worden. Auch die Klage über die Höhe der Lohnnebenkosten war und ist ein schlagendes Argument für hinzunehmende soziale Einschränkungen. Man muss das ja nicht gleich Sozialabbau nennen, Umbau ist ein viel schöneres Wort dafür.

Was der gute alte Ludwig Erhard einst »Wohlstand für alle« genannt hatte, klang zwar schöner, aber »Hartz IV für alle« klingt heute einfach realistischer. Mit der Einführung dieser Arbeitsmarktreform haben ja auch die Sozialdemokraten ihre Kapitalismus-Tauglichkeit zum wiederholten Mal bewiesen. Der Wirtschaft kann es also heute und in Zukunft egal sein, welche Partei in der Bundesrepublik regiert. Da muss sie sich gar nicht einmischen. Demokratie und Kapitalismus – das beweist nicht nur die deutsche Geschichte – passen gut zu einander. Das Beispiel China zeigt allerdings, dass es auch ohne Demokratie geht. Aber so weit sind wir in Deutschland noch nicht. Noch entscheidet hier der Wähler, welche Koalition sich der Wirtschaft nicht in den Weg stellt.

Im Land der Unschuld

»Die sollten uns mal fragen«, sagen alle, die es besser wissen in Ost und West, Nord und Süd, rechts und links, um sofort hinzuzufügen: »Aber uns fragt ja keiner.« Zu den größten und ältesten Überzeugungsgemeinschaften in ganz Deutschland dürften seit eh und je die Besserwisser gehören, heute dicht gefolgt von den immer zahlreicher werdenden Nichtwählern. Die Grenzen zwischen beiden Bevölkerungsgruppen sind fließend. Viele von uns sind beides gleichzeitig. Gerade wer nicht zur Wahl geht, tut das ja, weil er sicher ist, es besser zu wissen als der, der da noch hingeht, obwohl er doch wissen müsste, dass er danach auch nicht mehr gefragt wird. Dass er nach der Wahl nicht mehr viel zu sagen hat, das weiß auch der Wähler nur zu gut. Der Nichtwähler aber hat es schon vorher und damit besser gewusst. Dass man auch ungefragt mal etwas sagen müsste, darauf kommen Wähler und Nichtwähler gewöhnlich erst, wenn es zu spät ist, noch etwas zu sagen, weil das Kind schon im Brunnen liegt und aus dem versprochenen Politikwechsel mal wieder nichts geworden ist. Auch unter den Politikern gibt es solche Besserwisser, auf die damals keiner gehört hat, als sie aus Parteidisziplin oder aus Gewissensgründen nichts gesagt, aber alles vorhergesehen hatten. Darüber, wofür sie alles nichts konnten, haben viele von ihnen schon ganze Bücher geschrieben.

Alles besser zu wissen und nicht gehört zu werden allein, genügt dem deutschen Besserwisser aber nicht. Er besteht auch darauf, genau zu wissen, wer an allem schuld war, ist oder sein wird. Das waren und sind im Westen wie im Osten für den kleinen Mann traditionell immer »die da oben«. In der Bundesrepublik hatte man sogar das Privileg, sich seine Schuldigen alle vier Jahre neu zu wählen. Das brachte viel Abwechslung in die Diskussion. Auch im Parlament konnten die, die nicht wieder gewählt worden waren und deshalb jetzt unten in der Opposition saßen, denen oben in der neuen Regierung vorwerfen, dass sie alles falsch machten, auch wenn sie genau das weitermachten, was die vorherige Regierung, die jetzt Opposition war, angefangen hatte. Das klingt komplizierter als es ist, das ist einfach eine funktionierende Demokratie.

Etwas eintöniger ging es in der Diktatur zu, wo »die da oben« immer aus derselben Partei kamen und sich allenfalls gegenseitig mal aus dem Wege räumen mussten, damit es für die da unten nicht gar zu langweilig wurde. Das hatte den großen Vorteil, dass man sich unten die Frage nach einer Mitschuld an der oder jener Fehlbesetzung oben nie stellen musste. Die Diktatur selbst sprach einen frei von jeder Form von Mitverantwortung. Die Erkenntnis, nichts ändern zu können, war zwar einerseits deprimierend, aber andererseits war sie auch beruhigend. »Auf uns hört ja keiner«, war keine Ausrede, sondern schlichte Anerkennung realsozialistischer Realität. Und wenn man dann noch leise hinzufügte, »die sollten uns mal fragen«, grenzte das schon an Widerstand. Diktatur ist bestimmt nicht schön, kann aber in gewisser Beziehung noch gemütlicher sein als eine reibungslos funktionierende Demokratie, in der sich auch der unfähigste Politiker darauf berufen kann, dass ihn das dumme Volk gewählt hat. Dumm darf er natürlich nicht sagen, denn so dumm, sich das von ihm sagen zu lassen, ist das Volk nun auch wieder nicht.

Unser Honecker hatte den großen Vorteil, dass ihn uns keiner vorwerfen konnte, denn im Gegensatz zu Helmut Kohl hatten wir ihn nie gewählt. Für Kohl allerdings konnten wir dann was, und das haben uns die Westdeutschen auch sofort aufs Butterbrot geschmiert. Kaum hatten wir zum ersten Mal unsere Regierung gemeinsam gewählt, begann die Zeit der gegenseitigen Schuldzuweisungen, die zwar oft ganz und gar irrational waren, aber nur für Außenstehende komisch klangen. Spaß haben wir damals alle nicht verstanden, und so richtig lachen können wir auch heute noch nicht über das alles, was wir den Anderen so vorgeworfen haben.

Wenn wir Ostdeutschen den Westdeutschen vorwarfen, dass sie uns nicht gefragt hatten, ob oder wie wir von ihnen übernommen werden wollten, konnten sie mit noch größerem Recht von sich behaupten, dass sie ja erst recht keiner gefragt hatte, ob sie uns wollten oder nicht. Dass wir im Osten als Erste davon gesprochen hatten, ein Volk sein zu wollen, habe ich ja schon mehrfach zugegeben. Aber damals kannten wir das andere Teilvolk doch noch viel zu wenig, um zu ahnen, was da auf uns zukommen würde. Ja, es stimmt, wir haben sogar gedroht, auf der Stelle alle geschlossen in den Westen zu übersiedeln, wenn es bei uns nicht ganz schnell genauso aussehen würde wie dort. Aus Angst vor so einer Invasion haben sie uns zuerst mal das gegeben, wonach wir am lautesten gerufen hatten – ihre gute, alte D-Mark, und damit waren wir ja auch grundsätzlich einverstanden. Denn was die D-Mark war, das wussten wir schon lange. Schließlich konnte man damit ja auch im Sozialismus viel anfangen. Aber was wussten wir vom ganzen Rest, der damit zusammenhing?

Als wir allerdings merkten, dass die da oben aus dem Westen bei uns unten im Osten nun auch einfach so regieren wollten, bloß weil wir sie gewählt hatten, war das Entsetzen groß. Helmut Kohl wurde für uns das Gleiche, was einst Columbus für die Indianer war, eine böse Entdeckung. Um ihn als solche zu erkennen, brauchten wir Ostdeutschen nicht so lange wie die Indianer und nicht länger als die Westdeutschen, exakt acht Jahre. Dass es für sie die zweiten acht Jahre waren, dafür konnten wir ja nichts, und so ganz allein, wie man das im Westen sehen wollte, hatten wir ihn ja 1990 auch nicht gewählt. Die eine oder andere Stimme für ihn muss aus den alten Bundesländern dazugekommen sein.

Auch dass diese D-Mark nur so lange etwas Besonderes war,

wie es die Ostmark gab, hatte uns niemand gesagt, obwohl die Westdeutschen doch wissen mussten, wie viel man von diesem Geld brauchte, um glücklich zu werden. Dass auch eine Ostmark etwas wert gewesen war – woher sollten sie das wiederum wissen? Das haben wir schließlich auch erst so richtig gemerkt, als wir keine mehr hatten. Nein, der Weg in die Einheit war mit zu vielen Missverständnissen gepflastert und nicht halb so glatt und schön, wie wir ihn uns vorgestellt hatten. Vor allem aber, dass es keinen Rückweg mehr gab, wollten viele nicht einsehen, besonders die nicht, die sich am meisten auf den Westen gefreut hatten, weil sie noch weniger von ihm wussten als die, die ihn wenigstens aus dem Fernsehen kannten. Dafür wiederum konnten die Dresdner nichts.

Das Problem war ja nicht nur, dass wir die andern nicht kannten, als wir aufeinander trafen, wir mussten erkennen, dass wir uns selbst nicht gekannt hatten. Die Westler hatten sich für tolerant gehalten, wir uns für gebildet. Nun kam heraus, dass viele Westler zwar ungebildeter waren als wir und wir noch weniger tolerant als sie, aber das konnte im Einzelfall auch genau umgekehrt sein. Es kam ganz darauf an, mit wem man es gerade zu tun hatte. Ja, es konnte sogar passieren, dass der, in dem man auf Anhieb den schlimmsten Westler vermutet hatte, aus Potsdam stammte, und der dümmste Ostler aus Düsseldorf kam. Solche Unsicherheit hat die gegenseitige Abneigung nur noch gesteigert. Musste sich der andere denn auch noch tarnen, dass man gar nicht mehr wusste, mit wem man es zu tun hatte?

Das gegenseitige Misstrauen wuchs, je näher wir uns kamen. Die Formel vom Wandel durch Annäherung bekam eine geradezu bedrohliche Bedeutung. Man fand sich einfach nicht mehr zurecht und versuchte möglichst unter sich zu bleiben, um nicht ständig in Diskussionen zu geraten, in denen man sich für irgendwas verantworten musste, für das man persönlich gar nichts konnte. Für die soziale Kälte im Westen etwa und das Duckmäusertum im Osten.

Natürlich waren die westlichen Vorwürfe nicht nur zahlreicher, sondern auch stichhaltiger, schon weil sie besser formuliert waren und in allen Zeitungen standen. Die meisten allerdings kannte ich persönlich schon aus der eigenen Verwandtschaft. Mich traf es also nicht ganz so unvorbereitet wie Leute, die ganz ohne eine Tante Anneliese oder einen Onkel Günther aufgewachsen waren. Viele dieser Vorwürfe hatten wir uns ja schon selbst gemacht und uns im Stillen gefragt: »Wie konnten wir nur?« Auch wer persönlich nicht IM war oder Mauerschütze, fühlte sich irgendwie mitschuldig daran, dass es solche Leute in seiner Umgebung gegeben hatte. Ich weiß nicht mehr, wie oft ich mich persönlich für den Schießbefehl an der innerdeutschen Grenze verantworten sollte, von dem bis heute nicht sicher ist, wer ihn gegeben hat. Dass ich es nicht war, weiß ich ja, aber was weiß der Westler?

Wurden bei uns nicht manchmal Befehle befolgt, bevor sie einer gegeben hatte? Wurden nicht auch Vorschriften eingehalten, die noch keiner erlassen hatte? Der vorauseilende Gehorsam war doch etwas rein Ostdeutsches, wie auch die Neigung sich anzupassen und mitzulaufen, was im Westen ganz und gar unbekannt war. Die Zahl der westlichen Vorwürfe wurde schließlich so groß, dass auch Leute, die zuvor am Osten kein gutes Haar gelassen hatten, begannen, ihn geradezu erbittert zu verteidigen. Diese weinerliche Art östlicher Selbstverteidigung ging den Westlern nur noch auf die Nerven, während die Ostler die westliche Selbstgewissheit nicht mehr ertragen konnten. Beide Seiten beschlossen daraufhin, nicht mehr miteinander, sondern nur noch übereinander zu reden. Das ging zwar besser, war aber nicht immer durchzuhalten, weil man ja, wie gesagt, nie ganz sicher sein konnte, mit wem man gerade redete.

Das ist nun, Gott sei Dank, vorbei. Inzwischen hat sich im Osten nach so viel Scham sogar ein gewisser Stolz auf die eigene Unzulänglichkeit breit gemacht. Wir sind zwar nicht die Sieger der Geschichte, eher im Gegenteil. Aber wir waren gezwungen, uns einmal selbst in Frage zu stellen und mussten dabei irgendwann feststellen, dass wir für das, was mit uns geschehen war und was wir mit uns hatten geschehen lassen, manchmal eben doch etwas konnten. So eine Erkenntnis, so niederschmetternd sie sein mag, kann auch etwas Befreiendes haben.

Wenn ich jetzt allerdings daran denke, was in den letzten zwanzig Jahren im vereinigten Deutschland so alles geschehen ist und was wir nun gemeinsam mit uns haben geschehen lassen, kann ich mir kaum noch vorstellen, dass das in den vierzig Jahren Bundesrepublik davor und ohne uns so viel anders gewesen sein kann. Und dann möchte ich doch mal fragen: Habt ihr damals im Gegensatz zu heute wirklich keine Ungerechtigkeiten hingenommen, nicht auch manchmal geschwiegen, nur weil reden von Nachteil gewesen wäre? Habt ihr euch früher nie abgefunden mit Dingen, nur weil ihr meintet, sie sowieso nicht ändern zu können? Keine Angst, ich als Ostdeutscher wäre der Letzte, der euch daraus einen Vorwurf machen dürfte. Aber was die letzten zwanzig Jahre betrifft, sind wir doch zumindest in der Schuldfrage zusammengewachsen. Für uns alle – Schuldige wie Unschuldige – gilt jetzt die gleiche Unschuldsvermutung. Wir Ostdeutschen mussten kurze Zeit mal an unserer Unschuld zweifeln. Aber jetzt sind wir endlich zusammen da angekommen, wo ihr schon länger seid und wir im Grunde auch immer hinwollten. Danke, dass ihr auf uns gewartet habt! Dass wir so lange gebraucht haben, um zu euch aufzuschließen, dafür konnt ihr ja nichts.

Personen

(die im Text auftauchen und auch nichts dafür können, genauso wenig wie die, die zwar vorkommen, aber ungenannt bleiben)

Der Autor

Peter Ensikat

Jahrgang 1941, in Finsterwalde geboren, arbeitete als Schauspieler am »Theater der Jungen Generation« in Dresden und am »Theater der Freundschaft« in Ostberlin. Später avancierte er zum meistgespielten Kabarettautor der DDR. 1991 wurde er Gesellschafter und von 1999 bis 2004 künstlerischer Leiter des Berliner Kabaretts »Die Distel«. Er schrieb u.a. die Bücher: »Hat es die DDR überhaupt gegeben?« (1998), »Was ich noch vergessen wollte« (2000), »Das Schönste am Gedächtnis sind die Lücken« (2005) und im be.bra verlag »Populäre DDR-Irrtümer« (2008).